DEPRESSÃO, ANSIEDADE E ESTRESSE E SUAS RELAÇÕES NAS ÁREAS DA VIDA CONJUGAL

CAUSAS, CONSEQUÊNCIAS E SOLUÇÕES

Editora Appris Ltda.
1.ª Edição - Copyright© 2024 do autor
Direitos de Edição Reservados à Editora Appris Ltda.

Nenhuma parte desta obra poderá ser utilizada indevidamente, sem estar de acordo com a Lei nº 9.610/98. Se incorreções forem encontradas, serão de exclusiva responsabilidade de seus organizadores. Foi realizado o Depósito Legal na Fundação Biblioteca Nacional, de acordo com as Leis nos 10.994, de 14/12/2004, e 12.192, de 14/01/2010.

Catalogação na Fonte
Elaborado por: Dayanne Leal Souza
Bibliotecária CRB 9/2162

P365d
2024
	Pechoto, Henrique Davanso
	    Depressão, ansiedade e estresse e suas relações nas áreas da vida conjugal: causas, consequências e soluções / Henrique Davanso Pechoto. – 1. ed. – Curitiba: Appris, 2024.
	    330 p. : il. ; 23 cm. (Coleção Ciências Sociais).
	
	    Inclui referências.
	    ISBN 978-65-250-6302-7
	
	    1. Depressão. 2. Ansiedade. 3. Estresse. I. Pechoto, Henrique Davanso. II. Título. III. Série.
	
	<div align="right">CDD – 616.8527</div>

Livro de acordo com a normalização técnica da ABNT

Appris *editora*

Editora e Livraria Appris Ltda.
Av. Manoel Ribas, 2265 – Mercês
Curitiba/PR – CEP: 80810-002
Tel. (41) 3156 - 4731
www.editoraappris.com.br

Printed in Brazil
Impresso no Brasil

Henrique Davanso Pechoto

DEPRESSÃO, ANSIEDADE E ESTRESSE E SUAS RELAÇÕES NAS ÁREAS DA VIDA CONJUGAL

CAUSAS, CONSEQUÊNCIAS E SOLUÇÕES

Appris
editora

Curitiba, PR

2024

FICHA TÉCNICA

EDITORIAL — Augusto Coelho
Sara C. de Andrade Coelho

COMITÊ EDITORIAL — Ana El Achkar (UNIVERSO/RJ)
Andréa Barbosa Gouveia (UFPR)
Conrado Moreira Mendes (PUC-MG)
Eliete Correia dos Santos (UEPB)
Fabiano Santos (UERJ/IESP)
Francinete Fernandes de Sousa (UEPB)
Francisco Carlos Duarte (PUCPR)
Francisco de Assis (Fiam-Faam, SP, Brasil)
Jacques de Lima Ferreira (UP)
Juliana Reichert Assunção Tonelli (UEL)
Maria Aparecida Barbosa (USP)
Maria Helena Zamora (PUC-Rio)
Maria Margarida de Andrade (Umack)
Marilda Aparecida Behrens (PUCPR)
Marli Caetano
Roque Ismael da Costa Güllich (UFFS)
Toni Reis (UFPR)
Valdomiro de Oliveira (UFPR)
Valério Brusamolin (IFPR)

SUPERVISOR DA PRODUÇÃO — Renata Cristina Lopes Miccelli
ASSESSORIA EDITORIAL — William Rodrigues
REVISÃO — Monalisa Morais Gobetti
PRODUÇÃO EDITORIAL — Emily Pinheiro
DIAGRAMAÇÃO — Jhonny Alves dos Reis
CAPA — Carlos Pereira
REVISÃO DE PROVA — Sabrina Costa

COMITÊ CIENTÍFICO DA COLEÇÃO CIÊNCIAS SOCIAIS

DIREÇÃO CIENTÍFICA — Fabiano Santos (UERJ-IESP)

CONSULTORES — Alícia Ferreira Gonçalves (UFPB)
Artur Perrusi (UFPB)
Carlos Xavier de Azevedo Netto (UFPB)
Charles Pessanha (UFRJ)
Flávio Munhoz Sofiati (UFG)
Elisandro Pires Frigo (UFPR-Palotina)
Gabriel Augusto Miranda Setti (UnB)
Helcimara de Souza Telles (UFMG)
Iraneide Soares da Silva (UFC-UFPI)
João Feres Junior (Uerj)

Jordão Horta Nunes (UFG)
José Henrique Artigas de Godoy (UFPB)
Josilene Pinheiro Mariz (UFCG)
Leticia Andrade (UEMS)
Luiz Gonzaga Teixeira (USP)
Marcelo Almeida Peloggio (UFC)
Maurício Novaes Souza (IF Sudeste-MG)
Michelle Sato Frigo (UFPR-Palotina)
Revalino Freitas (UFG)
Simone Wolff (UEL)

A Deus, meu Senhor e Salvador. Aos meus pais, por todo amor e cuidados a mim dispensados. A minha amada esposa, Henriqueta, e a nossa amada filha, Emanuelle, por tamanha compreensão em tempos de pesquisas e estudos.

Somos Um!

AGRADECIMENTOS

Este livro é fruto de um longo e dedicado trabalho de pesquisa, escrita e revisão. Milhares de horas de pesquisas e revisão de dados etc. Não teria sido possível sem a graça e a provisão de Deus, o Criador de todas as coisas. **A Ele, toda a Honra, Glória e Louvor.**

Quero expressar minha profunda gratidão à minha **esposa, Henriqueta, e nossa filha, Emanuelle**, grato por me suportarem, apoiarem e incentivarem literalmente em todos os momentos. Elas são as maiores bênçãos de Deus em minha vida.

Também quero agradecer **aos Nossos Mestres**, que me ensinaram e orientaram com sabedoria e paciência. Eles foram fundamentais para o meu crescimento espiritual e acadêmico.

Agradeço à **Junta de Missões Mundiais da CBB**, que nos oportunizou realizar a pesquisa que deu origem a esta obra. É uma honra e um privilégio servir a Deus por meio dessa instituição.

A todos os pastores e esposas incansáveis da **Ordem dos Pastores Batistas do Brasil (OPBB)**, que responderam voluntariamente aos formulários da pesquisa e compartilharam suas experiências e desafios. Eles são os verdadeiros coadjuvantes desta obra, sem eles nenhuma estatística seria realizada.

Ao pesquisador e cientista social criador do instrumento de pesquisa para depressão, ansiedade e estresse **Peter Lovibond, da Universidade de Nova Gales do Sul (University of New South Wales – UNSW)**, na Austrália. Gratidão pelas autorizações de uso.

A **Isabel Narciso** e **Maria Emília Costa**, pesquisadoras e cientistas sociais criadoras da Escala de Avaliação da Satisfação em Áreas da Vida Conjugal da **Universidade de Porto**, em Portugal. Gratidão pelas autorizações de uso.

Espero que esta obra seja uma fonte de iluminação, consultas e edificação para todos os que o lerem.

Que Deus abençoe a todos.

Alegrai-vos sempre no Senhor, em todo o tempo, em todos os momentos da vida; outra vez, novamente, sejamos animados, vivazes, contentes, sempre de bom ânimo, em todo o tempo varonilmente vos digo: alegrai-vos, sejam felizes, tenham esperança, tenham fé e o amor de Cristo! Seja a vossa amabilidade e comunicação, sabedoria, brandura conhecida de todos os homens. Perto está o Senhor, O Rei está voltando...

(Apóstolo Paulo, aos Filipenses 4:4-5, interpretado).

PREFÁCIO

O casamento representa a união de um homem e uma mulher que se comprometem a compartilhar não apenas a vida, mas também sonhos, desafios e valores. Nesta obra, o professor, doutor e pesquisador Henrique Davanso Pechoto nos conduz por uma profunda exploração da interseção entre a saúde mental, o casamento e a influência transformadora da conciliação bíblica.

Percorrendo a delicada trama que envolve a depressão, ansiedade e estresse, Pechoto revela como esses desafios impactam não apenas a individualidade, mas também a dinâmica conjugal. A obra destaca o papel crucial da saúde mental na construção de um casamento sólido e duradouro, fornecendo uma visão esclarecedora sobre como essas dimensões se entrelaçam.

A pesquisa apresentada nesta obra, resultado de uma abordagem meticulosa e inovadora, analisa a relação entre transtornos mentais e a satisfação conjugal. Com uma amostra diversificada, o autor identifica não apenas os obstáculos, mas também oportunidades de crescimento para os casais. A conclusão é clara: a busca pela satisfação conjugal requer uma atenção especial às diversas áreas da vida conjugal.

A perspectiva de conciliação bíblica emerge como uma ferramenta eficaz, baseada nos princípios cristãos que fundamentam o casamento como uma aliança sagrada. Pechoto destaca a importância de restaurar não apenas a relação entre os cônjuges, mas também sua conexão espiritual, reconhecendo Deus como o alicerce do casamento.

O autor não apenas traz uma análise científica aprofundada, mas também oferece um olhar compassivo e orientado pela fé sobre a conjugabilidade. Sua obra não só revela a influência negativa dos transtornos mentais, mas também aponta caminhos práticos para a restauração e fortalecimento do casamento.

Este livro não é apenas uma contribuição acadêmica, mas também uma fonte de inspiração e orientação espiritual. Pechoto convida os leitores a explorarem uma visão cristocêntrica do casamento, oferecendo uma abordagem equilibrada entre a pesquisa científica e a sabedoria bíblica.

Que esta obra seja uma fonte de bênçãos para sua vida, casamento e família. Ao folhear estas páginas, que você encontre não apenas respostas e soluções, mas também uma renovada esperança para enfrentar os desafios e crises que podem surgir em seu relacionamento conjugal.

Joaquim Braga
PhD. Counseling for Brazil Ministries

APRESENTAÇÃO

A satisfação nas Áreas da Vida Conjugal, constantemente tem sido procurada como uma forma de alívio, contentamento ou felicidade no relacionamento entre os casados, principalmente quando se trata do estresse ou luta contra a depressão e a ansiedade, onde não há um período suficiente para a meditação na palavra de Deus, tempo livre com a família e suas responsabilidades. Pesquisou-se sobre **de que forma a depressão, ansiedade e o estresse, influenciam a satisfação nas áreas da vida conjugal e a conciliação bíblica como forma de auxiliar nos aconselhamentos familiares e conjugais**, de modo a identificar o relacionamento com a depressão, ansiedade e o estresse, comprovando que, geralmente, os inquiridos vão desde a normalidade até extrema severidade, e que não possuem uma grande tendência à depressão ou ao estresse, porém uma maior tendência à ansiedade. Para tanto, é necessário analisar melhor como esses transtornos podem afetar a satisfação nas áreas da vida conjugal e a sua conjugabilidade, nas **áreas de foco no casal, no outro e em si próprio**, como forma de avaliar essas relações e o modo como elas podem influenciar a vida cotidiana do casal e auxiliar na compreensão de novos estudos em aconselhamento voltado para essas áreas. Realizamos, então, uma pesquisa de natureza básica e primária, com abordagem do problema, focado na sistemática quantitativa, com fins exploratórios para uma melhor cientificação psicométrica dos dados colhidos; empregando-se fontes primárias e secundárias, utilizando-se da bibliografia documental, de maneira a se chegar aos objetivos desejados e disponibilizá-los para uma melhor exploração psicométrica, gráfica e estatística cientificamente apropriada.

Diante disso, verifica-se que na área relacionada à depressão, à ansiedade e ao estresse, o sexo masculino é mais tendente à normalidade do que o sexo feminino; e nas áreas da satisfação conjugal, **a população pesquisada estava distribuída assimétrica e positivamente dentro dos padrões das médias das subescalas "conjugal com o outro", "consigo próprio" e "precisando melhorar em todos os quesitos relacionados às áreas do casal"**, o que impõe a constatação de que as tendências gerais entre os casais apontam a necessidade de se dedicarem mais nas áreas do casal, tais como *funções familiares, tempo livre, autonomia, relações extrafamiliares, comunicação e conflito do casal, relacionamento com os amigos em casal, tomar* *decisões em conjunto, a distribuição das responsabilidades, frequência das relações sexuais, distribuição das tarefas domésticas, frequência dos conflitos, situação financeira e a quantidade de tempo livre.* Os casais no geral, em ambos os sexos, necessitam se dedicarem mais na atenção quanto à depressão, à ansiedade e ao estresse, principalmente o sexo feminino, que apresenta maior tendência do que o sexo masculino.

O autor

LISTA DE ABREVIATURAS, SIGLAS E TERMOS

α	–	Alfa de Cronbach
Bíblia ARA	–	Almeira Revisada e Atualizada (Todos os versos bíblicos)
PCA	–	Análise de Componentes Principais
KMO	–	Análise Fatorial de Adequação de Amostra
a.C.	–	Antes de Cristo
WhatsApp	–	Aplicativo de comunicação pela internet
AUT	–	Autonomia
CFP	–	Características Físicas e Psicológicas
CID	–	Classificação Internacional de Doenças
r	–	Coeficiente de Correlação Linear
CC	–	Comunicação e Conflito
C	–	Conflito
Mediana	–	Dados não classificados, que ocupam a posição central da distribuição
d.C.	–	Depois de Cristo
Dp	–	Desvio padrão, é uma medida que indica a dispersão dos dados dentro da amostra, em poucas palavras, o quanto os resultados diferem da média
Easavic	–	Escala de Avaliação da Satisfação Conjugal em Áreas da Vida Conjugal
DASS 21	–	Escala de Depressão, Ansiedade e Estresse
F	–	Feminino
Google-Form	–	Formulário de Pesquisa do Google

n	–	Frequência Absoluta
FF	–	Funções Familiares
gl	–	Grau de Liberdade
IBGE	–	Instituto Brasileiro de Geografia e Estatística
IBM	–	*Internacional Business Machines*
IE	–	Intimidade Emocional
Áreas de Si Mesmo	–	Investimento/Compromisso, Continuidade, Características Físicas e Psicológicas
DSM	–	Manual Diagnóstico Estatístico de Transtornos Mentais
M	–	Masculino
μ	–	Média
N.T.	–	Novo Testamento
Scree plot	–	Número de componentes fatoriais extraídos
OPBB	–	Ordem dos Pastores Batistas do Brasil
Área do Casal	–	Paixão, Sexualidade, Intimidade Emocional, frequência e tempo livre, autonomia, relações extra familiares, comunicação e conflito do casal etc.
%	–	Porcentagem
Excel	–	Processador de cálculos produzido pela Microsoft Office
Word	–	Processador de texto produzido pela Microsoft Office
REF	–	Relações Extrafamiliares
SES	–	Sentimentos e Expressão de Sentimentos
Área do Outro	–	Sentimentos e Expressão de Sentimentos, Admiração, Funções Familiares, Tempo Livre, Autonomia, Relações Extra Familiares, Comunicação e Conflitos, apoio emocional confiança mútua, interesse pelo outro.

SEX – Sexualidade

p – Probabilidade

Sig – Significância

SPSS – *Statistical Package for the Social Sciences*

t – T Test (t student);

TL – Tempo Livre

x2 – Teste Chi-Square;

Bartlett – Teste de Esfericidade Adequação da Amostra

σ – Variação

V.T. – Velho Testamento

SUMÁRIO

INTRODUÇÃO...21

1
CONTEXTUALIZAÇÃO SOBRE O ACONSELHAMENTO NAS CRISES E
TRANSTORNOS RELACIONADOS AO CASAMENTO 23

2
VISÃO SOBRE O ACONSELHAMENTO CRISTOCÊNTRICO 45

3
CONSELHOS E CONDUTAS, CONVERGÊNCIA PARA A
CENTRALIDADE NA BÍBLIA..51

4
ACONSELHAMENTO BÍBLICO E A SATISFAÇÃO NAS ÁREAS DA VIDA
CONJUGAL NA PÓS-MODERNIDADE 61

5
O CASAMENTO – MATRIMÔNIO 69

6
CASAMENTO E ACONSELHAMENTO BÍBLICO 83

7
CONHECENDO MELHOR O CASAMENTO 93

8
O CASAMENTO EM RELAÇÃO À SATISFAÇÃO NAS ÁREAS DA VIDA
CONJUGAL E ACONSELHAMENTO CRISTOCÊNTRICO.................99

9
COMPREENDENDO AS ÁREAS DA VIDA CONJUGAL 109

10
ESTUDOS PARA AS CINCO ÁREAS DA VIDA CONJUGAL...............181

11
ACONSELHAMENTOS PARA AS 10 ÁREAS MAIS NECESSÁRIAS DE
INTERVENÇÃO NO CASAMENTO RELACIONADOS ÀS SATISFAÇÕES
CONJUGAIS. SEGUNDO DADOS CIENTÍFICOS DA PESQUISA..........195

12

O PAPEL DO CASAMENTO EM RELAÇÃO À DEPRESSÃO, À ANSIEDADE E AO ESTRESSE...........213

13

DEPRESSÃO, ANSIEDADE, ESTRESSE E A BÍBLIA 219

14

O CASAMENTO E A DEPRESSÃO 231

15

ALGUNS SINTOMAS DA DEPRESSÃO NA ATUALIDADE...........235

16

CONSELHOS INICIAIS PARA AJUDAR A PESSOA COM DEPRESSÃO...241

17

O CASAMENTO E A ANSIEDADE 245

18

O CASAMENTO E O ESTRESSE 255

19

COMPREENDENDO A DEPRESSÃO A ANSIEDADE E O ESTRESSE NESTA PESQUISA...........261

20

CRUZAMENTO E EMPILHAMENTO DE DADOS DAS ESCALAS DE DEPRESSÃO, ANSIEDADE E ESTRESSE (DASS-21) E ESCALA DE AVALIAÇÃO DA SATISFAÇÃO EM ÁREAS DA VIDA CONJUGAL (EASAVIC)...........303

21

CONSIDERAÇÕES FINAIS...........313

REFERÊNCIAS BIBLIOGRÁFICAS 321

INTRODUÇÃO

O Aconselhamento Cristocêntrico é uma abordagem que visa ajudar as pessoas a lidar com os seus problemas de vida à luz da Palavra de Deus e da obra de Cristo, que reconhece que o pecado é a raiz de todos os males e que somente a graça de Deus pode restaurar o ser humano à sua imagem original. O Aconselhamento Cristocêntrico também enfatiza a importância da comunhão com Deus e com os irmãos na fé, bem como o exercício dos dons espirituais para o crescimento e a edificação mútua.

Um dos temas mais relevantes para o Aconselhamento Cristocêntrico é o dos transtornos conjugais, que afetam a saúde mental e emocional dos cônjuges e dos filhos. Os transtornos conjugais podem ser causados por diversos fatores, como a falta de comunicação, o abuso, a infidelidade, as diferenças de personalidade, as expectativas irreais, os conflitos financeiros, os problemas sexuais, entre outros que podem gerar sintomas como depressão, ansiedade e estresse, que prejudicam o bem-estar e o funcionamento dos indivíduos e a conjugabilidade do casal.

O Aconselhamento Cristocêntrico oferece recursos bíblicos e teológicos para auxiliar os casais que sofrem com os transtornos conjugais e busca promover a reconciliação, o perdão, o amor, o respeito, a compreensão, a compaixão e a cooperação entre os cônjuges, tendo como modelo o relacionamento de Cristo com a sua igreja. O Aconselhamento Cristocêntrico também procura fortalecer a fé e a esperança dos casais, mostrando-lhes que Deus é fiel e que Ele tem um propósito para cada situação e o perdão para os nossos pecados.

É uma obra que apresenta os fundamentos teóricos e práticos do Aconselhamento Cristocêntrico, com ênfase nos transtornos conjugais. O livro é dividido em quatro partes: a primeira parte trata da definição e dos princípios do Aconselhamento Cristocêntrico; a segunda parte aborda os aspectos psicológicos e espirituais dos transtornos conjugais; a terceira parte expõe as estratégias e as técnicas do Aconselhamento Cristocêntrico para os casais; e a quarta parte discute os desafios e as perspectivas do Aconselhamento Cristocêntrico na atualidade.

O livro é uma obra de referência para todos os que se interessam pelo tema do Aconselhamento Cristocêntrico e pelos problemas conjugais. Este livro é fruto da experiência acadêmica e ministerial do autor, bem como de suas pesquisas entre outros autores comprovadamente experientes em Aconselhamento Cristocêntrico. O livro é escrito com clareza, profundidade e sensibilidade, buscando integrar as verdades bíblicas com as demandas da vida real cientificamente comprovada. O livro é uma ferramenta valiosa para os pastores, os líderes, os conselheiros e os casais que desejam crescer na graça e no conhecimento de Deus.

Boa leitura e pesquisa.

CONTEXTUALIZAÇÃO SOBRE O ACONSELHAMENTO NAS CRISES E TRANSTORNOS RELACIONADOS AO CASAMENTO

O casamento é uma das instituições mais antigas e sagradas da humanidade. No entanto, como qualquer relacionamento humano, pode enfrentar desafios e crises. Nesses momentos difíceis, muitas pessoas buscam orientação e conforto na Bíblia e no Aconselhamento Cristocêntrico.

O Aconselhamento Cristocêntrico é uma abordagem que utiliza os princípios e valores encontrados na Bíblia para ajudar as pessoas a lidar com problemas e desafios em suas vidas. No contexto do casamento, o Aconselhamento Cristocêntrico oferece orientações e apoio para casais que enfrentam crises e transtornos relacionados ao seu relacionamento ao lidar com questões como depressão, ansiedade e o estresse, bem como problemas de comunicação, diferenças culturais ou religiosas, problemas financeiros e outros desafios comuns enfrentados pelos casais.

Nesta obra, discutiremos como o Aconselhamento Cristocêntrico pode ajudar os casais a fortalecer seu relacionamento e construir um casamento saudável e duradouro.

O Aconselhamento Cristocêntrico é uma forma de ajudar as pessoas ou casais que precisam de orientação espiritual. Ele baseia-se no fato de que Cristo é o centro de todas as coisas: da história do mundo e do universo inteiro. O objetivo é mostrar como a vida e a liberdade em Cristo podem fazer sentido para cada um, não importa o que esteja acontecendo na sua vida.

Este tipo de aconselhamento ajuda as pessoas a se aproximarem mais da palavra de Deus e de Cristo e a seguirem o que Ele nos ensinou, buscando ajudar o aconselhado a enfrentar e superar seus problemas, levando-o a um encontro mais profundo com Deus e com o propósito maior de vida que Ele tem para cada um. De acordo com Filho (2011), o conselheiro cristão deve aceitar a pessoa como elas são, porém as pessoas devem aceitar a autoridade e veracidade das Escrituras Sagradas sobre todas as pessoas, mesmo as que não são cristãs.

O aconselhamento não tem por objetivo apontar os erros, mas ajudar as pesssoas a superarem seus traumas, transtornos e fraquezas constantes, em amor, graça, oração, embasado e alicerçado nas escrituras e no sacrifício de Jesus na cruz do calvário, pois foi na cruz que Jesus trouxe liberdade e vitória sobre todo o mal.

> [...] toda a autoridade me foi dada no céu e na terra (Mateus, 28:18) (Bíblia ARA, 1993, s/p).

O conselheiro utiliza os princípios e valores encontrados na Bíblia para ajudar as pessoas a lidar com problemas e desafios em suas vidas. Não é uma opção que a palavra de Deus nos fornece e sim um dever cristão em amar o próximo como a nós mesmos, "meu mandamento é este: que vos ameis uns aos outros, assim como eu vos amei" (João, 15:12). Ter compaixão pelo necessitado em ajudá-lo a encarar um novo estilo de vida e seguindo o que nos ensina (Romanos, 15:1-6), viver em conformidade com a nova vida em Cristo Jesus em reconhecimento do seu sacrifício no Calvário.

> Mas nós, que somos fortes, devemos suportar as fraquezas dos fracos, e não agradar a nós mesmos. Portanto cada um de nós agrade ao seu próximo no que é bom para edificação. Porque também Cristo não agradou a si mesmo, mas, como está escrito: Sobre mim caíram as injúrias dos que te injuriavam. Porque tudo o que dantes foi escrito, para nosso ensino foi escrito, para que pela paciência e consolação das Escrituras tenhamos esperança (Romanos, 15:1-4) (Bíblia ARA, 1993, s/p).

Conforme lemos em Romanos (15:1-4), temos que dar suporte em "graça e amor aos mais fracos na fé", demonstrar o amor e a graça de Deus e trazer a comunhão e unidade da Igreja, encorajando, trazendo esperança através das escrituras em humildade, misericórdia, paciência, compaixão, perseverança no poder de Deus em Cristo Jesus. Assim como Jesus nos amou e se entregou por cada um de nós, temos que nos colocar no lugar do outro em profunda consciência e simpatia por seu sofrimento, fazer com que o nome de Jesus seja glorificado, transmitir os ensinos de Cristo expressando o que Jesus fez por nós, demonstrando bondade e misericórdia, para encorajar o aconselhado, dando-lhe uma oportunidade de se expressar, desabafar e dando vazão à sua "voz" sobre o que está passando, seja qual for o sofrimento, demonstrando bondade e respeito pelo que a pessoa sente, porém com o objetivo de trazer libertação sobre o que está lhe "aprisionando".

O Aconselhamento Cristocêntrico para os transtornos conjugais visa ajudar os cônjuges a superar as suas fraquezas tais como:

A mentira: enganar o cônjuge sobre qualquer assunto, seja grande ou pequeno. A mentira destrói a confiança e a comunicação no casamento.

O desrespeito: tratar o cônjuge com desprezo, grosseria, violência ou indiferença. O desrespeito fere o amor e a honra que devem existir no casamento.

O egoísmo: colocar os próprios interesses acima dos do cônjuge ou da família. O egoísmo gera conflitos, insatisfação e infelicidade no casamento.

O adultério: trair o cônjuge com outra pessoa, seja fisicamente ou emocionalmente.

A negligência: ignorar as necessidades físicas, emocionais ou espirituais do cônjuge. A negligência pode levar à solidão, ao ressentimento e à tentação no casamento.

Esses são alguns exemplos de fraquezas que podem ser denominadas de pecado em um casamento. No entanto, Deus é fiel e justo para perdoar os nossos pecados se confessarmos e nos arrependermos deles (1 João, 1:9). Além disso, Deus pode restaurar e fortalecer os casamentos que estão sofrendo por causa do pecado, se buscarmos a Sua ajuda e orientação (Salmo 127:1).

O casal necessita viver em harmonia, amor e submissão a Deus, uma vida de santidade para a glória do nosso Pai. A Bíblia oferece instruções e direcionamentos que orientam os casais a enfrentarem as suas dificuldades, as tentações e as crises que podem surgir no relacionamento. Alguns princípios bíblicos básicos devem ser observados para o aconselhamento, que são:

- Reconhecer que todos temos fraquezas e que precisamos da graça e do poder de Deus para vencê-las (2 Coríntios, 12:9-10);

- Buscar a ajuda de Deus em oração e confiar nas suas promessas (Mateus, 11:28; Filipenses, 4:13);

- Lembrar que Deus uniu o casal e que ninguém deve separá-lo (Mateus, 19:6);

- Amar o cônjuge como a si mesmo, sacrificando-se e cuidando dele como Cristo fez pela igreja (Efésios, 5:25-29; 1 Coríntios, 13:4-7);

- Respeitar o cônjuge e não o tratar com amargura, ira ou violência (Colossenses, 3:18-19; Provérbios, 17:22);

- Ser humilde, bondoso, compassivo e perdoar as ofensas do cônjuge, como Deus nos perdoou em Cristo (Colossenses, 3:12-14; Efésios, 4:31-32);

- Não se unir (se dar em matrimônio) a pessoas que não compartilham da mesma fé e dos mesmos valores cristãos (2 Coríntios, 6:14);

- Ter um sumo sacerdote que se compadece das nossas fraquezas e que nos consola em todas as tribulações (Hebreus, 4:14-16; 2 Coríntios, 1:3-5);

- Suportar as fraquezas dos fracos e não agradar a si mesmo (Romanos, 15:1);

- Ser fervoroso no espírito, servir ao Senhor, alegrar-se na esperança, ser paciente na tribulação e perseverar na oração (Romanos, 12:11-12).

Lemos no livro de Romanos (14:1-6), no original, referindo-se a estarmos em débito, e justamente esse débito nos leva a suportar as fraquezas ou debilidades dos mais fracos.

Na prática, seria como acolher, hospedar, dar moradia, permitir voluntariamente o acesso à companhia de alguém, receber alguém em sua casa, reunir-se a alguém (a si mesmo) para uma recepção hospitaleira (Atos, 28:2). Como dizem as escrituras, temos que levar as cargas uns dos outros (Gálatas, 6:2), até mesmo daquele vizinho que joga folhas em sua calçada, ou o vizinho que sobe o elevador sem pelo menos lhe responder um "bom dia", "até o mais mal-humorado vizinho que faz um enorme esforço para parecer antipático conosco, continua sendo um pedido silencioso (socorro) direcionado a nós: não sejas desumano, sê humano comigo" (Pohl, 1999, p. 232)!

Infelizmente, muitas vezes observamos que pessoas, até mesmo cristãs, não se dispõem a aconselhar os outros, a menos que isso lhes traga alguma vantagem ou satisfaça um interesse pessoal.

Segundo Pohl, podemos reagir de três formas:

- **Programo** qualquer encontro para a minha vantagem pessoal e vivo, nesse sentido, para agradar a mim mesmo. Estar em um estado ou condição de prazer, conforto ou comodidade em sua própria vivência de estado afetivo e emocional ou prazer e conforto, um sentimento de liberdade de preocupação.

- **Esquivo-me** para a neutralidade, separando cuidadosamente a minha vida e a dele.
- "**Vejo** suas expectativas justas, reconheço-as e tento atendê-las" (Pohl, 1999, p. 232-233).

"Porque também Cristo não agradou a si mesmo, mas, como está escrito" (Romanos, 15:3), pois o zelo de Sua casa o consumia e as injúrias dos que o ultrajavam caiam sobre Ele. Sendo Jesus o próprio Deus, ensinou-nos com o seu exemplo prático de vida aqui na Terra, colocando-se no lugar do próximo e nos direcionando para fazermos o mesmo, "o mesmo sentir de uns para com os outros, segundo a Cristo Jesus" (Romanos, 15:5). "Acolhendo-vos uns aos outros como também Cristo nos acolheu para a glória de Deus" (Romanos, 15:7).

Resumidamente, assim como Cristo amou a sua Igreja, devemos investir tempo em consolar os que sofrem, como Ele fez em seus sermões e em suas viagens por cidades, vilas e vilarejos. Devemos ir a todos os lugares e levar o amor de Deus aos que precisam, servindo-O conforme a sua palavra e seguindo os seus exemplos.

Um bom exemplo tipificado sobre servir é a oração da paz, conhecida como a *Oração de Francisco de Assis*, que na realidade é anônima e costuma ser atribuída popularmente a Francisco de Assis. Servir a Deus nos leva a estarmos mais perto d'Ele e amar o próximo como a nós mesmos.

> Senhor, fazei-me instrumento de vossa paz (Isaías, 52.7; Mateus, 5.9).
>
> Onde houver ódio, que eu leve o amor (Mateus, 5.44; Romanos, 12.20-21).
>
> Onde houver ofensa, que eu leve o perdão (Lucas, 6.29; 23.34; Efésios, 4.32).
>
> Onde houver discórdia, que eu leve a união (1 Coríntios, 1.10; Filipenses, 2.14).
>
> Onde houver dúvida, que eu leve a fé (Ts, 1.3; Tiago, 1.6-8).
>
> Onde houver erro, que eu leve a verdade (João, 8.32; 14.6; Tiago, 5.19-20).
>
> Onde houver desespero, que eu leve a esperança (Gênesis, 49.18; Salmo, 31.24; 33.20; Romanos, 15.13; 1 Tessalonicenses, 1.3; Filipenses, 1.20).

Onde houver tristeza, que eu leve a alegria (Atos, 13.52; Gálatas, 5.22).

Onde houver trevas, que eu leve a luz. (Mateus, 5.14; Filipenses, 2.15).

Ó, Mestre, fazei que eu procure mais (1 Coríntios, 10.24; Filipenses, 2.4).

Consolar, que ser consolado (2 Co, 13.11).

compreender, que ser compreendido (1 Rs, 3.9).

amar, que ser amado (João, 13.34).

Pois é dando que se recebe (Mateus, 7.38; Atos, 20.35).

é perdoando que se é perdoado (Mateus, 5.7; 6.14-15; Mc, 11.25; Lucas, 6.37; Colossenses, 3.13).

e é morrendo que se vive para a vida eterna (Mateus, 16.24; Mc, 8.34.37) (Oração da Paz com Referência Bélica, s.d.).

Dessa forma, podemos interpretar o Aconselhamento Cristocêntrico como uma expressão da vida, amor, graça e compaixão em comunidade. Não como uma tarefa reservada somente aos pastores ou aos especialistas da Igreja, mas a todos quantos se prepararem e dedicarem ao aconselhamento. A base do aconselhamento é a Koinonia, a convivência no contexto da Igreja, que as escrituras nos ensinam. A diaconia e o aconselhamento estão interligados, pois é impossível separar a ajuda psicológica pastoral e espiritual da ajuda concreta e social.

Se as pessoas estão famintas ou precisando de roupas, seria muito cínico de nossa parte apenas orar por elas e lhes oferecer uma ajuda de aconselhamento para superarem essas coisas. Num contexto de necessidades, o aconselhamento deve ser integrado no trabalho diaconal da comunidade. Faz-se necessário e de suma importância desenvolver uma Teologia mais prática e menos intelectual, que seja verdadeiramente interdisciplinar sobre o Aconselhamento Cristocêntrico, que reflita a sua relação com as outras dimensões da vida comunitária, bem como as ciências humanas.

Encontramos o aconselhamento no A.T. e N.T. em uma concepção bem diferente de alma. Alma no A.T. é semelhante à vida. Ela é sinônimo da identidade do ser humano nas suas relações com Deus, consigo mesmo e com o outro. Quando o homem se afasta de Deus, a alma entristece-se, abate, segue o mal. A antropologia do A.T. não separa mente, alma e corpo e entende o ser humano como um ser integral. O aconselhamento do A.T. está centrado na luta do homem para resgatar a sua relação com seu Criador.

No Antigo Testamento, quem dava conselhos eram os sacerdotes, os anciões e juízes que resolviam as brigas, os profetas, que falavam palavras de Deus para confortar e alertar o povo, e os sábios, homens simples que ensinavam seus filhos com a sabedoria do dia a dia. Nos livros de Provérbios e de Jó, podemos ver como eles consolavam e orientavam as pessoas. Eles também tinham o costume de visitar os que estavam sofrendo por alguma perda, e mostrar que estavam tristes junto com eles, fazendo coisas como raspar o cabelo, jogar cinza na cabeça, rasgar a roupa, sentar no chão como os amigos de Jó fizeram, e ficar do lado da pessoa mesmo sem falar nada.

No início do cristianismo, os seguidores de Jesus geralmente eram pessoas pobres e rejeitadas que encontravam refúgio e valor em Jesus e se sentiam amadas, aceitas, acolhidas e formadoras de uma sociedade como uma família.

Os escritos bíblicos levam-nos a conduzir as pessoas com um propósito, a uma transformação pessoal e ao encontro de uma nova vida oferecida por Jesus.

Encontramos na palavra **paramuzía** (ϖαραμυθία), que vem do grego, o sentido de consolação. Isso quer dizer dar alívio para quem está sofrendo, trazer paz e calma, incentivar e confortar alguém, dedicar-se, animar. É como ajudar alguém que precisa de uma mão ou de um ombro amigo em tempos difíceis. É como consolar quem está triste ou angustiado, ou seja, o ato de alívio em aflição, trazendo paz e moderação, levando o aconselhado a um estado de conforto (Strong, 2002). Auxiliar para o cumprimento de uma necessidade ou a promoção de um esforço ou objetivo, assistência em tempos de dificuldade, trazer consolo como um ato de dar alívio em uma aflição.

Podemos ver alguns exemplos, conforme a Bíblia nos direciona: "Mas o que profetiza fala aos homens, edificando, exortando e consolando" (1 Coríntios, 14:3) (Bíblia ARA, 1993). "Nos muitos cuidados que dentro de mim se multiplicam, as tuas consolações me alegram a alma" (Salmo, 94:19) (Bíblia ARA, 1993). "Mas a minha boca procuraria encorajá-los; a consolação dos meus lábios lhes daria alívio" (Jó, 16:5) (Bíblia ARA, 1993). "11 Consolai-vos, pois, uns aos outros e edificai-vos reciprocamente, como também estais fazendo. 12 Agora, vos rogamos, irmãos, que acateis com apreço os que trabalham entre vós e os que vos presidem no Senhor e vos admoestam; 13 e que os tenhais com amor em máxima consideração, por causa do trabalho que realizam. Vivei em paz uns com os outros. 14 Exortamos-vos, também, irmãos, a que admoesteis os insubmissos, consoleis os desanimados, ampareis os fracos e sejais longânimos para com todos" (1 Tessalonicenses, 5.11-14) (Bíblia ARA, 1993).

Para melhor aconselhar e se ter uma ideia concreta sobre a depressão, a ansiedade e o estresse nas áreas da vida conjugal no meio pastoral e cristão, utilizamos de ferramentas científicas e escalas de medidas psicométricas que são "medidas para construtos relacionados a variáveis psicológicas" (Piccoloto, 2019, p. 1), conhecidas há décadas na Europa e continente australiano, porém pouco difundidas e conhecidas nos meios acadêmicos ou teológicos sul-americano e brasileiro.

Até a presente data, não se tem conhecimento de nenhuma pesquisa de campo relacionada a esses meios de pesquisas científicas relativos entre si e com a Bíblia sagrada, voltados para o Aconselhamento Bíblico Cristocêntrico.

A Satisfação nas Áreas da Vida Conjugal é relacionada a/ao:

1. *si mesmo*;

2. *outro;* e

3. *casal.*

Muitas pessoas acham que é impossível ser feliz e ter alegria hoje em dia. A depressão, a ansiedade e o estresse muitas vezes tomam conta da vida conjugal. Devido à correria, não se consegue parar para ler a Bíblia, ficar com a família, resolver os problemas, dividir as tarefas, escolher o que fazer e encarar as consequências das escolhas. Não se tem mais tempo para se divertir e relaxar com quem amamos.

A busca pelo conforto exagerado e a felicidade a qualquer preço tem levado muitos casais e casamentos a uma procura desenfreada, custe o que custar, pela satisfação egocêntrica nas áreas da vida conjugal. Com isso, costumeiramente, tendem a contrair estes transtornos que atrapalham o pleno desenvolvimento das fases da vida humana relacionados à conjugalidade. Sendo assim, devemos estar preparados para uma melhor abordagem, tanto cientificamente quanto biblicamente, nos aconselhamentos dos dias atuais.

O problema da natureza humana está em quase sua totalidade profundamente ligado ao pecado e as suas consequências, que têm causado o distanciamento da criatura com o seu criador. Muitas vezes, a criatura tenta se fazer de criador, querendo direcionar sua própria vida segundo os seus prazeres ou pensamentos de "felicidades" e isso é histórico e milenar. Como sabemos, o homem foi criado à imagem e à semelhança de Deus e originalmente sem pecado, porém houve a queda do homem em Adão e Eva, conforme Gênesis (3:1-24):

> [13] O SENHOR Deus perguntou então à mulher: "Que foi que você fez?" Respondeu a mulher: "A serpente me enganou, e eu comi". [14] Então o SENHOR Deus declarou à serpente: "Uma vez que você fez isso, maldita é você entre todos os rebanhos domésticos e entre todos os animais selvagens! Sobre o seu ventre você rastejará, e pó comerá todos os dias da sua vida. [15] Porei inimizade entre você e a mulher, entre a sua descendência e o descendente (*Hebraico: **semente**)* dela; este lhe ferirá a cabeça, e você lhe ferirá o calcanhar (Gênesis, 3:13-15).

O resultado da queda do homem foi a entrada do pecado e da morte no mundo.

O pecado original foi a desobediência de Adão e Eva ao mandamento de Deus de não comerem do fruto da árvore do conhecimento do bem e do mal; desobediência. Esse ato revelou a natureza pecaminosa do homem, que se afastou de Deus e se tornou escravo do pecado e suas maléficas consequências em todas as áreas, inclusive no casamento.

As consequências da queda do homem trouxeram o distanciamento da comunhão com o Criador e a expulsão do Jardim do Éden (Gênesis, 3:8-24), o sofrimento da maldição sobre a terra, o trabalho, as lutas pela sobrevivência (Gênesis, 3:14-19), o desvirtuamento a deturpação a depravação, a imoralidade pervertida (Gênesis, 5:3; Romanos, 3:23), consequentemente a transmissão do pecado e da morte a toda humanidade (Romanos, 5:12; 1 Coríntios, 15:21-22), a necessidade do nosso Salvador, para restaurar o nosso relacionamento com Deus e o homem (Gênesis, 3:15; João, 3:16) (Bíblia ARA, 1993).

A situação do nosso mundo pós-moderno nos leva a uma necessidade de voltarmos a Deus e a seus conselhos segundo a Bíblia. É impressionante como o pecado, a imoralidade, a idolatria, a violência e a rebelião contra Deus estão consumindo o mundo como um fogo devorador. Devemos estar alertas, pois o tempo está se esgotando e Deus vai julgar o mundo com justiça e fogo. Porém temos a viva esperança de Jesus Cristo, o único que pode nos salvar do fogo eterno e nos dar uma nova vida, restaurar os relacionamentos, transformar todo aquele que se entregar ao Seu Senhorio.

A palavra de Deus enfaticamente relata sobre a universalidade do pecado da humanidade e como consequência veio o dilúvio da parte de Deus, pois o pecado já havia chegado até Noé e sua família, mas estes foram poupados. O Apóstolo Paulo, em seus escritos na Carta aos Romanos, faz menção de várias passagens citadas na Bíblia no A.T., de modo a provar incisivamente e categoricamente que o pecado afeta todas as pessoas e que ninguém poderá escapar de sua influência. Essa, contudo, é inequívoca: pois já temos demonstrado que todos, tanto judeus como gregos, estão debaixo do domínio do pecado. É necessário compreender acertadamente a maneira pela qual o pecado exerce o domínio mundial. De acordo com Romanos (2:10-14), Paulo não negou que no mundo também se realizam obras boas e que, acima de tudo, também se deseja praticá-las, conforme Romanos (7:18b-22).

> Porém, diferente dos escribas, ele destrói a esperança de que seria possível contrabalançar o mal por meio de boas ações (Pohl, 1999, p. 65-66).

O pecado voluntário é rebelião contra a Palavra de Deus e causa a morte espiritual e separação da união entre o homem e o seu criador. Acerca da presente condição do homem, a Bíblia diz: "Todos pecaram e destituídos estão da glória de Deus" (Romanos, 3:23).

Alguns fatores antropológicos de bem-estar, estão interiormente ligados ao pecado que originalmente tenta habitar em nós e temos que compreender alguns fatores. Para aconselhar melhor as pessoas ou os casais, precisamos entender esses aspectos e como eles afetam a nossa velha natureza humana.

Segundo (L. W. Nichols, 2014), o homem preocupa-se basicamente com a sua segurança e sobrevivência própria; comporta-se operacionalmente em seu ambiente a fim de satisfazer necessidades por meio do trabalho; o homem tende a repetir o comportamento bem-sucedido no alcance de alvos e na santificação de necessidades como forma de aprendizado. Ainda, segundo Nichols (2014), as forças universais internas e externas que agem sobre a pessoa são chamadas de estímulos psicofísicos compreendidos que provocam sensações e percepções nos sistemas sensoriais.

Conforme Nichols (2014), o homem responde ao estímulo como um ser total, isto é, feito de coração, trata-se de uma resposta intelectual, emocional e volitiva; o indivíduo comporta-se dentro de um mundo singular e individualizado, de consciência formada pela educação, pelo ambiente e pelas experiências de aprendizado e percepções, que é um processo psicofísico do homem integral que dá a este uma base de consciência da existência.

> O processo singular e individualizado de percepção da pessoa é formado pela sua hereditariedade, seus valores, seus interesses e sua intenção, onde a percepção é grandemente influenciada pelo corpo, alma e espírito, intelecto, emoção e vontade; o comportamento humano é dirigido para os alvos conforme percebidos a fim de satisfazer as necessidades percebidas na vivência. Isto é o mesmo que dizer que todo comportamento é alvo direcionado para a satisfação de necessidades (Nichols, 2014, p. 9).

Se a percepção das necessidades for limitada ou distorcida, o mau entendimento, a resistência ou a ignorância podem levar a uma interpretação errada das mesmas. Por exemplo, uma pessoa pode priorizar uma necessidade de estima, como o reconhecimento social, em detrimento de uma necessidade fisiológica, como a alimentação. De acordo com Collins & Tallon-Baudry (2018, p. 239-269), o ato de perceber envolve a atribuição de significados, de natureza biológica, mental ou racional, aos estímulos sensoriais, com o objetivo de conhecer o contexto em que se está inserido. Quando uma pessoa não consegue ter uma percepção de acordo com a sua realidade, pode gerar uma má visão de si mesma, dos outros e até do seu próprio estilo de vida.

A importância do desenvolvimento humano para se relacionar com o mundo está ligada a muitos fatores. Nesse contexto, Nichols (2014, p. 9) destaca:

> Todo indivíduo desenvolve um sistema "inconsciente" para relacionar-se com o seu mundo singular ou individualizado. Tal sistema de relacionamento pode também ser chamado de personalidade, religião, papel, conceito próprio ou estilo de vida, onde o mundo individual lhe oferece alternativas ou escolhas para o relacionamento onde todas as decisões trazem consequências que confirmarão ou contradirão a decisão.

Escolher por vontade própria a alternativa que contradiz é uma experiência auto frustrante ou vitalmente derrotadora. Se continuado, tal processo conduzirá a um mau ajustamento na vida:

> Consequentemente, o homem pratica o pecado quando voluntariamente escolhe alternativas que contradizem os princípios bíblicos para o viver (Nichols, 2014, p. 9).

Deus nos vê como um todo, completamente, e não apenas por partes, por isso se faz necessário conhecermos mais a Deus e buscarmos a Sua vontade para cada ato de nossas vidas e remeter essa vontade também nos aconselhamentos de ajuda ao próximo.

Podemos conhecer a vontade de Deus, conhecendo mais a Sua palavra. A palavra de Deus tem uma vontade diretiva para cada um de nós, que é o seu querer e direção para a nossa vida pessoal e em todo o nosso viver e agir, em todos os aspectos da vida. "E não vos conformeis com este século, mas transformai-vos pela renovação da vossa mente, para que experimenteis qual seja a boa, agradável e perfeita vontade de Deus" (Romanos, 12:9). Bem como (Salmo, 119:105; João, 16:13; Romanos, 8:28; 1 Pedro, 3:17; Ezequiel, 18:23; 2 Timóteo, 3:16-17; Tiago, 1:5; 2 Timóteo, 3:16-17; Apocalipse, 3:7-8; Provérbio, 11:14; Lucas, 22:42; Isaías, 55:8-9). Essa vontade é revelada através de Sua Palavra, de Seu Espírito e de Suas circunstâncias providenciais (Salmo 119:105; João, 16:13; Romanos, 8:28).

Essa vontade é diferente da sua vontade permissiva, que é aquela que ele permite acontecer mesmo não sendo o seu ideal ou propósito (1 Pedro, 3:17). Por exemplo, Deus permite o pecado e o sofrimento no mundo por causa do livre-arbítrio humano, mas isso não significa que ele se agrada disso ou que isso faz parte da sua vontade diretiva (Ezequiel, 18:23).

Portanto, você precisa buscar conhecer a vontade diretiva de Deus para sua vida. Você precisa orar a Deus pedindo-lhe sabedoria (Tiago, 1:5), ler a Bíblia com atenção (2 Timóteo, 3:16-17), ouvir a voz do Espírito Santo em seu coração (Romanos, 8:14), observar as portas que se abrem ou se fecham diante de você (Apocalipse, 3:7-8) e consultar pessoas maduras na fé que possam lhe orientar (Provérbios, 11:14).

Você precisa estar disposto a obedecer a vontade de Deus, mesmo quando ela for contrária aos seus desejos ou as suas expectativas (Lucas, 22:42). Você precisa confiar no amor de Deus por você, mesmo quando você não entender os seus caminhos (Isaías, 55:8-9). Você precisa crer nas promessas de Deus para você, mesmo quando elas parecerem impossíveis aos seus olhos (Hebreus, 11:1). Você precisa glorificar a Deus em tudo o que você fizer, mesmo quando você não receber o reconhecimento ou a recompensa que você espera (1 Coríntios, 10:31). Lembre-se de que Deus tem um plano eterno para a sua vida e que Ele sabe o que é melhor para você.

Lembre-se de que Deus é fiel e poderoso para cumprir os seus propósitos em você. Deus é soberano e controla todas as coisas segundo o conselho da sua vontade (Efésios, 1:11). Ele é bom e generoso para dar-lhe tudo o que você precisa para a sua felicidade e santificação (Filipenses, 4:19; Romanos, 8:32) (Bíblia ARA, 1993). Temos muitos pensamentos relacionados às promessas de Deus:

- AGOSTINHO de Hipona. "Quanto mais você conhece a Deus, mais você ama a Deus".

- CALVIN, John. "Quanto mais você conhece a Deus, mais você conhece a si mesmo".

- TERESA de Ávila. "Quanto mais você conhece a Deus, mais você se aproxima de Deus".

- EDWARDS, Jonathan. "Quanto mais você conhece a Deus, mais você glorifica a Deus".

- SPURGEON, Charles. "Quanto mais você conhece a Deus, mais você confia em Deus".

- PECHOTO, Henrique. "**Quanto mais você conhece a Deus, mais você conhece os Seus propósitos para sua vida**".

Sendo assim, com estes estudos psicométricos, descobrimos os principais fatores causadores de depressão, ansiedade e estresse pós-modernos, qualificando e melhorando as técnicas de aconselhamento voltado para a raiz do problema.

A Psicometria é uma área da psicologia que se dedica a medir os processos psicológicos, como a inteligência, a personalidade, o humor, as atitudes, entre outros. Ela utiliza instrumentos chamados testes psicológicos, que são compostos por itens que o indivíduo deve responder de acordo com suas características. Os testes psicológicos são avaliados por critérios científicos de validade, confiabilidade e precisão, e devem ser aplicados e interpretados por conselheiros experientes e capacitados.

A Psicometria também utiliza métodos estatísticos avançados, como a análise fatorial, a modelagem de equações estruturais e a teoria de resposta ao item, para analisar os dados dos testes e verificar a estrutura e o funcionamento dos construtos psicológicos. A Psicometria tem diversas aplicações na psicologia, como na educação, na clínica, na organização, na saúde e na pesquisa. Ela contribui para o diagnóstico, a intervenção, a avaliação e a prevenção de problemas psicológicos, além de fornecer informações objetivas e padronizadas sobre os indivíduos e os grupos (Matsunaga, 2018).

Com isso, os estudos e pesquisas para uma conciliação bíblica Cristocêntrica selecionaram cientificamente como forma de auxiliar nos aconselhamentos bíblicos as famílias nas áreas da vida conjugal, pois se fazem necessárias melhorias nos relacionamentos e no modus vivendi de cada ser humano em suas fases de desenvolvimento em sua totalidade plena, seja espiritual (tricotômica), física, emocional ou conjugal.

De forma geral, com os estudos psicométricos realizados com as escalas de medidas da Satisfação nas Áreas da Vida Conjugal e a Depressão, Ansiedade e o Estresse, buscou-se unir as necessidades dos casais de pastores e cristãos às características de suas medidas relatadas nas entrevistas de campo realizadas previamente. Nesse sentido, os resultados das pesquisas apresentaram uma realidade que ainda não era dimensionada a um nível científico e estatisticamente comprovada, levando a um conhecimento de causa mais realístico, relevante e com propósito, levando os pesquisados a se identificarem com o que lhe foi apresentado.

Os estudos foram focados nas características relacionais à depressão, à ansiedade e ao estresse, bem como na Satisfação nas Áreas da Vida Conjugal, como ferramenta para um conhecimento de causa para uma melhor conciliação bíblica e o Aconselhamento Cristocêntrico.

Estes estudos procuraram relacionar à Satisfação nas Áreas da Vida Conjugal, depressão, ansiedade e estresse, a alcançar precisamente as formas de medir e descrever os problemas dos entrevistados para uma solução bíblicas para estes distúrbios, pois como em toda história da humanidade, muitos casais e pessoas buscam fartar sua sequidão espiritual por meios físicos e humanos ou pela própria força de suas mãos através da família, trabalho, amigos, filosofias humanistas gnóstica e estoicas etc.

Porém em nenhum texto bíblico ouvimos dizer que isso é possível de se concretizar. Nenhuma força humana ou terrena pode atender às suas necessidades espirituais, pois somente em JESUS CRISTO, podemos alcançar a paz verdadeira. Agostinho, no livro *Confissões*, em uma de suas orações, relatou há séculos: "Fizeste-nos Senhor para Ti e o nosso coração está inquieto até que descanse em Ti" (Agostinho, 2007, p. 2). Pois, à medida que a palavra de Deus for de encontro aos problemas detectados, os mesmos vão sendo dissipados e a Satisfação Conjugal plena em Cristo poderá ser alcançada e os nossos corações aquietados...

A história tem mostrado a eficácia e o poder da palavra de Deus. Ao criar o homem e a mulher, Deus desejou que fossem felizes, alegres, férteis e que proliferassem abundantemente e com o passar do tempo, dominassem sobre os animais da terra, uma verdadeira vida plena e satisfeita (Gênesis, 1:27-28) (NVI, 2019). Sabiamente, o plano original de Deus era que todos os casais vivessem em harmonia e satisfação em todas as áreas da vida, plenamente em sua essência relacionados ao criador.

Infelizmente, vivemos em uma época em que o pecado tenta destruir a imagem do Criador na sua obra-prima relacionado ao casamento. Dia a dia e ano após ano, nos deparamos com uma outra grande realidade, a situação alarmante do crescente número de divórcios no Brasil e no mundo, e também dentro das igrejas em geral, que, segundo o IBGE, "aumentou o número de divórcios em 3,2% entre 2017 e 2018, aumentando de 373.216 para 385.246, um aumento da taxa geral de divórcios de 2,5% em 2017 para 2,6% em 2018" (UOL, 2019, s/p). Isso demonstra cerca de três divórcios em cada 1000 habitantes com 20 anos ou mais. Não sendo o bastante, de acordo o site da OPAS, segundo a Organização Pan-Americana da Saúde, estima-se que mais de 300 milhões de pessoas em todo o mundo sofram de depressão. "A depressão é a principal causa de incapacidade em todo o mundo e contribui de forma importante para a carga global de doenças. É um problema sério e afeta pessoas de todas as idades" (OMS, 2021, s/p).

Como cristãos e conselheiros, precisamos nos capacitar e nos posicionar quanto a nossa resposta a esse caos da modernidade, procurando ter conhecimento quanto a necessidade de aprimoramento nos métodos de Aconselhamento bíblico e Cristocêntrico. Neste cenário atual, a proposta bíblica e científica visa expor conceitos e definições, bem como ferramentas necessárias para as questões anteriormente citadas, baseando-se em princípios Cristocêntricos e puramente bíblicos, voltados às estratégias do Aconselhamento Cristocêntrico.

Nosso objetivo é avaliar como a depressão, a ansiedade e o estresse afetam a Satisfação Conjugal, com base em dados científicos coletados entre os pastores da OPBB (Ordem dos Pastores Batistas do Brasil) e suas esposas. Nosso propósito é usar esses dados científicos para aprimorar os aconselhamentos bíblicos, baseando-nos em resultados comprovados por escalas psicométricas validadas em dezenas de países, e não em opiniões subjetivas ou suposições teóricas. Assim, poderemos ajudar melhor as famílias pastorais ou de conselheiros bíblicos e cristãos comuns, e também os casais que confiam no poder de Jesus.

Para atingir o objetivo geral desta obra, realizamos os seguintes processos: coletamos informações sobre as características sociais e demográficas do grupo de pastores; explicamos a aplicação da escala de Satisfação Conjugal e sua relação com a depressão, a ansiedade e o estresse; conhecemos por meio de entrevistas os casais de pastores e esposas e suas relações com esses transtornos; analisamos os critérios da Escala de Satisfação Conjugal; apresentamos os benefícios dos resultados psicométricos das escalas de depressão, ansiedade e estresse; validamos a aplicabilidade dessas escalas psicométricas e aplicamos seus resultados em conjunto com a Bíblia Sagrada, resultando em aconselhamentos mais eficazes e conciliadores com base no estudos.

Esta obra foi realizada com o objetivo de estudar como os pastores e suas esposas se comportam e como isso pode influenciar ou ajudar nas novas técnicas de Aconselhamento Cristocêntrico e familiar. O trabalho baseou-se em coletar informações sobre a Satisfação Conjugal e os problemas de depressão, ansiedade e estresse dos pastores e suas esposas. O trabalho também buscou usar a Bíblia como uma forma de orientar os pastores e suas esposas segundo os resultados alcançados, aperfeiçoando assim o modo de realizar o Aconselhamento Cristocêntrico focado nos problemas detectados.

Para uma melhor apreciação desta obra, realizamos uma pesquisa exploratória original e descritiva dos pesquisados para encontrar e conhecer melhor os problemas que ainda não foram muito estudados. Também utilizamos a pesquisa bibliográfica de outros autores maduros e experientes nos materiais de interesse já elaborados por terceiros tais como artigos científicos, livros, revistas, documentos eletrônicos, internet e enciclopédias, tudo isso na busca e destinação de um melhor conhecimento e engajamento sobre o Aconselhamento Cristocêntrico e a sua relação com a Satisfação nas Áreas da Vida Conjugal, interligando os conhecimentos com abordagens já trabalhadas por outros autores, porém focados em públicos diferentes.

Os estudos de cada caso, por sua vez, procuraram reunir um grande número de informações detalhadas com a finalidade de trazer maior conhecimento sobre o assunto e até mesmo levar o diagnóstico de soluções para os problemas levantados. Aplicamos questionários com perguntas fechadas, e as opiniões foram apresentadas em tabelas, gráficos, cálculos psicométricos e medições de estatísticas.

A problemática do estudo direcionou a pesquisa para as áreas de Satisfação nas Áreas da Vida Conjugal, Emocional e Bíblica no casamento e, ainda, realizou estudos de casos entre pastores e suas esposas relacionados a 44 áreas da vida conjugal. Consideramos que este estudo possa ajudar na eficácia da utilização das Análises de Satisfação Conjugal entre as famílias de pastores e líderes em geral, consequentemente, tornando-nos um modelo de ajuda mútua nas localidades onde se fizerem necessárias tais intervenções de Aconselhamento Cristocêntrico.

Procuramos conhecer o perfil individual dos entrevistados em 11 campos em suas diferentes particularidades, tais como:

- Sexo;
- Idade;
- Tempo de casado(a);
- Número de filhos;
- Grau de instrução;
- Se exerce atualmente a função pastoral;
- Se exerce alguma função extra fora do trabalho (renda extra);
- Se exerce alguma função de voluntariado;
- Mudaria de função ou trabalho;
- Exerce ou já exerceu uma função de chefia ou liderança; e, por fim, a
- Remuneração mensal.

Essa amostra de pesquisa teve como experimento e comprovação científica constituída por n=282 participantes de ambos os sexos, sendo feminino n=125 (44,3 %) e do sexo masculino n=157 (55,7 %), idades compreendidas com intervalo σ=26-75 anos, média μ=50,12 anos; e um desvio padrão de Dp=9.59, significa que os valores do conjunto de dados estão muito dispersos em relação à média e que há muita variação no conjunto de dados. "Quanto maior for o desvio padrão, mais espalhados estão os valores e mais heterogêneo é o conjunto de dados" (DAMÁSIO, 2023, s/p), no período de fevereiro a abril de 2020. Dos entrevistados, o tempo de casamento com o intervalo de σ=1-46 anos de casados e média de μ=23,89 anos de casados.

A quantidade de filhos dos entrevistados foi: 16 = 5,7% não possuíam filhos; 45 = 16% com 1 filho(a); 143 = 50,75% com 2 filhos(as); 64 = 22,7% com 3 filhos(as); 13 = 4,6% com 4 filhos(as); e 1 = 0,40% com 6 filhos(as).

Quadro 1 – Resumo de Casos, Sexo x Tempo de Casados

Tabulação cruzada Sexo * Tempo Casado						
			Tempo Casado				Total
			Até 10 anos	11 a 20 anos	21 a 30 anos	31 acima	
Sexo	Feminino	Contagem	17	21	52	35	125
		% em Sexo	13.6%	16.8%	41.6%	28.0%	100%
		Tempo Casado	41.5%	35.0%	51.5%	43.8%	44.3%
		% do Total	6.0%	7.4%	18.4%	12.4%	44.3%
	Masculino	Contagem	24	39	49	45	157
		% em Sexo	15.3%	24.8%	31.2%	28.7%	100%
		Tempo Casado	58.5%	65.0%	48.5%	56.3%	55.7%
		% do Total	8.5%	13.8%	17.4%	16.0%	55.7%
Total		Contagem	41	60	101	80	282
		% em Sexo	14.5%	21.3%	35.8%	28.4%	100%
		Tempo Casado	100%	100%	100%	100%	100%
		% do Total	14.5%	21.3%	35.8%	28.4%	100%

Fonte: elaborado pelo autor com base nos dados do software SPSS (IBM, 2020)

Uma das questões levantadas para o estudo foi a quantidade de filhos que os entrevistados possuem, uma análise a respeito da seguinte afirmação da ONU, quanto a quantidade de filhos existentes por casais, a partir de um estudo do Fundo de População das Nações Unidas (UNFPA), Agência de Saúde Sexual e Reprodutiva das Organizações das Nações Unidas (ONU). Segundo Gessyca Rocha (2018), a taxa de fecundidade em 2018 é de 1,7 filho por mulher, isto é, está abaixo da média mundial, que é de 2,5. Entre os entrevistados, a média foi de 2 filhos por casal (50,7%).

Gráfico 1 – Taxa de fecundação comparativa das últimas décadas

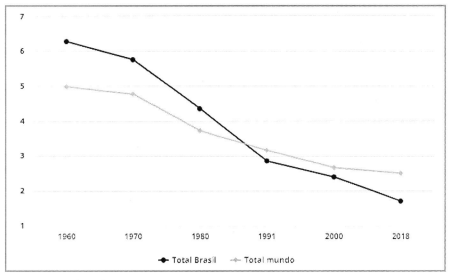

Fonte: Rocha (2018)

Segundo a reportagem, a taxa de natalidade está diminuindo a cada ano que se passa e comparado a esta pesquisa, os dados são equivalentes em número de filhos.

Uma outra questão que foi levantada para o estudo, foi o nível de formação educacional dos pesquisados. Segundo a agência Brasil (IBGE) com a média nacional e a dos países da Organização para a Cooperação e Desenvolvimento Econômico (OCDE), com as pessoas de 25 a 64 anos que não concluíram o ensino médio é de 21,8%. No Brasil, o índice é maior ainda, porém, entre os pastores e suas esposas da OPBB, o índice de grau de instrução é de 85,5% de nível superior completo.

Os dados referentes a OCDE estão na pesquisa Síntese de Indicadores Sociais (SIS) 2019, realizada pelo Instituto Brasileiro de Geografia e Estatística (IBGE), que realiza pesquisas demográficas oficialmente pelo governo brasileiro (Nitahara, 2019). Os dados em relação ao grau de instrução dos entrevistados são: 42 = 85,5% – Ensino Superior Completo; 19 = 6,7% – Superior Incompleto; 17 = 6% – Ensino Médio Completo; 3 = 1,1% – Fundamental Completo; e 2 = 0,7% – Ensino Médio Incompleto.

Com base nos dados apresentados no Quadro 2 a seguir, a porcentagem de pastores e suas esposas (OPBB) no Brasil com nível superior, está acima dos dados nacionais e dos países que fazem parte da Organização para a Cooperação e Desenvolvimento Econômico (OCDE).

Comprovando assim que, no meio pastoral da OPBB, há um número bem maior de pessoas com nível superior do que nos outros padrões sociais do Brasil e dos países da OCDE.

Quadro 2 – Descrição dados cruzados entre Sexo e Grau de Instrução

Tabulação cruzada Sexo * Tempo Casado							
			Instrução				
			Ensino Médio Completo	Ensino Médio Incompleto	Funda-mental Completo	Superior Com-pleto	Superior Incom-pleto	Total
Sexo	Feminino	Contagem	13	2	2	96	12	125
		% em Sexo	10.4%	1.6%	1.6%	76.8%	9.6%	100.0%
	Masculino	Contagem	4	0	1	145	7	157
		% em Sexo	2.5%	0.0%	0.6%	92.4%	4.5%	100.0%
Total		Contagem	17	2	3	241	19	282
		% em Sexo	6.0%	0.7%	1.1%	85.5%	6.7%	100.0%

Fonte: elaborado pelo autor com base nos dados do software SPSS (IBM, 2020)

Dos entrevistados que atualmente exercem ou auxiliam a função pastoral, 245 = 86,9% exercem a função pastoral e 37 = 13,1% não. Sobre função ou renda extra, 147 = 52,17% exercem alguma função de renda extra e 135 = 47,9% não. Quanto ao voluntariado, 166 = 58,9% praticam o voluntariado e 116 = 41,1% não praticam atividades de voluntariado. Sobre mudar de função ou trabalho, 143 = 50,7% não mudariam, 73 = 25,9% talvez e 66 = 23,4% mudariam de função ou trabalho. Sobre chefia e liderança, 260 = 92,2% exercem ou exerceram e 22 = 7,8 não exercem, ou exerceram a função de liderança ou chefia.

Quanto a remuneração mensal, 88 = 31,2% recebem de 3 a 4 salários-mínimos; 69 = 24,5%, 7 ou mais salários-mínimos; 67 = 23,8%, de 1 a 2 salários; e 58 = 20,6%, de 5 a 6 salários-mínimos por mês.

Quadro 3 – Descrição de Casos, Sexo e Remuneração Mensal

Tabulação cruzada Sexo * Remuneração Mensal?						
			Remuneração Mensal			
			1 há 2 salários	3 há 4 salários	5 há 6 salários	7 ou mais salários	Total
Sexo	Feminino	Contagem	51	30	29	15	125
		% em Sexo	40.8%	24.0%	23.2%	12.0%	100%
		% em	76.1%	34.1%	50.0%	21.7%	44.3%
		% do Total	18.1%	10.6%	10.3%	5.3%	44.3%
	Masculino	Contagem	16	58	29	54	157
		% em Sexo	10.2%	36.9%	18.5%	34.4%	100%
		% em	23.9%	65.9%	50.0%	78.3%	55.7%
		% do Total	5.7%	20.6%	10.3%	19.1%	55.7%
	Total	Contagem	67	88	58	69	282
		% em Sexo	23.8%	31.2%	20.6%	24.5%	100%
		% em	100%	100%	100%	100%	100%
		% do Total	23.8%	31.2%	20.6%	24.5%	100%

Fonte: elaborado pelo autor com base nos dados do software SPSS (IBM, 2020)

Os entrevistados foram pastores e esposas de pastores que voluntariamente participaram da pesquisa, principalmente das cidades de Brasília e cidades satélites, Goiás, Rio de Janeiro, Mato Grosso, Mato Grosso do Sul e São Paulo. Foram estudados analiticamente os conteúdos da Satisfação nas Áreas da Vida Conjugal e sua correlação com a depressão, ansiedade e estresse.

1a – RELEVÂNCIA DA PESQUISA PARA O CONSELHEIRO E A SOCIEDADE

A formação de pesquisas relevantes, que contribuam para o avanço e o desenvolvimento bíblico e científico nas áreas do Aconselhamento Cristocêntrico Conjugal e Familiar, tem se confrontado com a falta de pesquisas científicas relacionadas especificamente com o assunto, ficando cada conselheiro ou pastor, aconselhando de modo aleatório ou tradicional seus rebanhos ou grupos conjugais.

Nosso objetivo é criar um método científico e bíblico para os aconselhamentos. Queremos evoluir para uma nova visão e outro nível de contextualização no aconselhar, seguindo padrões bíblicos Cristocêntricos e científicos. Estas mesmas técnicas poderão ser utilizadas em diferentes áreas de atuação seguindo a mesma metodologia de pesquisa, aprimorando-se assim a práxis nos aconselhamentos pastorais. Será de suma importância para discussão nas igrejas e agremiações bem como encontros de casais sobre os assuntos temáticos deste estudo.

Este estudo também analisa as características dos entrevistados para ajudar a orientar melhor os aconselhamentos nas suas áreas de atuação. Vamos observar como o sexo masculino se destaca nas áreas de depressão, ansiedade e estresse, em comparação com o sexo feminino, na vida atual. Vamos estudar as faixas etárias dos entrevistados para ver a importância desses conhecimentos para o Aconselhamento Cristocêntrico. Vamos avaliar o nível de satisfação conjugal dos casais, considerando as áreas do casal, de si mesmo e do outro. Enfim, vamos fazer uma análise sobre o assunto pesquisado para entender melhor o comportamento dos casais diante desses problemas pós-modernos.

VISÃO SOBRE O ACONSELHAMENTO CRISTOCÊNTRICO

O Aconselhamento Cristocêntrico é um dos métodos ou modo de se encaminhar ou mesmo indicar uma pessoa a uma direção centrada na palavra de Deus, obtendo bases sólidas e experientes, onde se tem uma comunicação aberta e definida entre o conselheiro e o aconselhando, criando uma troca mútua de confiança e desejo de ajudar e ser ajudado.

Entende-se por aconselhamento "a relação face a face de duas pessoas, na qual uma delas é ajudada a resolver dificuldades de ordem educacional, profissional, vital e a utilizar melhor os seus recursos pessoais" (Scheeffer, 1993, p. 14). Isso demonstra claramente a definição de aconselhar com propósito de ajudar uns aos outros. Encontramos na Bíblia Sagrada, em Atos (20:27-28), o escritor falando que nunca deixou de anunciar ou aconselhar sobre os caminhos de Deus, e encoraja a continuarmos aconselhando todos os seguidores, apascentando-os em caminhos de paz, trazendo à luz aquilo que porventura esteja encoberto ou escondido, pois Ele mesmo os resgatou pelo seu sangue, transpassando do reino das trevas para o reino da luz.

O Aconselhamento Cristocêntrico baseia-se na palavra de Deus, que é eficaz para orientar e resolver todos os problemas que as pessoas enfrentam desde tempos antigos. A Bíblia é a revelação de Deus para os homens e contém tudo o que eles precisam. Ela é o manual que Deus nos deu, e tem a força e o poder de transformar e libertar aqueles que se submetem a ela.

Segundo Howard Clinebell (1987), o Aconselhamento Cristocêntrico é uma das formas de acompanhar ou ajudar pastoralmente as pessoas em qualquer momento da vida. Ele diz que o Aconselhamento Cristocêntrico usa vários métodos de cura para auxiliar as pessoas a superar seus problemas e crises de modo a promover o seu crescimento e a sua reconciliação consigo mesmas. Ele também destaca que o Aconselhamento Cristocêntrico é uma função reparadora, que se torna necessária quando o desenvolvimento das pessoas é gravemente afetado ou impedido por crises.

Acompanhar uma pessoa ou grupo, bem como aconselhar casais em situação de crise ou transtorno, faz com que todos em um só propósito alcancem o melhor de Deus para esta vida e consequentemente para os que os cercam de uma forma ou de outra na vida. O Aconselhamento Cristocêntrico ajuda aos que são aconselhados a terem uma visão melhor da vida relacionada com o Criador de todas as coisas.

Como afirma Gary R. Collins (2004), pode-se dizer que existe uma transmissão de conhecimentos no Aconselhamento Cristocêntrico, mas não apenas o pastor necessariamente é quem deve fazer o aconselhamento, pois muitos irmãos da igreja também possuem capacidade de auxiliar. Deixando bem claro que biblicamente devemos levar as cargas uns dos outros, esforçando-nos para aconselhar no Senhor e segundo a Sua palavra.

Porém um fato muito preocupante é constatar que nem todas as pessoas, mesmo experientes, possuem o desejo de auxiliar as pessoas em aconselhamentos. Não é exagero afirmar que se todos ajudassem a levar esperança através dos conselhos, a vida emocional, espiritual e também na Satisfação Conjugal seria bem melhor.

Assim, preocupa o fato de que mesmo diante de muitas pessoas capacitadas biblicamente falando e com experiência de vida de longo tempo, ainda se carece de voluntários na área de Aconselhamento Cristocêntrico familiar nas igrejas e principalmente no meio pastoral, isso porque ainda existe uma certa resistência em se confiar uns nos outros ou mesmo uma dificuldade de se abrir para alguém que possa saber suas dificuldades pessoais.

Não apenas o pastor deve aconselhar e ser aconselhado, mas, se possível, também todos os membros das igrejas em geral; porém há alguns fatores que se sobrepõem a tudo o que falamos: a falta de preparo ou uma vida de santidade por parte dos conselheiros. Mesmo assim, não parece haver razões para que os cristãos normais também façam aconselhamentos. Temos que incentivar os cristãos normais, membros das igrejas a se dedicarem na ajuda mútua do Aconselhamento Cristocêntrico. A Bíblia Sagrada auxilia em muito em todos os contextos imagináveis, pois a palavra de Deus é provada e comprovada como fonte de inspiração e iluminação aos conselheiros a se dedicarem com maestria sobre esse assunto.

Não podemos abrir mão daquilo que já nos foi revelado há milhares de anos, por falsos ensinamentos pós-modernos, pois a palavra de Deus tem solução e respostas para todas e quaisquer questões desta vida passageira.

Outro papel do Aconselhamento Cristocêntrico, onde se aconselha o aconselhar sábio mutuamente. "1 Irmãos, se alguém for surpreendido nalguma falta, vós, que sois espirituais, corrigi-o com espírito de brandura; e guarda-te para que não sejas também tentado. 2 Levai as cargas uns dos outros e, assim, cumprireis a lei de Cristo" (Gálatas, 6:1-2).

Como cristãos verdadeiros, devemos aconselhar com um espírito de mansidão e amabilidade, pureza e muita graça, vigiando em todo o tempo para não cairmos nos mesmos erros daqueles que estamos aconselhando. Conforme Gálatas (6:1), se atentarmos para que cada irmão do corpo da igreja possa falhar em alguma área da vida, devemos estar prontos para aconselhar com mansidão, sinceridade graça e em amor. Contudo temos visto e constatado que ainda hoje poucos cristãos se dispõem a aconselhar o próximo por falta de preparo.

> [...] entregar sua vida a Jesus Cristo e estimular a desenvolver valores e padrões de conduta baseados nos ensinos da Bíblia, em vez de viver de acordo com as regras relativistas do humanismo (Collins, G. R., 2004, p. 18).

O conselheiro, além de preparo para entender as necessidades da Alma Humana, da Restauração emocional e espiritual, deve ser manso e humilde de coração, aconselhar, admoestando e dar uma direção Cristocêntrica para que o aconselhando esteja fazendo a vontade de Deus. Não será a vontade do conselheiro que deve se ter em vista, mas a vontade de Deus na vida daquela pessoa, porque a glória será sempre de Deus e não do conselheiro ou conselheira. O conselheiro tem como missão principal levar os cristãos a buscarem a Deus, para que Ele os oriente na direção que devem tomar em sua vida em plena e total confiança em Sua palavra.

O Aconselhamento Cristocêntrico, diferentemente dos métodos psicológicos seculares, precisa estar firmado exaustivamente na palavra de Deus, onde a sublimidade e semelhança do nosso criador em Cristo Jesus venham ser manifestadas nas vidas das pessoas que procurarem o Aconselhamento, sendo a imagem e a carta viva de Cristo aqui na Terra. A humanidade clama por socorro e ajuda e nós somos as pessoas que Deus usará para a Sua glória. Lemos em Colossenses (1:27), "aos quais Deus quis dar a conhecer qual seja a riqueza da glória deste mistério entre os gentios, isto é, Cristo em vós, a esperança da glória".

O mundo e seus desejos econômicos e a grande influência da mídia globalista, tentam influenciar seus consumidores com paliativos humanos enaltecendo a sabedoria psicológica e a falsa felicidade como fonte de libertação dos problemas e transtornos.

> Na prática terapêutica do aconselhamento secular, ensaiam-se fórmulas de tratamento das mais diversas doenças da alma pelo recurso a fármacos, a sessões de hipnose e análise, a terapias individuais ou de grupo (Alexandre, 2016, p. 256).

Portanto, "Sabeis estas coisas, meus amados irmãos. Todo homem, pois, seja pronto para ouvir, tardio para falar, tardio para se irar. Porque a ira do homem não produz a justiça de Deus" (Tiago, 1:19-20).

Para nos aprofundarmos mais sobre o assunto, vejamos o significado da palavra *conselho*: orientação das pessoas mais maduras na fé, necessária para a sabedoria e direção sobre o estilo de vida correto; porém temos que nos aconselhar com homens e mulheres de Deus, experientes e maduros na fé para não confiar nos conselhos humanistas deste século.

Alguns versos da Bíblia sempre irão nos acompanhar nesta caminhada de conselheiros bíblicos e Cristocêntricos.

(Salmos, 1.1): "como é feliz aquele que não segue o conselho dos ímpios";

(Salmos, 32.8-9): 8 "Eu o instruirei e o ensinarei no caminho que você deve seguir; eu o aconselharei e cuidarei de você. 9 Não sejam como o cavalo ou o burro, que não têm entendimento mas precisam ser controlados com freios e rédeas, caso contrário não obedecem";

(Provérbios, 12.15): "O caminho do insensato parece-lhe justo, mas o sábio ouve os conselhos". (Provérbios, 19.20): "ouça conselhos e aceite instruções, e acabará sendo sábio. 21 Muitos são os planos no coração do homem, mas o que prevalece é o propósito do Senhor";

(Isaías, 9.6): 6 "Porque um menino nos nasceu, um filho nos foi dado, e o governo está sobre os seus ombros. E ele será chamado Maravilhoso Conselheiro, Deus Poderoso, Pai Eterno, Príncipe da Paz".

Orientação, direção: Deus tem propósitos e planos para seu povo. Os cristãos devem buscar a Deus para que Ele os oriente na direção que devem tomar em sua vida em plena e total confiança em Sua palavra.

(Salmos, 23.2-3): "em verdes pastagens me faz repousar e me conduz a águas tranquilas; 3 restaura-me o vigor. Guia-me nas veredas da justiça por amor do seu nome";

(Salmos, 37.3-5): "confie no Senhor e faça o bem; assim você habitará na terra e desfrutará segurança. 4 Deleite-se no Senhor, e ele atenderá aos desejos do seu coração. 5 Entregue o seu caminho ao Senhor; confie nele, e ele agirá: 6 ele deixará claro como a alvorada que você é justo, e como o sol do meio-dia que você é inocente. 7 Descanse no Senhor e aguarde por ele com paciência; não se aborreça com o sucesso dos outros, nem com aqueles que maquinam o mal";

(Isaías, 58.10,11): "se com renúncia própria você beneficiar os famintos e satisfizer o anseio dos aflitos, então a sua luz despontará nas trevas, e a sua noite será como o meio-dia. 11 O Senhor o guiará constantemente; satisfará os seus desejos numa terra ressequida pelo sol e fortalecerá os seus ossos. Você será como um jardim bem regado, como uma fonte cujas águas nunca faltam" (NVI, 2019);

(Romanos, 12.2): "E não sede conformados com este mundo, mas sede transformados pela renovação do vosso entendimento, para que experimenteis qual seja a boa, agradável, e perfeita vontade de Deus".

(Tiago, 1.5):

	a		**"Se algum de vocês tem falta de sabedoria,**
Mandato			**peça-a**
Elaboração	c	Expansão	**a Deus, ‹ que ‹ a todos dá › livremente,**
Elaboração	d	Expansão	**de boa vontade; ›**
Sentença	e	Resultado	**e lhe será concedida".**
			(Manser, 2013, p. 811).

Temos que ter em mente que o papel do conselheiro é trazer, através da espiritualidade bíblica, uma segurança e conforto aos aconselhados. Nesse contexto, pode-se dizer que a aplicação de novas técnicas no aconselhamento, pode implicar em melhorias no modo de se aconselhar com maiores resultados relacionados à libertação de pecados ou transtornos no meio do casamento. O mais preocupante, contudo, é constatar que o casamento sem as devidas precauções e busca mútua no aconselhamento, pode ter conflitos mais constantes. Não é exagero afirmar que os métodos que os conselheiros pastorais utilizam para aconselhar em todo esse processo, tem mais vitórias que fracassos. Talvez por deixar de lado o emocional e o físico do conselheiro e focando na palavra de Deus. A Bíblia orienta-nos como proceder e em quais áreas atuar no Aconselhamento Cristocêntrico, de modo que seja alcançado todas as áreas da vida em um sentido holístico completo do ser humano.

Segundo Clinebell (1987), o Aconselhamento Cristocêntrico tem as seguintes características: é pastoral em sua visão, prática e ensino; é eclesial em seu contexto; é Cristocêntrico em seu fundamento; é bíblico em sua base; é recriador em seu processo, guiado pelo Espírito; e é orientado para o Reino de Deus.

De maneira a alcançar níveis Cristocêntricos, doutrinariamente corretos, centrados na santidade e pessoa de Cristo, com base somente nas escrituras para direcionamento pastoral, dependente do direcionamento do Espírito Santo e que constitua um crescimento voltado para o reino de Deus. Não podemos deixar de lado as experiências já vividas no decorrer da vida ou experiências nos aconselhamentos, temos que ter um comportamento específico e propósito de uma forma habitual de aconselhar para transformar o comportamento do aconselhado, porém a dependência do Espírito segundo a palavra de Deus deve ser exercida como forma de auxiliar o aconselhado a alcançar seus objetivos de vida Cristocêntrica.

3

CONSELHOS E CONDUTAS, CONVERGÊNCIA PARA A CENTRALIDADE NA BÍBLIA

1. Conhecer quais são os elementos da situação que podem ser mudados e quais não podem

(Filipenses, 4:11-13): 11 "Não estou dizendo isso porque esteja necessitado, pois aprendi a adaptar-me a toda e qualquer circunstância. 12 Sei o que é passar necessidade e sei o que é ter fartura. Aprendi o segredo de viver contente em toda e qualquer situação, seja bem alimentado, seja com fome, tendo muito, ou passando necessidade. 13 Tudo posso naquele que me fortalece" (Tiago, 1.2-4). 2 "Meus irmãos, tende por motivo de toda alegria o passardes por várias provações, 3 sabendo que a provação da vossa fé, uma vez confirmada, produz perseverança. 4 Ora, a perseverança deve ter ação completa, para que sejais perfeitos e íntegros, em nada deficientes". "Oh Deus, concede-me a serenidade de aceitar as coisas que eu não posso mudar; coragem para mudar as que eu posso e sabedoria para saber a diferença entre elas" (Wygal, 1940, s/p).

2. Melhorar competência e habilidade ao lidar com situações nas quais se percebem perturbações

(Provérbios, 3.5-6) 5 "Confia no SENHOR de todo o teu coração e não te estribes no teu próprio entendimento. 6 Reconhece-o em todos os teus caminhos, e ele endireitará as tuas veredas". (Filipenses, 4.6-7) 6 "Não andeis ansiosos de coisa alguma; em tudo, porém, sejam conhecidas, diante de Deus, as vossas petições, pela oração e pela súplica, com ações de graças. 7 E a paz de Deus, que excede todo o entendimento, guardará o vosso coração e a vossa mente em Cristo Jesus".

3. Aceitar e reconhecer os sentimentos alheios

(Romanos, 15.7): "Portanto, aceitem-se uns aos outros, da mesma forma que Cristo os aceitou, a fim de que vocês glorifiquem a Deus".

(Romanos, 12:1): 15 "Alegrem-se com os que se alegram; chorem com os que choram" (NVI, 2019).

4. Manter-se consecutivamente no trabalho, onde se sente valorizado

(Eclesiastes, 5.19): 19 "Quanto ao homem a quem Deus conferiu riquezas e bens e lhe deu poder para deles comer, e receber a sua porção, e gozar do seu trabalho, isto é dom de Deus". (Salmo 90.17): "Seja sobre nós a graça do Senhor, nosso Deus; confirma sobre nós as obras das nossas mãos, sim, confirma a obra de nossas mãos".

5. Participar de atividades e de responsabilidades sociais

(Romanos, 14.12): 12 "Assim, cada um de nós prestará contas de si mesmo a Deus". (Colossenses, 3.23-24) 23 "Tudo quanto fizerdes, fazei-o de todo o coração, como para o Senhor e não para homens, 24 cientes de que recebereis do Senhor a recompensa da herança. A Cristo, o Senhor, é que estais servindo".

6. Avaliar todas as situações da vida e reforçar aquelas que se fizeram necessárias

(1 Coríntios, 11.28-29) 28 "Examine-se cada um a si mesmo, e então coma do pão e beba do cálice. 29 Pois quem come e bebe sem discernir o corpo do Senhor, come e bebe para sua própria condenação". (Tiago, 1.5) 5 "Se, porém, algum de vós necessita de sabedoria, peça-a a Deus, que a todos dá liberalmente e nada lhes impropera; e ser-lhe-á concedida".

7. Desenvolver sensibilidades às reações de outrem para consigo (Nichols, 2014, p. 14).

(Efésios, 4:2) 2 "com toda a humildade e mansidão, com longanimidade, suportando-vos uns aos outros em amor". (Romanos, 15:7) 15 "Alegrai-vos com os que se alegram e chorai com os que choram. 16 Tende o mesmo sentimento uns para com os outros; em lugar de serdes orgulhosos, condescendei com o que é humilde; não sejais sábios aos vossos próprios olhos". (Efésios, 4:32) 32 "Sejam bondosos e compassivos uns para com os outros, perdoando-se mutuamente, assim como Deus os perdoou em Cristo". (Filipenses, 2:4) "Cada um cuide, não somente dos seus interesses, mas também dos interesses dos outros. Seja a atitude de vocês a mesma de Cristo Jesus".

Gráfico 2 – CONVERSAR, DISCUTIR, ACONSELHAR. LÉXICO HEBRAICO

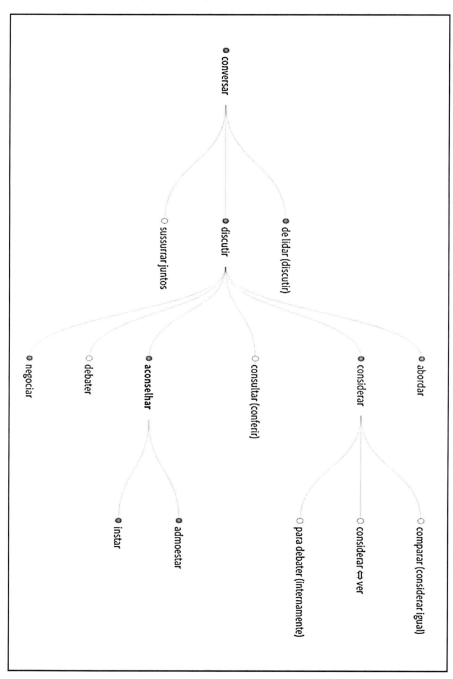

Fonte: Strong (2002)

Na prática, o termo *aconselhar*, conforme explicado no Gráfico 2, tem o sentido de conversar, discutir, considerar de igual modo, considerar a situação em ver internamente para aconselhar e admoestar a pessoa, sussurrar juntos. Caso contrário, não seria necessário direcionar com bons conselhos as pessoas as quais queremos bem. Não se trata apenas de solicitar como fator de ordem, mas instruir para um direcionamento; a uma medida que venha transformar a vida do aconselhado pelo resto de sua vida.

Infelizmente, algumas pessoas que precisam de orientação não aceitam esse caminho de paz. É importante reconhecer que quem procura um aconselhamento está disposto a mudar sua forma de ver a vida e a situação em que se encontra. Isso pode acontecer por falta de alternativas ou por vontade própria de resolver o problema. Nesse caso, pedir a ajuda de alguém qualificado para guiar por um novo caminho é um sinal de abertura para uma intervenção direta. Um exemplo disso é:

(Êxodo, 18:19): 19 "Ouve, pois, as minhas palavras; eu te aconselharei, e Deus seja contigo; representa o povo perante Deus, leva as suas causas a Deus". (Nm, 24:14) 14 "Agora, eis que vou ao meu povo; vem, avisar-te-ei do que fará este povo ao teu, nos últimos dias". (2 Sm, 16:23) 23 "O conselho que Aitofel dava, naqueles dias, era como resposta de Deus a uma consulta; tal era o conselho de Aitofel, tanto para Davi como para Absalão". (2 Sm, 17:11) 11 "Eu, porém, aconselho que a toda pressa se reúna a ti todo o Israel, desde Dã até Berseba, em multidão como a areia do mar; e que tu em pessoa vás no meio deles". (2 Sm, 17:21) 21 (Mal se retiraram, saíram logo os dois do poço, e foram dar aviso a Davi, e lhe disseram: Levantai-vos e passai depressa as águas, porque assim e assim aconselhou Aitofel contra vós outros". (1 Rs, 1:12) 12 "Vem, pois, e permite que eu te dê um conselho, para que salves a tua vida e a de Salomão, teu filho". (1 Reis, 12:8) 8 "Porém ele desprezou o conselho que os anciãos lhe tinham dado e tomou conselho com os jovens que haviam crescido com ele e o serviam" (NVI, 2019).

Assim como outras dezenas de casos citados na Bíblia, nos quais se tratou de relacionamentos de aconselhamento pessoal, coletivo e até mesmo de uma nação.

> Aconselhadores pastorais visam participar da práxis tridimensional de Deus em orientação, estímulo e sustentação; libertação, reconciliação e cura; renovação e responsabilização. Ao exercer um cuidadoso discernimento espiritual e reflexão teológica no contexto do aconselhamento, além do trabalho de

aconselhamento propriamente dito, em autuações de ministério específicos, conselheiros pastorais têm a oportunidade de praticar da práxis de Deus (Schipani, 2003, p. 87).

O Aconselhamento Cristocêntrico é uma prática que envolve três dimensões:

- **Orientar no sentido bíblico**: é uma tarefa que todos os cristãos deveriam exercer em suas comunidades, seguindo o exemplo de Jesus, que é o nosso maior orientador. Ele disse: "Eu sou a luz do mundo (Mateus, 5:14; João, 9:5); quem me segue não andará nas trevas; pelo contrário, terá a luz da vida".

- **Estimular no sentido bíblico**: é uma forma de demonstrar amor ao próximo, seguindo o exemplo de Jesus, que é o nosso maior incentivador. Ele disse: 33 "Estas coisas vos tenho dito para que tenhais paz em mim. No mundo, passais por aflições; mas tende bom ânimo; eu venci o mundo" (João, 16:33) (Bíblia ARA, 1993).

- **Sustentar no sentido bíblico**: é uma obra de Deus, que cuida de todas as suas criaturas com amor e poder. Ele é o sustentador de todas as coisas pela palavra do seu poder (Hebreus, 1:3). Ele também nos chama a participar da sua obra de sustento, cuidando uns dos outros e da natureza que ele criou.

Essa é uma tarefa que todos os cristãos deveriam exercer em suas comunidades. Sendo assim, reveste-se de particular importância que o Aconselhamento Cristocêntrico seja indicado para cada igreja ou comunidade congregacional. O papel do Conselheiro Pastoral Cristocêntrico é fundamental para o crescimento espiritual de qualquer pessoa, levando consequentemente a um crescimento simultâneo da igreja, comunidade e família.

Diante disso, podemos perceber que a sociedade e a igreja reconhecem que o Aconselhamento Cristocêntrico é uma solução eficaz para os problemas atuais que precisam de orientação. Porém esse tipo de aconselhamento deve se basear na Bíblia e em Cristo, e ser feito por conselheiros capacitados em suas áreas de atuação.

O Aconselhamento Cristocêntrico justifica-se pelo aumento de pessoas que se convertem ao cristianismo nas igrejas e pela maturidade espiritual dos cristãos na sociedade. Além disso, a Bíblia Sagrada, que é a palavra de Deus, confirma o cristianismo com suas profecias cumpridas e suas evidências geográficas, históricas, científicas etc. Portanto, o cristianismo não é apenas uma questão biológica, mas espiritual. "Não é fácil aconselhar de maneira organizada e competente, principalmente diante do fato de que os problemas são muito variados, as necessidades imensas, e as técnicas de aconselhamento, muitas vezes, confusas e contraditórias" (Collins, 2004, p. 15).

Segundo afirma Collins (2004), o papel do conselheiro cristão é promover o desenvolvimento espiritual do aconselhado, incentivando-o a confessar seus pecados e a receber o perdão de Deus. Além disso, o conselheiro deve orientar o aconselhado a se entregar a Jesus Cristo e a seguir os princípios bíblicos, em contraste com o relativismo humanista. "Dessa forma, o conselheiro atua como um discipulador que visa uma mudança profunda e restauradora na vida emocional e espiritual do aconselhado" (Collins, 2004, p. 17).

Isso não significa, porém, que todo problema seja algum pecado não confessado. Mas, pela experiência bíblica e de décadas de aconselhamento, quase sempre, via de regra, durante os aconselhamentos surge, por parte do aconselhado, um arrependimento sobre algo que está sendo apresentado pelo conselheiro bíblico.

Durante os meus longos e rápidos 37 anos como cristão conselheiro, dos quais 18 anos em casas de acolhimento ou casas de recuperação para droga/dependentes e 15 anos como missionário juntamente com minha família na Albânia e voluntário humanitário em campos de refugiados no leste europeu, sempre foi assim... **Inegavelmente o pecado acaba sendo a base de quase todos os problemas**. A palavra de Deus em seu imenso amor, nos confronta para termos uma vida exclusiva fora do pecado e assim encontrarmos a verdadeira alegria inabalável que vem de JESUS CRISTO.

Existem muitos métodos de abordagens, propostas e sugestões e sempre surgem novas metodologias diferentes, apresentando-se como solução instantânea para os problemas, e quase todos os conselheiros querem desenvolver suas próprias teorias, como sendo a última palavra no assunto. Facilitaria muito se as literaturas sobre Aconselhamento Pastoral fossem aplicadas de forma Cristocêntrica, centrada na infalível palavra de Deus, evitando subterfúgios filosóficos e humanistas para se encontrar a solução para os problemas.

O Aconselhamento Cristocêntrico ajuda as pessoas a se sentirem motivadas, pois elas podem conhecer a paz que Deus oferece em Sua palavra. No entanto, nem todos estão dispostos a ser conselheiros. O Aconselhamento Cristocêntrico é uma forma de mudar a vida das pessoas para melhor. Não é exagero afirmar que o Aconselhamento Cristocêntrico pode transformar a vida das pessoas como uma grande oportunidade para mudança de vida.

Porém, muitos ainda preferem viver os padrões relativistas do humanismo estoico, onde "seus praticantes prezam por manter a mente calma e racional independentemente do que aconteça" (Carvalho, 2021, s/p), buscando uma paz interior independente das circunstâncias, crendo que o prazer é indiferente ao homem que busca a sabedoria como forma de complementar a estabilidade emocional, onde se valoriza a indiferença e isso é completamente contrário à palavra de Deus. Esse relativismo defende que os juízos morais são relativos e subjetivos, e que não há uma verdade absoluta ou uma lei natural que governe a ética. Os relativistas estoicos acreditam que cada pessoa deve agir de acordo com a sua própria razão e virtude, sem se deixar influenciar pelos sentimentos externos ou pelas opiniões alheias.

> Essa postura é baseada nos ensinamentos da escola estoica, fundada por Zenão de Cítio no século IV a.C., que preza a fidelidade ao conhecimento e o foco em tudo aquilo que pode ser controlado pela própria pessoa (Menezes, 2011, s/p).

3 - Conselheiros Pastorais Cristocêntricos visam participar da práxis fundamentada nas escrituras sagradas:

1. Conduzir: uma linha conduzindo de um lugar a outro; solicitar participação de alguém. Emitir um desafio para fornecer um estímulo necessário para provocar uma mudança. Semelhante a puxar para cima, levantar, fazer mover ou mudar para uma nova posição com alguma força ou esforço (Strong, 2002).

Enfrentamos muitas dificuldades e decisões na vida. Podemos nos sentir confusos e sem rumo. Mas a Bíblia nos mostra como viver, orienta-nos e anima-nos. Ela apoia-nos quando estamos inseguros e nos leva à verdade, mostrando-nos descanso e alento. (Provérbios, 3:5-6) "Confia no Senhor de todo o teu coração e não te estribes no teu próprio entendimento. 6 Reconhece-o em todos os teus caminhos, e ele endireitará as tuas veredas".

Estes versos nos lembram que devemos confiar plenamente no poder de Deus e buscar a Sua orientação em todas as áreas de nossas vidas. Ele nos guiará e nos mostrará o caminho certo a seguir.

2. *Libertação, reconciliação e cura*: ato de recuperar ou salvar algo perdido (ou em perigo de se tornar perdido), livramento ou preservação de perda ou perigo, seja física ou espiritual, o ato de entrega do problema; arrependimento ⇔ reconsideração, uma mudança do eu (coração e mente) que abandona as disposições antigas e resulta em um novo homem, novo comportamento, e arrepende-se sobre disposições e comportamentos antigos. Metanoia é uma palavra grega que significa mudança de mente ou arrependimento. É uma transformação completa do pensamento que não se limita a uma mudança de mentalidade, mas também implica mudança de comportamento, atitude, maneira de ser e viver. Metanoia é um processo profundo de mudança e transformação que nos leva a expandir nossa consciência e a chegar ao lugar onde está nossa fonte de imaginação, confiança e verdade (Strong, 2002).

> Renovação e responsabilização: ἀνακαίνωσις – anakainosis - renovação ATIVIDADE - Qualquer comportamento específico; frequentemente com a ideia de atividade proposital. Ato de continuar um ato ininterruptamente, ato de restabelecer algo em um como novo, e frequentemente de melhor maneira" (Strong, J. Léxico Hebraico, 2002, s/p).

Segundo Schipani (2003), o conselheiro pastoral deve exercer um discernimento espiritual e uma reflexão teológica no aconselhamento, além de atuar em situações específicas de ministério. Assim, ele pode participar da práxis de Deus, que é uma prática tridimensional que envolve orientar, estimular e sustentar o aconselhado, com base na verdade, na libertação, na reconciliação, na cura, na renovação da mente e na responsabilidade. Essa é uma tarefa que todos os cristãos deveriam desempenhar em suas comunidades.

No aconselhamento, a comunicação é fundamental para que aconteça uma verdadeira transformação "metanoica".

A comunicação é algo que se é transmitido por, para ou entre pessoas ou grupos, transmitindo uma mensagem com conteúdo de proposta para um curso adequado de direção e ação recebidas de uma admoestação ou um conselho preventivo, especialmente sobre algo perigoso ou outras coisas desagradáveis ⇔ evitar náuseas.

Gráfico 3 – Arrepender-se

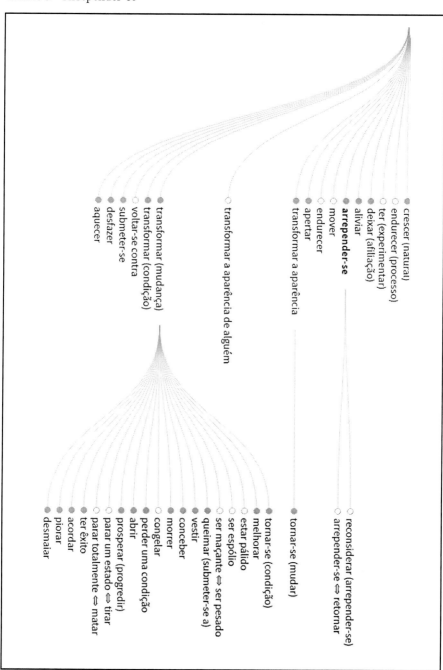

Fonte: Strong (2002)

Gráfico 4 – Comunicar, informar, explicar

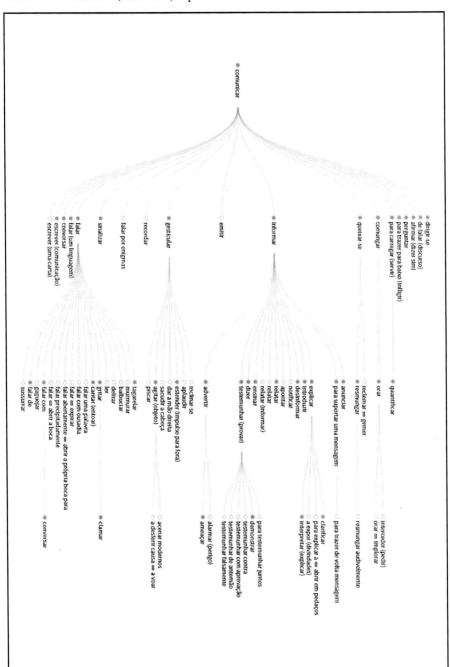

Fonte: Strong (2002)

ACONSELHAMENTO BÍBLICO E A SATISFAÇÃO NAS ÁREAS DA VIDA CONJUGAL NA PÓS-MODERNIDADE

O processo bíblico e histórico que a humanidade tem passado através dos séculos, tem levado muitos casais a adentrarem mais e mais nas coisas deste mundo, em busca de uma Satisfação Conjugal plena, porém, como o Apóstolo Pedro descreveu: "do mesmo modo vocês, maridos, sejam sábios no convívio com suas mulheres e tratem-nas com honra, como parte mais frágil e coerdeiras do dom da graça da vida, de forma que não sejam interrompidas as suas orações" (1 Pedro, 3.7). Da mesma maneira, vocês que são casados, homens de casa, tenha sabedoria e habilidade na convivência com suas esposas, tratando-as com delicadeza e gratidão, reconhecendo que elas são a parte mais frágil do casamento e cheias da graça do Pai em suas vidas.

E continuou dizendo: "Mulheres (Efésios, 5:22; Colossenses, 3:18), sede vós, igualmente, submissas a vosso próprio marido, para que, se ele ainda não obedece à palavra, seja ganho, sem palavra alguma, por meio do procedimento de sua esposa, ao observar o vosso honesto comportamento cheio de temor". Ou seja, igualmente vocês, esposas, sejam mais gratas aos seus maridos, sejam companheiras para o bem, auxiliadoras; reflexivamente, a fim de que, caso ele desobedeça à palavra, seja conquistado sem palavras, pelo testemunho pessoal e manso de sua mulher, contemplando o vosso modo de viver.

A compreensão desse fato é de suma importância para podermos analisar e desenvolver um estudo contemporâneo preventivo contra os transtornos deste século, para a melhoria na Satisfação Conjugal em detrimento da depressão, ansiedade e estresse.

O enriquecimento matrimonial e familiar, bem como o aconselhamento em crises matrimoniais, está entre as mais importantes habilidades assistenciais do pastor. O aconselhamento tem por finalidade auxiliar o desenvolvimento da personalidade; auxiliar as pessoas a confrontarem com maior possibilidade de ajustes os seus problemas diários ou do passado que ainda carregam em si mesmas, trabalhar melhor suas emoções; difundir melhor a palavra de Deus focada em Cristo para uma direção bíblica aos que estejam sofrendo em áreas da vida; aos que estão sob estado de frustração, incertezas, desesperanças, desalentos, inconformidades da vida e o principal objetivo é levar a pessoa a uma liberdade em Cristo, tornar-se parecida com o Criador, e para torná-las discípulos de Cristo e encaminhar suas vidas para aconselhar outros.

Buscando ter um grau razoável de conhecimento em todos os tipos de aconselhamentos ou ação ou atitude de pastorear, de se dirigir ao outro para o guiar.

> Refere-se a toda ou qualquer ação de acompanhamento (ajuda) pastoral, em qualquer momento da vida; Aconselhamento Cristocêntrico. Porém, na área da vida familiar, como em crises e no pesar, as oportunidades do pastor são tão frequentes e cruciais, que o alto grau de competência se torna imperativo (Clinebell, 1987, p. 235).

É notório em qualquer lugar do mundo que o enriquecimento matrimonial e familiar, depende muito de um bom acompanhamento bíblico, que seja fortalecido pela palavra de Deus e que seja relevante e contemporâneo. O pastor ou conselheiro precisa possuir um conhecimento significativo da teologia do aconselhamento para que seus esforços sejam bem-sucedidos.

Desse modo, é necessário ter um conhecimento exato e experiente sobre quais métodos de estudos referenciados pela palavra deverão ser utilizados. Portanto, é preciso ter uma visão bem nítida de quais objetivos se quer alcançar e de onde se deseja chegar com esse método de aconselhamento.

A ausência do conhecimento necessário para o aconselhamento, pode ocasionar sérios problemas nas pessoas aconselhadas, por isso temos que estar preparados para caminhar e aconselhar os casais que buscam melhoras nas áreas das satisfações conjugais.

> Geralmente precisamos de alguém que nos possa ajudar a apropriar-nos da visão interior. Deus deu talentos aos homens, e alguns têm o talento de ajudar e aconselhar. Talvez eles nem tenham consciência de que seus talentos de discernimento de que a ajuda vem de Deus, mesmo assim podem ajudar. Ninguém precisa sentir-se embaraçado ou envergonhado em procurar conselho (Creath, 1980, p. 137-138).

O Aconselhamento Cristocêntrico nas crises conjugais, está entre as mais belas artes de levar um casal a encontrar o caminho da satisfação. Por conseguinte, trata-se inegavelmente de uma iluminação de Deus para esse fim. Seria um erro, porém, atribuir o mérito somente ao conselheiro, pois a base de tudo está na palavra de Deus.

Assim, reveste-se de particular importância a participação em conjunto e mútua, tanto do conselheiro como dos aconselhados para alcançar o objetivo proposto.

Como cristãos, temos que reconhecer que tudo é Dele e por Ele, por isso o reconhecimento da iluminação de Deus para os conselhos se torna uma forma de adorar a Deus reconhecendo tudo o que ELE é, e nós, apenas servos tentando viver uma vida livre do pecado. Nesse contexto, por exemplo, conforme nos assegura Collins (2004, p. 17), "O objetivo final é que os aconselhados cheguem à cura, aprendam a lidar com situações semelhantes e experimentem crescimento espiritual".

Pode-se dizer que os autores citados anteriormente, possuem a mesma visão, relacionada ao Aconselhamento Cristocêntrico. Fica claro que o Aconselhamento Cristocêntrico referendado pela palavra de Deus e principalmente na centralidade de CRISTO, possui uma ação eficaz, quando se aplica ao direcionamento pessoal ou conjugal.

O mais preocupante, contudo, é constatar que mesmo com a comprovação milenar através da Bíblia, muitas pessoas ainda desconhecem a sua utilidade prática no viver diário, mesmo colegas de caminho e já "calejados" no pastoreio, muitas das vezes não reconhecem o poder da palavra de Deus para libertar as crises e transtornos da pós-modernidade. Não é exagero afirmar que casais que buscam a Satisfação Conjugal com a ajuda de uma conversa pastoral, conseguem se ajustar mais à vida normal a dois.

Infelizmente, ainda existem muitas igrejas que não possuem um ministério de Aconselhamento Teocêntrico centrado em CRISTO, onde se conduza os problemas da comunidade eclesiástica, isso porque em muitas escolas e seminários, não se aplica o conceito de aconselhamento como matéria, designada como teológica de socorro nas crises ou transtornos, sejam quais forem.

Desse modo, o conselheiro tem que desenvolver estratégias que atraiam a atenção e confiança dos seus aconselhados. Caso contrário, ele não obterá sucesso e nem alcançará seus alvos propostos no aconselhamento. Não se trata de ter boas intenções, mas de capacidade e experiência no modo de aconselhar casais com algum tipo de crise ou transtorno, seja ele qual for.

Lamentavelmente, muitos pastores não buscam aconselhamento com outros conselheiros por motivos diversos ou mesmo o "medo" de serem descobertos em seus delitos e pecados, porém, como disse Jesus: "Aquele que dentre vós estiver sem pecado seja o primeiro que lhe atire pedra" (João, 8.7). É importante considerar que quando abrimos o coração e nos permitimos ser aconselhados, conseguiremos mais facilmente encontrar refúgio e sentido para a vida.

> Todas as técnicas de aconselhamento têm, pelo menos, quatro características. Elas procuram: levar a pessoa a crer que é possível obter ajuda; corrigir concepções equivocadas a respeito do mundo; desenvolver competências para a vida social; e levar os aconselhados a reconhecer seu próprio valor como indivíduos (Collins, G. R., 2004, p. 18-19).

O Conselheiro que quer ajudar as pessoas com seus problemas e orientá-las com excelência, precisa se preparar espiritual e emocionalmente. Ele deve aconselhar com base na Bíblia e na certeza de que Deus o chamou para essa missão. Ele deve mostrar aos aconselhados como a graça de Deus pode transformar suas vidas. O papel do conselheiro deve ser:

1. **Confrontar**, conforme Jesus o fez em sua caminhada, em graça e amor. Ele colocava-se no lugar das outras pessoas para aconselhar, conversar, trocar ideias, como fazia em uma convivência direta com os seus discípulos, aos quais via, cuidava, confortava etc.

2. **Identificar-se**, agir mentalmente, executar uma ação que é mental ou de natureza mental com a pessoa com a qual ele está aconselhando, de modo figurativo, colocar-se no lugar da pessoa e olhar com misericórdia e compaixão, fixar com autoridade no problema do aconselhado, reconhecer como sendo a própria pessoa, distinguir perceptivamente no Senhor; "discriminar", tratar de forma diferente com base no sexo ou cultura, não se esquecendo que a Bíblia é Supra Cultural e está acima de toda e qualquer cultura; tornar claro e trazer a luz o que será tratado.

3. **Ajudar o Aconselhado a mudar de vida**, mostrando o evangelho como o caminho centrado em Cristo. Usando a palavra de Deus,

orientá-lo a seguir novas direções de vida e a organizar sua vida de forma eficaz e harmoniosa

> Porque a palavra de Deus é viva, e eficaz, e mais cortante do que qualquer espada de dois gumes, e penetra até ao ponto de dividir alma e espírito, juntas e medulas, e é apta para discernir os pensamentos e propósitos do coração (Hebreus, 4.12).

A palavra de Deus é suficientemente completa em todos os aspectos, ela contextualiza-se em toda e qualquer forma de vida humana e é perfeita para solucionar todos os problemas da humanidade, pois foi pela palavra que o nosso CRIADOR fez todas as coisas.

A Bíblia não precisa ser atualizada, pois ela se contextualiza com o ser humano nas suas mais diversas culturas, ela é a base de tudo e, sem ela, nada acontece, pois o seu poder é espiritual e a nossa luta não é contra a carne ou sangue, lembrando das palavras de Jesus.

17 "Santifica-os na verdade; a tua palavra é a verdade (João, 17:17). Quanto mais conhecemos o nosso Senhor Jesus, mais parecidos com Ele 29 Porquanto aos que de antemão conheceu, também os predestinou para serem conformes à imagem de seu Filho, a fim de que ele seja o primogênito entre muitos irmãos (Romanos, 8:29). 26 "para que a santificasse, tendo-a purificado por meio da lavagem de água pela palavra, 27 para a apresentar a si mesmo igreja gloriosa, sem mácula, nem ruga, nem coisa semelhante, porém santa e sem defeito" (Efésios, 5.26-27).

> Quando começamos a orientar nosso casamento ao redor da verdade bíblica, vemos algo impressionante. O casamento foi não somente inventado por Deus, mas também pertence a Ele. O Senhor faz uma reivindicação singular sobre as características, o propósito e os objetivos do casamento. O casamento existe realmente mais para Ele do que para você, para mim ou para nosso cônjuge (Harvey, 2007, p. 22-23).

Gráfico 5 – Agir, examinar, certificar, identificar

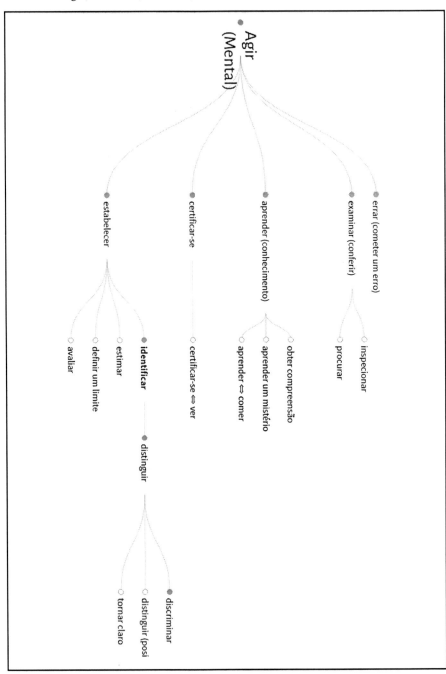

Fonte: Strong (2002)

Gráfico 6 – ACONSELHAR, ESTADO E CONDIÇÃO

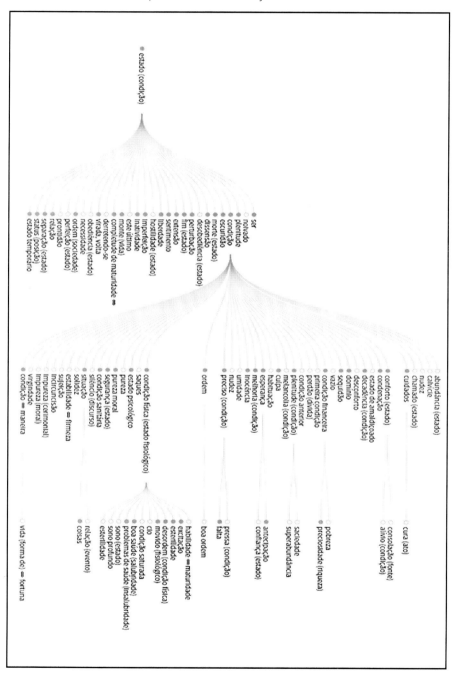

Fonte: Strong (2002)

O CASAMENTO – MATRIMÔNIO

Uma relação social e espiritual, na qual um homem e uma mulher se comprometem a um relacionamento por toda vida. Os parâmetros de expectativas sociais variam de acordo com a cultura, mas quase sempre incluem a fidelidade sexual, respeito, amabilidade, entrega mútua durante suas vidas.

O casamento inicialmente falado nas escrituras sagradas, no início da criação, revelou a necessidade de um bom relacionamento entre o homem e a mulher. Segundo os escritos mais antigos sobre relatos de casamento que se encontram na Bíblia, o casamento é uma sociedade sagrada, idealizado pelo próprio Criador de todas as coisas, o próprio Deus.

Segundo Warren (2018), o sagrado matrimônio, ou casamento, é uma união completa e abrangente, orientada para a procriação, pactual e por toda a vida, entre um homem e uma mulher. O casamento é uma exemplificação e tema central nas palavras de Deus usadas para narrar o relacionamento de aliança entre DEUS e Israel (Oseias, 2; Isaías, 54:5; 62:5; Jeremias, 3: 31:31-33; Ezequiel, 16) e uma vez mais entre Cristo e a Igreja (Efésios, 5:22-32; Gálatas, 4:26-28; 2 Cr., 11:2; Apocalipse, 19:710; 21:9-21; 22:17).

O conceito mais relevante propagado através dessa ilustração não se trata da união sexual, mas a totalidade de equilíbrio, constância, veracidade e fidelidade. É com alicerce na fidelidade de DEUS ao seu povo que o povo de Deus deve compreender a união permanente e abrangente que é o casamento humano. Os relatos bíblicos iniciam-se praticamente descrevendo um casamento e em seu primeiro livro chamado Gênesis e terminam com o casamento em seu último livro chamado Apocalipse.

Como bem nos assegura a Bíblia (Gênesis, 2:18-24), certamente podemos dizer que **não é bom que o homem viva só**. Por isso, Deus fez uma mulher para o auxiliar, dizendo para o homem sobre a mulher que Ele criara, sendo ossos dos seus ossos, colocando o nome na sua criação de mulher, pois havia tirado do homem, **razão pela qual o homem deixará a sua casa e fará uma nova família, tornando-se então uma só carne**. Nesse contexto, fica claro que o relacionamento entre o homem e a mulher é um plano de Deus para a constituição da família segundo os seus propósitos desde a criação.

Deus já tinha um plano perfeito para a família desde o começo da criação. Ele queria que os casais fossem felizes e tivessem filhos. **A palavra de Deus ensina que o casamento é uma união forte, plena, completa e suficiente em sua totalidade.**

Gráfico 7 – UNIR (AÇÃO), CASAR, ASSOCIAR-SE, PAREAR. LÉXICO BÍBLICO

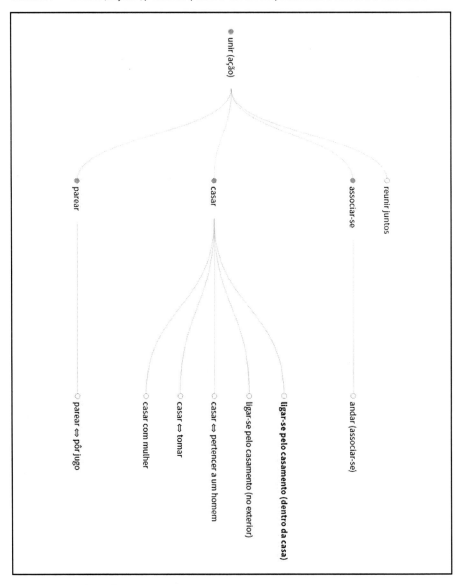

Fonte: Strong (2002)

Interessante, aliás, afirmar que o casamento é uma das instituições mais antigas do mundo, mas há um fato que se sobrepõe a essa afirmação, o de que **a Satisfação Conjugal necessita estar alinhada com o seu Criador**.

Mesmo assim, não parece haver razão para que o matrimônio seja um lar de mil maravilhas, pois temos uma natureza pecaminosa e temos que caminhar **perdoando e pedindo perdão**.

É sinal de que o autor do casamento já havia manifestado o seu desejo de alegria e gozo conjugal em um plano perfeito demonstrado nas escrituras sagradas. Conforme explicado anteriormente, 24 "Por isso, deixa o homem pai e mãe (Mateus, 19:5; Marcos, 10:7-8; 1 Coríntios, 6:16; Efésios, 5:31) e se une à sua mulher, tornando-se os dois uma só carne" (Gn, 2:24). Precisamos entender que **o casamento não é uma mera formalidade, mas um retrato de Cristo e sua igreja e que tudo que fizermos para termos um casamento prospero terá como alvo a glória de Deus** (ver Gráfico 7).

O enlace matrimonial é uma condição de vida iniciada na própria criação que subsiste em todas as culturas e raças, povos e nações, apesar do pecado que corrompe e induz o ser humano à queda miserável do matrimônio, como a separação e consequentemente o divórcio (Mateus, 5:32; Lucas, 16:18; Malaquias, 2:13-16) e a poligamia que é a multiplicidade de cônjuges; mas a Bíblia é clara e a Igreja dos primórdios do cristianismo ou a "igreja apostólica" compreendia muito bem o estado do matrimônio onde claramente se proclamava que todos os presbíteros, anciãos e todos os homens e mulheres sejam marido de uma só mulher ou mulher de um só homem (1 Timoteo, 3:2; Tito, 1:6).

A proclamação do sinal da aliança implica indispensavelmente em uma promessa, de modo que aquele que cumpre ou realiza o sinal ou voto, tem a incumbência de construir a promessa igualmente. Muitas passagens no Velho Testamento nos chamam a atenção para este fato (Deuteronômio, 22:28), em que o sexo funciona como o sinal da aliança no casamento e esse fato sempre se fez presente na cultura oriental: para tornar-se uma só carne (Gênesis, 2:24; Mateus, 19:5; Mc, 10:8; Efésios, 5:31) pelo ato sexual e vincular-se à união abrangente que é prometida no casamento.

Essa é a mesma lógica apresentada (1 Coríntios, 6:16), na qual Paulo admoesta os homens de Corinto a não dormir com uma prostituta, porque fazê-lo é tornar-se "uma só carne" com ela. Fazer sexo com uma prostituta é dever-lhe a união total, que ele está prometendo com seu corpo e, portanto, tornando ambos adúlteros (Warren, 2018).

Na opinião do escritor Dominian (1981), um dos maiores obstáculos para o casamento contemporâneo, é a sua duração. Porém o que fortalece a família ou satisfação conjugal, é o tipo de personalidade e integridade, bem como a sua autorrealização social advinda da emoção, afetividade e experiências espirituais. Assim como nos vários contextos sociais em todo o mundo, o casamento ainda é uma das mais importantes etapas da vida do ser humano, seja qual for o nível escolar ou social, isso relacionado ao caráter de ascensão social.

Uma das maiores dificuldades para um casamento estável e seguro, é o fator tempo; ou seja, quanto maior a duração do casamento, maior a Satisfação Conjugal experimentada no matrimônio. O mais preocupante, contudo, é constatar que mesmo com comprovações científicas que provam esse argumento, a mídia, em geral, ainda insiste em promulgar a liberação do divórcio ou casamentos de curta duração e mesmo a união casual. Porém, indesculpavelmente, a própria Bíblia Sagrada e a ciência comprovam que o casamento é uma instituição estável, quando o tempo e a compreensão de ambas as partes se filtram com o mesmo propósito de convivência relacional e amor ao cônjuge:

> Vivemos numa sociedade que dissemina valores antibíblicos relativos ao sexo e ao casamento, de modo que os ensinamentos bíblicos sobre o sexo e o verdadeiro significado do amor precisam ser constantemente reforçados (Collins, G. R., 2004, p. 490).

Afirmativamente podemos dizer que as diretrizes para o casamento em sua totalidade e plenitude, têm uma base sólida firmada na palavra de Deus. Caso contrário, não permanecerá por muito tempo. Não se trata de se casar e deixar que a vida se encarregue de sustentar o matrimônio, lamentavelmente, nem todos os casais praticam estudos bíblicos sobre o casamento, os mesmos precisam ser ensinados tanto em casa como na igreja, para que se fortaleçam e cresçam mesmo em meio a problemas que possam surgir esporadicamente.

É importante considerar que quanto mais o casal se fortalece na palavra de Deus, maiores possibilidades haverão de se ter um relacionamento de longa duração, seja porque está firmado em uma base sólida espiritual, seja nesse caso estudando a Bíblia com temas relacionados à satisfação conjugal.

Onde existe o amor e a compreensão, o casamento perdura para sempre, até que a morte os separe: "2 Ora, a mulher casada está ligada pela lei ao marido, enquanto ele vive; mas, se o mesmo morrer, desobrigada ficará da lei conjugal. 3 De sorte que será considerada adúltera se, vivendo ainda o marido, unir-se com outro homem; porém, se morrer o marido, estará livre da lei e não será adúltera se contrair novas núpcias" (Romanos, 7.2-3).

> Para a maioria das pessoas, a vida consiste em várias exigências, compromissos e responsabilidades. Muitas vezes, em meio a todas estas pressões, o casamento e a família passam a ocupar uma posição mais baixa na ordem de prioridades. O trabalho, a igreja, as responsabilidades diante da comunidade e outras atividades passam a ter precedência sobre o tempo gasto com o cônjuge. O casamento precisa de tempo, esforço e compromisso para crescer e se desenvolver. Isso precisa ser enfatizado nas igrejas e em todos os lugares (Collins G. R., 2004, p. 490).

No casamento, faz-se necessário o desenvolvimento comum de afazeres diários e cotidianos:

- O modo como resolvemos os conflitos;
- Investimento na qualidade de tempo nas áreas do viver extralar;
- O modo como nos relacionamos com os amigos;
- A distribuição de responsabilidades gerais;
- O modo como gerimos a nossa situação financeira;
- A frequência com que temos relações sexuais;
- A quantidade de tempos livres, devendo ser incentivados na comunidade e igreja local.

O casamento é uma instituição criada por Deus que requer a prática da mutualidade entre os cônjuges. Isso significa que eles devem se dedicar um ao outro, compartilhar seus interesses, sentimentos e projetos, e buscar o bem comum. No entanto, muitos casais deixam de lado essa prática e se envolvem com outras coisas que lhes tiram o foco do casamento, como o trabalho excessivo, a ganância pelo dinheiro, o consumismo desenfreado ou outras atividades que não contribuem para a união do casal. Esses casais precisam ser orientados a valorizar o que é essencial: o casamento em si.

Este é o motivo pelo qual também o criador deixou escritas as suas diretrizes e direcionamentos para o casamento, nas páginas da Bíblia.

> Os casados não são os únicos membros da congregação que precisam de ajuda para aprenderem a se comunicar e a lidar com os conflitos. Onde existem mexericos, maledicência, insensibilidade e teimosia, também haverá tensão e conflito. [...]. Os casados, por exemplo, devem perceber a importância de ouvir, de se abrir com o cônjuge e de haver aceitação mútua e compreensão (Collins, G. R., 2004, p. 490).

No casamento, os casais precisam estar abertos ao aconselhamento na vida matrimonial. O casamento precisa seguir princípios bíblicos, melhorando os relacionamentos, investindo tempo um com o outro em comunicar-se para evitar que a mesmice cotidiana se torne o centro do matrimônio e isso faz com que brechas para o pecado se aproximem do relacionamento constantemente. Não é exagero afirmar que quanto maior for o comprometimento do casal em uma aceitação mútua, melhores resultados serão alcançados.

Na Bíblia, encontramos muitos testemunhos de enlaces matrimoniais.

Seu início e término se dão em forma de casamento (Gênesis, 2:24; Apocalipse, 22:20). O casamento foi criado por Deus, para que o casal procrie e seja uma só carne.

- Existem histórias de casamentos e casais (Gênesis, 3:1-4: 12:1-18; 21:1-14; 24:1-25:28; 29:1-30);

- A união do homem com a mulher com os mesmos propósitos, princípios e valores, que se amam e se respeitam mutuamente (Efésios, 5:21-33; Colossenses, 3:18-19);

- Casar (Deuteronômio, 22: 13-21; 22: 28-29; 25: 5-10);

- Ser casado (Êxodo, 21:10; Deuteronômio, 21:10-14; Efésios, 5:21-33; Colossenses, 3:18-19; 1 Pedro, 3:1-7);

- Cristo é comparado a um noivo e Seus seguidores são os convidados do casamento (Mateus, 9:14-15; 22:1-14; 25:1-13);

- O casamento representa a imagem de Deus, a união de Deus e Seu povo (Os, 1:2-3: 5; Jeremias, 2:1-4);

- E de Cristo e Sua igreja (João, 3:28-30; 2 Coríntios, 11:1-3; Apocalipse, 19:7-9; 21:2; 22:17-20);

- Para a multiplicação da humanidade, através da procriação e da educação dos filhos no temor do Senhor (Gênesis, 1:28; Salmos, 127:3-5);

- O cumprimento do dever de ambos dentro dele, que inclui a satisfação sexual, a fidelidade, o cuidado, o apoio e a submissão (1 Coríntios, 7:1-5; Hebreus, 13:4; 1 Pedro, 3:1-7).

JESUS, em suas palavras, pronunciou-se a respeito do casamento:

> Jesus faz um breve comentário sobre a lei, sobre o casamento levirato (Deuteronômio 25: 5-10). Não diz respeito aos mortos após sua ressurreição, diz ele. Não há casamento na vida após a morte (Marcos 12: 18-25; Mateus 22: 23-30; Lucas 20: 27-35). Em Mateus 19: 10-12, Ele parece defender a vida de solteiro para qualquer um de Seus seguidores que possam permanecer celibatários (McWhirter, 2016, s/p).

O casamento é para ser vivido enquanto há vida e ser significativamente benigno, de modo que ambas as partes comprometidas no matrimônio, façam o outro mais feliz em amor e respeito mútuo.

O Apostolo Paulo também comentou sobre o casamento:

> Como Jesus, ele defendeu o celibato (1 Cor 7: 8). Ele raciocinou que, se Jesus voltar em breve, os crentes que são capazes podem escolher não se casar e, portanto, se dedicar totalmente ao ministério. Sua primeira prioridade é agradar a Deus (1 Cor 7: 25-35). No entanto, Paulo admitiu que não é errado se casar. Na verdade, aqueles que não conseguem controlar seus desejos sexuais devem ir em frente e se casar (1 Cor 7: 6-9, 36-38). Depois de casados, o casal deve fazer sexo. Eles não são tão espirituais a ponto de não precisarem satisfazer suas necessidades físicas (1 Coríntios, 7: 1-5) (McWhirter, 2016, s/p).

O casamento tem suas formas e caminhos estabelecidos pelo próprio Criador, sendo a Bíblia o modelo e orientação definitivos para o relacionamento conjugal entre o homem e a mulher. Não devemos deixar que as más conversações interrompam o relacionamento do casal, pois, em seu manual, Deus colocou o verdadeiro caminho para um matrimônio feliz.

O que o casal precisa de verdade, é alinhar as ações e desejos segundo a palavra de Deus para que tudo se vá bem. O casamento, além de possibilitar a procriação, é uma maneira de procriar a fidelidade da Sua criação para o bem comum e social. A alegria do casamento no Senhor, proporciona uma verdadeira adoração a Deus pelos seus Atos de amor.

Gráfico 8 – DELITO, DECEPÇÃO, MALDADE. LÉXICO BÍBLICO

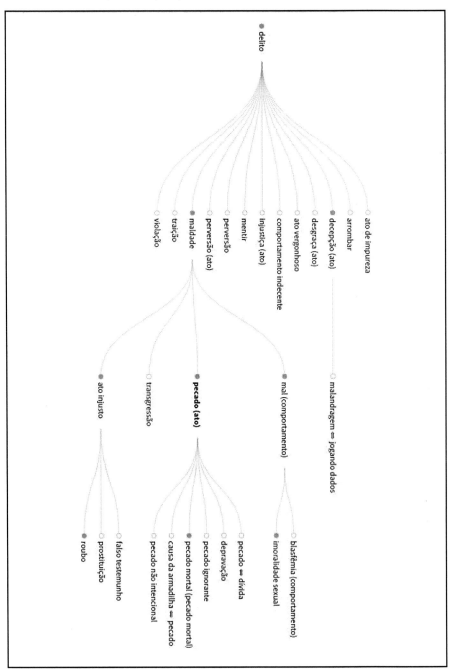

Fonte: Strong (2002)

O casamento nem sempre será suficientemente completo e à prova de falhas, pois o pecado é um mal que acompanha a humanidade devido à desobediência adâmica:

> Se você é casado, ou casará em breve, está descobrindo que seu casamento não é um livro romântico. O casamento [...]; às vezes, espera até a semana seguinte. Contudo, a bagagem de pecado está sempre presente, por vezes confundindo os seus donos; por vezes, abrindo-se inesperadamente e expelindo conteúdos esquecidos. Não devemos ignorar nosso pecado, pois, ele é o contexto em que o evangelho brilha mais intensamente (Harvey, 2007, p. 174).

A origem desse quadro é facilmente encontrada conforme citado anteriormente, o que importa, portanto, é que se tenha um consenso entre o espiritual e o emocional no casamento. Trata-se inegavelmente de que o **pecado sempre seguirá a humanidade,** embora a graça e o amor de Deus sejam absolutos e abundantes em cada coração dos que creem, demonstrando que sempre teremos que nos aconselhar para termos um casamento saudável e mais feliz.

Seria um erro, porém, atribuir somente à falta de aconselhamento os motivos da infelicidade matrimonial. Assim, reveste-se de particular importância esclarecer e prevenir mais sobre o valor de ter um aconselhamento matrimonial, tanto na área espiritual quanto emocional, existem muitas ferramentas com técnicas inovadoras para conhecermos melhor o lado emocional. Infelizmente, essas técnicas não são muito difundidas no meio pastoral. Fica evidente a necessidade de se aprofundar mais nessas áreas da vida, pois o tempo passa e o casamento precisa permanecer. Em todos os momentos, no viver ou no morrer, sempre o poder do evangelho traz a restauração total e completa contra o pecado (Harvey, 2007).

Sem um planejamento de responsabilidades no matrimônio, o casamento pode ter menos prioridade e não ocupar o lugar desejável para uma Satisfação Conjugal plena. O pecado herdado desde Adão e Eva, ainda atinge a humanidade. O importante é que o sacrifício de Jesus manifestado na cruz por nós, redime-nos de todo e qualquer tipo de pecado. Preocupa, por exemplo, que os casamentos realizados hoje em dia não levam em consideração o poder de Deus e as bênçãos que acompanham aos que creem, porém o maior manifesto de paz já foi outorgado.

> Deus opera a libertação do pecado mostrando-nos áreas de impiedade e fortalecendo-nos a renunciá-las, negando assim satisfação ao pecado (Harvey, 2007, p. 174).

O pecado geralmente permeia o matrimônio de forma sutil e quase despercebida, bastando uma brecha para ele poder entrar. Porém, quando se prioriza o matrimônio bíblico, a palavra de Deus entra mansamente no meio matrimonial, eliminando pelo seu poder todo e qualquer desfoque do amor de Deus. Temos que conscientizar que a melhor maneira de fortalecer o casamento é priorizar as suas necessidades básicas do cotidiano.

> Incentive as pessoas a fazer do casamento um item de alta prioridade, em termos de investimento de tempo e dedicação. Os encontros de casais podem ajudar muito, assim como os grupos de discussão, a leitura de bons livros sobre o assunto, "filmes" que discutem o casamento, e os sermões bíblicos que tratam do assunto. Encoraje os casais a fazerem coisas, juntos, e um pelo outro (Collins, G. R., 2004, p. 490).

O que ocorre, porém, é que sem a ajuda espiritual, nenhum casamento prosperará. Temos que reconhecer que somos falhos e que ainda a velha natureza adâmica habita em nós, mas para isso temos que nos revestir do amor do Senhor para que essa arma vença o mal.

5a. ANALOGIA DO CASAMENTO - ROMANOS 7:1-6

Chaves gramaticais para melhor compreender o texto de Romanos (7:1-6).

O papel do marido em amor e autoridade. Em I Coríntios (11.3) e Efésios (5.25), a autoridade que o homem tem que ter, tem como modelo Cristo, que amou, dispôs-se a sacrifícios. A autoridade de Cristo está baseada no seu sacrifício na Cruz do Calvário, morrendo por cada um de nós. Quando necessário, a autoridade deve ser exercida biblicamente e com autoridade.

Essa exigência não significa ultrapassar os limites da sanidade espiritual ou por imposição humana, faz-se necessário que por ambas as partes do casal, haja temor e respeito para com Deus e com o próximo. Em certos casos onde não existe conformidade com a Bíblia, faz-se necessário agir com firmeza e amor, amabilidade, simpatia, educação e ternura, tratando a esposa corretamente e o mesmo da esposa para com o marido; e o marido tratando a esposa como a parte mais frágil (I Pedro, 3:7). O marido modelo e exemplo espiritual da família, necessita se arrepender, pedir perdão, reconhecer o erro, ser o suporte da família. Deve ser o provedor, zelador, esteio e coluna do casamento.

A esposa, mulher e auxiliadora., idônea, companheira, sempre ao lado do esposo como apoio em tudo, não colocando interferências entre os filhos e o pai, nem desmerecendo o marido entre os amigos, tratando com honra e amor, graça e muita... muita paciência no Senhor, celebrando as pequenas e grandes conquistas juntos.

A palavra esposa aparece na Bíblia 770 vezes entre o V.T e o N.T., quase todos os livros inclui o papel da mulher ou esposa (Gênesis, 2:18, 2:24, 2:25, 3:8, 3:17, 3:20, 4:1, 6:18, 7:13, 1 Coríntios, 7:3, Marcos, 12:19, Colossenses, 3:18, 1 Pedro, 3:1, 1 Coríntios, 7:3, Mateus, 19:5). Submissão ou submissa: (Efésios, 5:22). Definição hebraica: "Colocar-se debaixo da proteção de Deus". "3 O marido conceda à esposa o que lhe é devido, e também, semelhantemente, a esposa, ao seu marido" (1 Co., 7.3).

O sentido da palavra esposa vem da palavra parente, uma pessoa relacionada por sangue ou casamento, cônjuge, parceiro da pessoa no casamento, uma mulher casada com o parceiro no casamento que deriva de um relacionamento pessoal. A esposa, é uma pessoa caracterizada por uma relação com outra pessoa do sexo masculino.

O Paralelo Nupcial:

Compreendendo o Compromisso Através de Romanos 7.1-6

Complexo	1a	Lembrete		**Porventura, ‹ ignorais, › ‹ irmãos ›**
Sentença	b	Parentético		**(pois falo aos que conhecem a lei),**
Sentença	c	Continuação	(a)	**que a lei tem domínio sobre o homem**
Sub-Ponto	d	Temporal		**toda a sua vida?**
Suporte	2a	Razão		**Ora, a mulher casada está ligada pela lei ao marido, enquanto ele vive;**
Sentença	b	Condição	(c)	**mas, se o mesmo morrer,**
	c	Implicação		**desobrigada ficará da lei conjugal.**
Princípio	3a	Inferência		**De sorte que**
	c	Implicação		**será considerada adúltera**
	d	Condição	(c)	**se,**
	b	Fundo-Status	(c)	***vivendo ainda o marido,***
	d	Condição	(c)	**unir-se com outro homem;**

Sentença	e	Condição		**porém, <u>se morrer o marido</u>,**
	f	Implicação		**estará livre da lei**
Elaboração	g	Propósito	(Neg.)	**e não será adúltera**
	h	Expansão		**se contrair novas núpcias.**
Sentença	4a	Inferência		**Assim, ‹ meus irmãos,› ‹+ também vós +› morrestes relativamente à lei, por meio do corpo de Cristo,**
Elaboração	b	Propósito		**para pertencerdes a outro,**
		Fornecido		**a saber,**
	c	Caracterização		**aquele que ressuscitou dentre os mortos,**
Sub-Ponto	d	Propósito		**a fim de que frutifiquemos para Deus.**
Suporte	5a	Razão	(4d)	**Porque, quando vivíamos segundo a carne,**
	b	Condição		**as paixões pecaminosas postas em realce pela lei operavam em nossos membros,**
	c	Propósito		**a fim de frutificarem para a morte.**
Sentença	6a	Co-ocorrência		**Agora, porém, libertados da lei,**
Elaboração	b	Expansão		**estamos mortos para aquilo a que estávamos sujeitos,**
Sub-Ponto	c	Resultado		**de modo que servimos em novidade de espírito e não na caducidade da letra (Bíblia ARA, 1993).**

Então o SENHOR Deus declarou: "**Não é bom que o homem esteja só; farei para ele alguém que o auxilie e lhe corresponda**" (Gn, 2.18).

O casamento ou matrimônio é uma aliança entre o esposo e a esposa, os dois tornam-se uma só carne. Mas no princípio da criação Deus "os fez homem e mulher". "Por esta razão, o homem deixará pai e mãe e se unirá à sua mulher, e os dois se tornarão uma só carne. Assim, eles já não são dois, mas sim uma só carne. Portanto, o que Deus uniu, ninguém o separe" (Marcos, 10:6-9).

Quando o homem e a mulher se unem na consumação do casamento, eles tornam-se uma só carne. Estão unidos, fisicamente e espiritualmente. Já não são duas pessoas independentes, são uma família.

Tornar-se uma só carne é criar um elo espiritual muito forte.

Criou Deus o homem à sua imagem, à imagem de Deus o criou; homem e mulher os criaram (Gênesis, 1:27). Os dois tornar-se-ão uma só carne no Senhor, "Não foi o Senhor que os fez um só? Em corpo e em espírito eles lhe pertencem. E por que um só? Porque ele desejava uma descendência consagrada. Portanto, tenham cuidado: Ninguém seja infiel à mulher da sua mocidade" (Malaquias, 2:15). E os mesmos seriam felizes e amados alegres um com o outro e se deleitariam nos prazeres conjugais e seriam fiéis uns aos outros no Senhor...

> Seja bendita a sua fonte! Alegre-se com a esposa da sua juventude. Gazela amorosa, corça graciosa; que os seios de sua esposa sempre o fartem de prazer, e sempre o embriaguem os carinhos dela. Por que, meu filho, ser desencaminhado pela mulher imoral? Por que abraçar o seio de uma leviana? (Provérbios, 5:18-20).

> "Vocês não sabem que os seus corpos são membros de Cristo? Tomarei eu os membros de Cristo e os unirei a uma prostituta? De maneira nenhuma! Vocês não sabem que aquele que se une a uma prostituta é um corpo com ela? Pois como está escrito: Os dois serão uma só carne. Mas aquele que se une ao Senhor é um espírito com ele". (1 Coríntios, 6:15-17).

E os maridos devem amar suas esposas como seu próprio corpo, amando-a como a si mesmo, cuidando bem, assim como Cristo amou e ama a sua Igreja. Da mesma forma, os maridos devem amar cada um a sua mulher como a seu próprio corpo. Quem ama sua mulher, ama a si mesmo. Além do mais, ninguém jamais odiou o seu próprio corpo, antes o alimenta e dele cuida, como também Cristo faz com a igreja, pois somos membros do seu corpo.

"Por essa razão, o homem deixará pai e mãe e se unirá à sua mulher, e os dois se tornarão uma só carne". Este é um mistério profundo; refiro-me, porém, a Cristo e à igreja. Portanto, cada um de vocês também ame a sua mulher como a você mesmo, e a mulher trate o marido com todo o respeito (Efésios, 5:28-33).

Amando e vivendo em PAZ! Acima de tudo, porém, revistam-se do amor, que é o elo perfeito. Que a paz de Cristo seja o juiz em seu coração, visto que vocês foram chamados para viver em paz, como membros de um só corpo. E sejam agradecidos (Colossenses, 3:14-15).

Somos cooperadores com Deus quando exercitamos a humildade em nosso casamento e ficamos sempre vigilantes com as nossas motivações; quando somos íntegros em suspeitar e analisar primeiramente o próprio coração; quando admitimos o nosso pecado e não transferimos a culpa para o nosso cônjuge e agimos com a mesma graça imerecida que recebemos e abandonamos o desejo egoísta de querer que nosso cônjuge satisfaça as nossas necessidades e exigências.

6

CASAMENTO E ACONSELHAMENTO BÍBLICO

O primeiro casamento registrado nas escrituras sagradas foi uma demonstração de amor à sua criatura. Segundo a Bíblia (Genesis, 2:23-24), esta realmente é a osso dos meus ossos e parte da minha formação carnal, será chamada de mulher, pois, foi formada a partir do homem. O homem unir-se-á com sua mulher e juntos formarão uma família. "4 Então, respondeu ele: Não tendes lido que o Criador, desde o princípio, os fez homem e mulher 5 e que disse: Por esta causa deixará o homem pai e mãe e se unirá a sua mulher, tornando-se os dois uma só carne?"

Gráfico 9 – SOLICITAR, ORDENAR, ACONSELHAR, LÉXICO BÍBLICO

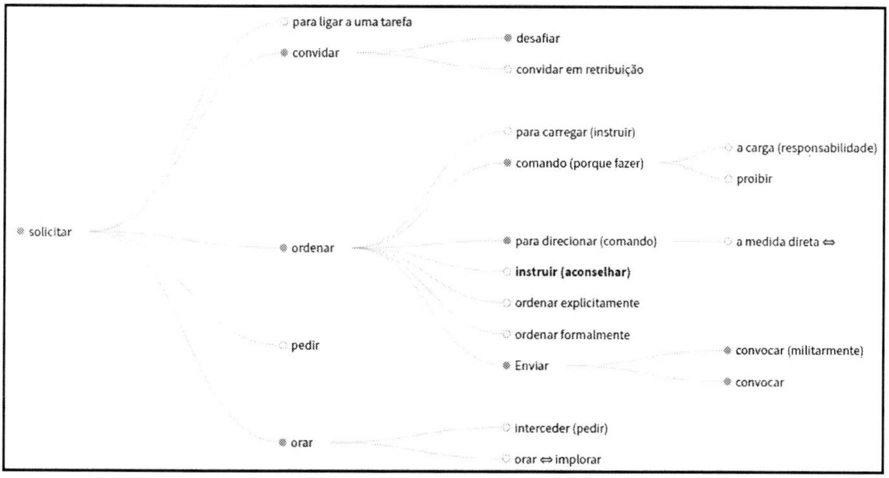

Fonte: Strong (2002)

No Antigo Testamento, são encontrados os registros ancestrais relatados sobre o casamento onde os pais combinavam sobre o futuro casamento de seus filhos, quando ainda eram de tenra idade. Todos os casamentos eram acertados dessa maneira que se tornou cultural. Devido a esse costume, principalmente no oriente, algumas leis foram sendo criadas para o benefício das famílias. "Vivia no deserto de Parã, e sua mãe conseguiu lhe uma mulher da terra do Egito, [...] Agora, jura-me, diante de Deus, [...], eu juro" (Gênesis, 21:21-24).

Segundo Gary R. Collins (2004), Jesus Cristo é o maior e melhor símbolo de um maravilhoso conselheiro, sua personalidade, seus conhecimentos e habilidades habilitavam-no a assistir efetivamente aos necessitados. Seu trabalho de consolar levava as pessoas a buscar mais seus conselhos. Jesus usava métodos de aconselhar diferentes de acordo com cada situação encontrada. Segundo Mateus (11:28-30), recorram a mim, quem estiver cansado e desanimado com a vida, eu lhes darei conselhos e descanso à sombra das árvores. Aconselhem-se comigo e aprenderão a ter confiança, mansidão e esperança. Vejam que a meu fardo é suave e o meu jugo é leve. Em muitas das vezes, Jesus somente escutava e aconselhava com palavras animadoras e sinceras e sempre acolhia os que precisavam de aconselhamento, porém confrontava-os quanto ao pecado requerendo arrependimento, obediência e ação.

Como afirma Keller (2012, p. 73), "**Somente ao aprender a servir a outros pelo poder do Espírito Santo é que você terá poder para encarar os desafios do casamento**". Sendo assim, o autor deixa claro que, ao ouvimos falar de sermos pessoas cheias do Espírito, logo pensamos em termos a paz interior e a força, e o poder de Deus, esses sinais são possíveis consequências, porém Jesus referiu-se ao Espírito principalmente como "17 **o Espírito da verdade, que o mundo não pode receber, porque não o vê, nem o conhece; vós o conheceis, porque ele habita convosco e estará em vós**" (Jo, 14.17).

De acordo com Keller (2012), **a vivência do casamento sem a compreensão e o poder do Espírito Santo, não capacita o casal para os desafios do casamento**. Porém, com o conhecimento da palavra de Deus e a iluminação do Espírito de Deus, as medidas a serem tomadas para o aperfeiçoamento e Satisfação Conjugal são significativamente melhores.

Figura 1 – A diferença de divórcios entre homens e mulheres (Suécia)

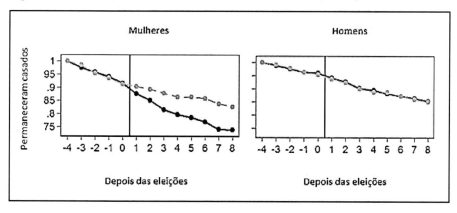

Fonte: Época Negócios (2019)

Foram avaliados mulheres e homens antes e depois das eleições na Suécia (Época Negócios, 2019).

Segundo o apóstolo Paulo, em 1 Coríntios (7:1-4), sobre os mais diferentes assuntos e também o unir-se em casamento, seria melhor se o homem continuasse solteiro, porém, devido às relações imorais e pecaminosas, cada um deve ter a sua própria esposa e a mulher o seu marido.

Sendo assim, o esposo deve ser responsável pelos cumprimentos morais e sociais do casamento, bem como a esposa deve ser graciosa com seu marido.

Um dos trabalhos do Aconselhamento Cristocêntrico é levar os ensinamentos da palavra de Deus, através da Bíblia, escrita para o bem da sua criação, permitindo que através das nossas experiências e descobertas metodológicas científicas, **a verdade comprovada precisa estar em sintonia paralela com a norma da verdade revelada na Bíblia**, sempre de modo comparativo. Porém estaremos nos delimitando em nossa humana capacidade de aconselhamento se não aceitarmos a visão holística cristã de aconselhar.

6a - CASAMENTOS QUE MARCARAM A HISTÓRIA BÍBLICA

1445 e 1405 a.C. O casamento realizado por Deus no princípio de tudo entre Adão e Eva, que foi o primeiro casamento registrado na história da Bíblia. De acordo com o livro de Gênesis, Deus criou Adão do pó da terra e viu que ele precisava de uma companheira. Então, Deus criou Eva da costela de Adão e a entregou a ele no Jardim do Éden antes da Queda.

Esse evento é significativo para os cristãos, porque **estabelece o casamento como uma instituição divina e sagrada**. Deus criou Eva especificamente para ser a companheira, auxiliadora, ajudadora, graciosa esposa de Adão e os uniu em matrimônio. Isso mostra a importância do casamento aos olhos de Deus e serve como um modelo para os casamentos futuros.

A história de Adão e Eva também é importante porque mostra como Deus cuida de suas criações e atende às suas necessidades. Ele viu que Adão estava sozinho e criou Eva para ser sua companheira. Isso demonstra o amor e a compaixão de Deus por suas criações. Esse casamento foi celebrado pelo próprio Deus e estabeleceu o padrão para todos os casamentos futuros. **Adão e Eva foram unidos em matrimônio como um homem e uma mulher, tornando-se uma só carne.**

> O casamento é uma instituição divina e um ato de compaixão de Deus para com o homem. Ele demonstra o propósito de Deus para a humanidade e é uma união sagrada entre um homem e uma mulher (Ultimato, 2023, s/p).

Eva é descrita como "a mãe de todos os viventes" em Gênesis (3:20). Isso significa biblicamente que ela é a ancestral de toda a humanidade. Ela também compartilhou a responsabilidade com Adão e, como sua esposa, desfrutava das bênçãos eternas que Deus prometeu a ele. **A história de Adão e Eva é importante para nós cristãos, porque mostra como Deus criou a humanidade e estabeleceu a família como uma instituição sagrada.** Adão e Eva foram criados à imagem de Deus e receberam o mandato de serem fecundos e multiplicarem-se (Gênesis, 1:28). Isso estabelece o casamento e a família como parte do plano divino para a humanidade.

1011-971 a.C. Casamento de Rute e Boaz: lealdade, responsabilidade e respeito. Rute e Boaz são personagens importantes na Bíblia e sua história é contada no livro de Rute. Rute era uma moabita que se casou com um israelita chamado Malom. Depois que Malom morreu, Rute demonstrou grande lealdade e devoção a sua sogra, Noemi, e acompanhou-a de volta a Israel. Lá, ela conheceu Boaz, um parente de seu falecido marido, e acabou se casando com ele.

O casamento de Rute e Boaz é notável por várias razões. Primeiro, Rute era uma moabita e havia uma lei nos livros de Moisés que dizia que moabitas não deveriam ser aceitos no meio dos israelitas (Deuteronômio, 23.3-5; Neemias, 13.1-3).

Além disso, o casamento de Rute e Boaz demonstra lealdade, responsabilidade e respeito. Rute demonstrou grande lealdade a sua sogra, Noemi, e a Deus. Boaz demonstrou responsabilidade ao cumprir seus deveres como parente redentor de Rute e respeito ao seguir os costumes e leis da época. **Juntos, Rute e Boaz formaram uma família abençoada por Deus.**

Uma família abençoada por Deus é aquela que segue os ensinamentos e princípios estabelecidos por Ele na Bíblia. Isso inclui amar e honrar uns aos outros, ser fiel e leal, e colocar Deus no centro de suas vidas. Uma família abençoada por Deus também **busca viver de acordo com os valores cristãos, como bondade, compaixão, perdão e generosidade. Eles oram juntos e buscam a orientação de Deus em suas decisões e ações.**

Além disso, uma família abençoada por Deus é uma **fonte de amor e apoio para seus membros.** Eles encorajam-se e ajudam-se mutuamente em tempos de dificuldade e celebram juntos em tempos de alegria. Ter uma família abençoada por Deus é um presente maravilhoso e uma fonte de força e conforto. É importante lembrar que todas as famílias enfrentam desafios e dificuldades, mas com a ajuda de Deus, elas podem superá-los e crescer juntas em amor e fé.

Ter uma família abençoada por Deus envolve colocar Deus no centro de suas vidas e seguir seus ensinamentos e princípios estabelecidos na Bíblia.

Algumas dicas de como colocar Deus no centro de suas vidas:

Orem juntos: reserve um tempo para orar junto com sua família. Agradeça a Deus pelas bênçãos e peça orientação e ajuda em tempos difíceis. Aqui estão alguns versículos da Bíblia que falam sobre a importância de orar juntos:

(Mateus, 18:19-20): "Também vos digo que, se dois de vós concordarem na terra acerca de qualquer coisa que pedirem, isso lhes será feito por meu Pai, que está nos céus. Pois onde dois ou três estiverem reunidos em meu nome, ali estou no meio deles".

(Atos, 1:14): "Todos estes perseveravam unanimemente em oração e súplicas, com as mulheres, e Maria, mãe de Jesus, e com seus irmãos".

(Atos, 4:24): "E, ouvindo eles isto, unânimes levantaram a voz a Deus e disseram: Senhor, tu és o Deus que fizeste o céu, e a terra, e o mar e tudo o que neles há".

(Tiago, 5:16) "Confessai as vossas culpas uns aos outros e orai uns pelos outros, para que sareis. A oração feita por um justo pode muito em seus efeitos".

Esses versículos mostram a importância de estarmos orando juntos como casal ou em uma comunidade de fé. Quando oramos juntos, podemos apoiar uns aos outros em nossas necessidades e buscar a orientação de Deus juntos.

1. **Leiam a Bíblia juntos**: *estude a Bíblia junto com sua família e discuta o que você aprendeu. Isso ajudará a fortalecer sua fé e a entender melhor os ensinamentos de Deus.*

2. **Participe de uma comunidade de fé**: *encontre uma igreja ou comunidade de fé onde possam adorar a Deus juntos e crescer em sua fé com outros cristãos.*

3. **Pratique o amor e o perdão**: *ame e perdoe uns aos outros como Deus nos ama e nos perdoa. Isso ajudará a manter a paz e a harmonia em sua família.*

4. **Sirva aos outros**: *encontre maneiras de servir aos outros como família, seja através de trabalho voluntário ou ajudando aqueles que precisam. Isso ajudará a ensinar valores importantes como bondade e compaixão.*

Lembre-se de que nenhuma família é perfeita e todos enfrentam desafios e dificuldades. No entanto, com a ajuda de Deus, você pode superar esses desafios e ter uma família abençoada por Ele.

Zero a.C. Casamento de Maria e José: fé, confiança e coragem. Maria e José são figuras importantes na Bíblia e sua história é contada nos evangelhos de Mateus e Lucas.

Maria era uma jovem judia que foi escolhida por Deus para ser a mãe de Jesus. José era um carpinteiro justo e fiel a Deus, que foi escolhido para ser o esposo de Maria e o pai adotivo de Jesus.

O casamento de Maria e José é **notável por sua fé, confiança e coragem**. Quando o anjo Gabriel anunciou à Maria que ela conceberia um filho pelo Espírito Santo, ela respondeu com fé e confiança em Deus, dizendo: "**Eis aqui a serva do Senhor; cumpra-se em mim segundo a tua palavra**" (Lucas, 1:38). José também demonstrou grande fé e confiança em Deus quando um anjo lhe apareceu em sonho e lhe disse para não temer em tomar Maria como sua esposa (Mateus, 1:20-21).

Juntos, Maria e José enfrentaram muitos desafios com coragem e confiança em Deus. Eles tiveram que viajar para Belém para o censo enquanto Maria estava grávida, e depois fugir para o Egito para proteger Jesus da ira do rei Herodes. Em todas essas situações, eles confiaram em Deus e seguiram sua orientação.

> A história de Maria e José nos ensina sobre a importância da fé, confiança e coragem em nossas vidas. Eles seguiram o caminho de Deus mesmo diante de grandes desafios e foram ricamente abençoados por isso (Mateus, 1:18-25; Lucas, 1:26-38; 2:1-7).

A fé e a coragem são qualidades importantes em qualquer relacionamento, especialmente no casamento. A fé em Deus e em seus ensinamentos pode fornecer uma base sólida para o casamento e ajudar os casais a enfrentarem os desafios da vida juntos.

Ter fé em Deus significa confiar nele e seguir seus ensinamentos. Isso pode ajudar os casais a **tomarem decisões sábias e a buscarem a orientação de Deus em todas as áreas de suas vidas. A fé também pode fornecer conforto e esperança em tempos de dificuldade.**

A coragem também é importante no casamento. Isso significa ter a força para enfrentar desafios e superar obstáculos juntos. Os casais precisam de coragem para enfrentar problemas, **resolver conflitos e perdoar uns aos outros**. A coragem também é necessária para tomar decisões difíceis e fazer sacrifícios pelo bem do relacionamento. Ter fé e coragem no casamento pode ajudar os casais a **construírem um relacionamento forte e duradouro baseado no amor, respeito e compromisso**. Com a ajuda de Deus, os casais podem enfrentar os desafios da vida juntos e crescer em amor e fé.

Veja alguns exemplos de casais na Bíblia que demonstraram fé e coragem:

- **Abraão e Sara**: Abraão e Sara demonstraram grande fé em Deus quando deixaram sua terra natal e seguiram a orientação de Deus para uma terra desconhecida (Gênesis, 12:1-5). Eles também demonstraram coragem ao enfrentar muitos desafios, incluindo a falta de filhos e a velhice avançada. No entanto, **eles continuaram confiando em Deus e Ele lhcs deu um filho, Isaque, na velhice** (Gênesis, 21:1-7).

- **Zacarias e Isabel**: Zacarias e Isabel eram um casal justo aos olhos de Deus, mas não tinham filhos porque Isabel era estéril (Lucas, 1:5-7). **No entanto, eles continuaram confiando em Deus e Ele lhes deu um filho, João Batista, na velhice** (Lucas, 1:13-17). Eles demonstraram fé e coragem ao confiar em Deus mesmo diante de circunstâncias difíceis.

- **Maria e José**: Maria e José demonstraram grande **fé em Deus quando aceitaram seus papéis como pais de Jesus** (Mateus, 1:18-25; Lucas, 1:26-38). Eles também demonstraram **coragem ao enfrentar muitos desafios**, incluindo a viagem para Belém enquanto Maria estava grávida e a fuga para o Egito para proteger Jesus da ira do rei Herodes (Mateus, 2:13-15). Em todas essas situações, eles confiaram em Deus e seguiram sua orientação.

Esses são apenas alguns exemplos de casais na Bíblia que demonstraram fé e coragem. Eles confiaram em Deus mesmo diante de grandes desafios e foram ricamente abençoados por isso.

70 D.C. Priscila e Áquila: missão comum, dedicação e trabalho em equipe. Priscila e Áquila eram um casal cristão do primeiro século que trabalhou juntamente com o apóstolo Paulo na evangelização. Eles são mencionados várias vezes no Novo Testamento e são conhecidos por sua missão comum, dedicação e trabalho em equipe.

Priscila e Áquila eram judeus que haviam sido expulsos de Roma pelo imperador Cláudio e se mudaram para Corinto, onde conheceram Paulo. "Priscila e Áquila eram fabricantes de tendas e velas de navios, e trabalhavam com couro. Eram artesãos autônomos com ganho suficiente para poderem se estabelecer em diversas cidades. Paulo também trabalhava com suas mãos para não ser pesado a ninguém" (1 Tessalonicenses, 2:9; 2 Tessalonicenses, 3:8; 2 Coríntios, 12:13-15). Paulo morou com eles por um tempo e trabalhou com eles em sua profissão.

O casal acompanhou Paulo em suas viagens missionárias e ajudou a estabelecer igrejas em várias cidades. Eles abriram suas casas para reuniões cristãs e ajudaram a ensinar outros sobre o Evangelho. Por exemplo, em Éfeso, eles ajudaram a "expor mais corretamente o caminho de Deus" ao eloquente Apolo (Atos, 18:26).

Priscila e Áquila demonstraram grande dedicação à obra do Senhor e trabalharam em equipe com Paulo sendo mesmo um casal de missionários e outros cristãos para espalhar o Evangelho. Eles são um exemplo inspirador de como um casal pode servir a Deus juntos e fazer a diferença no mundo.

Para ter um casamento com uma satisfação conjugal, precisamos usar palavras e ações que sigam os ensinamentos bíblicos e nos ajudem a desenvolver um novo caminho a dois, baseado na palavra de Deus. Não podemos nos deixar levar pelos "achismos" da pós-modernidade ou pelas filosofias gnósticas que tentam libertar o ser humano da matéria, que é vista como má e corrupta. Nem pela filosofia estoica que são regidas segundo os estoicos, por ordens cósmicas harmoniosas e deterministas que têm se infiltrado no meio cristão.

Conclui-se que o casamento e a Satisfação Conjugal e a sua relação com a depressão, ansiedade e o estresse, quando focados na palavra de Deus e seguindo os seus conselhos, **tendem a possuir uma longa duração, mesmo havendo algumas divergências que podem ser encontradas em casamentos normais Cristocêntricos.**

Não basta apenas amar, pois o amor sem fundamento não perdura para sempre.

Mas quando esse amor interage com os aconselhamentos Bíblico Cristocêntricos focados no mesmo objetivo, a tendência é um relacionamento mais maduro e saudável. **Para isso, o Aconselhamento Cristocêntrico bíblico se faz necessário para novos direcionamentos conjugais nos aconselhados.**

7

CONHECENDO MELHOR O CASAMENTO

O casamento, constituído segundo os padrões bíblicos e composto pela aliança de fidelidade e intimidade entre um homem e uma mulher, entretanto tem sofrido ameaças nos dias atuais por inúmeros motivos. Sobretudo pela variação dos valores contidos na sociedade de um modo geral e o rompimento com os princípios bíblicos. No entanto, o casal que deseja ter uma vida matrimonial fidedigna é desafiado a não ser influenciado pelos efeitos causados pela pós-modernidade:

> Contudo, ainda que tenha que conviver com aqueles que estão influenciados com tais efeitos, ao casal cristão existe a demanda de andar na contramão do sistema do mundo (Terra, 2017, p. 91-106).

O mundo vem sofrendo um período de drásticas mudanças. Com a chegada das indústrias e dos avanços tecnológicos, ele foi submetido ao processo de desenvolvimento de um novo sistema. "As grandes transformações no mundo inteiro são um desencadeamento dos avanços tecnológicos nos setores de comunicação e informação, do aumento da produção industrial e do consumo e do crescimento da população urbana, que ocorreram no decorrer da segunda metade do século XX" (Terra, 2017, p. 91-106).

De igual modo, os relacionamentos interpessoais enfrentam uma série de novos formatos reproduzidos por esse processo de transformação. O relacionamento conjugal pautado na Bíblia, por sua vez, garante-nos o firme propósito de Deus para a Sua criação em amor. Não há como negar que o casamento cristão enfrenta um desafio no atual momento em que se vive.

O casal Cristocêntrico precisa manter o seu foco e esperança vivos em Jesus e Cristo, o redentor e justificador de todo ser humano, manter-se fiel aos ensinamentos bíblicos, lutando contra a influência dos possíveis efeitos da pós-modernidade.

Ao construir o aconselhamento e o casamento sobre Efésios (1 a 6), podemos ter uma visão mais completa do plano de Deus para o casamento e como marido e mulher podem buscar viver de acordo com os princípios bíblicos em seu relacionamento conjugal.

O livro de Efésios, nos capítulos primeiro até o sexto, apresenta-nos uma visão abrangente do plano de Deus para a redenção e a restauração da humanidade. Os primeiros capítulos descrevem a riqueza das bênçãos espirituais que temos em Cristo e como Deus nos escolheu antes da fundação do mundo para sermos santos e irrepreensíveis diante dele. Também fala sobre como fomos salvos pela graça, através da fé em Cristo, e como somos criados em Cristo Jesus para boas obras.

Os capítulos seguintes descrevem como os cristãos devem viver à luz dessa salvação. Somos chamados a andar de maneira digna da nossa vocação, com humildade, mansidão e paciência, suportando uns aos outros em amor. Também somos instruídos a nos despojar do velho homem e nos revestir do novo homem, criado segundo Deus em verdadeira justiça e santidade.

No contexto do casamento, isso significa que marido e mulher devem buscar viver de acordo com esses princípios bíblicos.

O livro de Efésios (5.22-33) apresenta instruções específicas para maridos e esposas sobre como eles devem se relacionar um com o outro. As esposas são instruídas a se submeterem aos seus maridos como ao Senhor, enquanto os maridos são instruídos a amarem suas esposas como Cristo amou a igreja e se entregou por ela. No entanto, essas instruções não devem ser vistas isoladamente, mas sim no contexto mais amplo.

> "O aconselhamento matrimonial só é bíblico quando se baseia em todos os indicativos do evangelho de Efésios 1-6. O aconselhamento e o casamento devem ser construídos sobre Efésios 1-6, que é a narrativa conjugal de Cristo, e não começar e apenas e se fixar em Efésios 5.22-33. Nenhuma área de nossa vida pode ser tratada separadamente de todo o Evangelho, toda a Verdade de Deus. O que o casal deve entender é que os 6 capítulos da narrativa do casamento de Cristo com a igreja é que mostra todo repertório do que o casamento é, e de como ele existe para a glória de Deus" (Bessa, 2022,s/p).

"O matrimônio não é uma instituição muito estável, pelo menos no mundo ocidental" (Collins, G. R., 2004, p. 476). Nos Estados Unidos, a duração média de uma união matrimonial é de apenas 9,4 anos. Porém, segundo o próprio Gary R. Collins (2004), existem casamentos realizadores e felizes. Mesmo em meio a casamentos desajustados e conflituosos, muitas pessoas possuem casamentos duradouros e satisfatórios. Pesquisas revelam casais felizes no casamento com pelo menos 15 anos de casados.

> Apesar de casamentos felizes como esses existirem e serem possíveis, [...] a infelicidade conjugal é mais comum, em que muitas pessoas veem o divórcio como uma saída de emergência conveniente e sempre disponível, para o caso de os problemas matrimoniais ficarem muito difíceis de resolver. A incompatibilidade de gênios torna-se motivo suficiente para o rompimento da união conjugal, [...]. O matrimônio, essa união permanente instituída por Deus, é tratado cada vez mais como um acordo de conveniência temporário (Collins, G. R., 2004, p. 476).

Casamentos felizes realmente existem, porém, não significa que não possam ser superados. Enfrentar as dificuldades do casamento, seguindo os princípios da palavra de Deus, é o caminho para resolver essas questões.

Porém existem casais que se dizem insatisfeitos por causa da incompatibilidade de gênios, outros se acham feministas ou machistas, velhos ou novos, falantes ou calados. Sem o conhecimento da verdade Cristocêntrica, buscam no divórcio e não na resolução do problema, uma solução humanista, estoica, que é regida por uma ordem cósmica harmoniosa e determinista e pós-moderna para o caso e isso também dentro de igrejas em geral.

Não é exagero afirmar que a os problemas pós-modernos citados anteriormente, bem como a infidelidade conjugal, são problemas muito sérios que podem até levar ao divórcio.

> Mas, quando edificamos nosso casamento na Palavra de Deus e no evangelho da vitória de Cristo sobre o poder do pecado; quando encaramos a triste, dolorosa e inegável realidade de nosso pecado; quando o vemos como a coisa amarga e odiosa que ele é e percebemos os seus traiçoeiros desígnios no centro de cada uma de nossas dificuldades de relacionamento, algo maravilhoso acontece. Buscamos o evangelho como a nossa única solução (Harvey, 2007, p. 27).

A palavra de Deus é o padrão inevitável, inabalável para o controle da união e satisfação conjugal. A verdade de Deus é prática, lúcida e amável, e com certeza existem casamentos felizes e são possíveis, porém, neste mundo pós-moderno, a infidelidade no casamento está sendo proliferada como nunca se viu antes (Collins, G. R., 2004).

Há grande dificuldade em casais procurarem aconselhamento, e somente a procuram quando os mesmos estão se desmoronando. As análises de Satisfação Conjugal, juntamente com outras pesquisas emocionais em todas as esferas estão sendo realizadas e em muito estarão contribuindo para um melhor conhecimento bíblico dos problemas conjugais. É importante considerar que quando se tem dados concretos e científicos, alinhados com o emocional e o espiritual, a possibilidade de sucesso no aconselhamento se amplia consideravelmente.

Somente depois de decisões erradamente tomadas é que muitos dos casais passam a reconhecer que deveriam tratar o casamento com mais atenção e menos egoísmo, com menos EU e mais o cônjuge... Sob o ponto de vista espiritual, o casamento precisa de atenção, cuidado, reconhecimento, proteção de ambas as partes dos casados, aconselhamentos sempre que necessário, além de estudos direcionados diários.

Na Bíblia, encontramos pessoas influenciadoras, mediante o contato e comunicação diante dos problemas, com o objetivo de direcionar frente ao desconhecido e a problemas que aparentemente não têm solução. A maioria dos personagens bíblicos foi vencedora por receber conselhos na hora certa, e por pessoas certas segundo o parâmetro bíblico e não humanista ou emocional, mesmo parecendo que o problema não teria solução (Almeida, 2010). Durante a vida, podemos enfrentar problemas, seja no casamento, doenças, imprevistos ou luto, são acontecimentos que nos trazem tristeza, podendo desencadear transtornos de depressão, ansiedade e estresse (Collins, G. R., 2005). Uma tempestade de palavras negativas torna impossível transformar um casamento, a maturidade conjugal traz paz, alegria e uma nova cosmovisão do verdadeiro casamento (Harvey, 2007).

> Outros perceberam que a intervenção nos momentos de crise geralmente é uma boa oportunidade para trabalhar com as famílias, ajudando-as a lidar com os problemas que estão enfrentando e [...]. Tratar desses problemas assim que eles aparecem e trabalhar na sua prevenção são ações que podem impedir que eles venham a gerar tensões no casamento (Collins, G. R., 2004, p. 490).

A complementação do desenvolvimento na área do Aconselhamento Cristocêntrico, por exemplo, poderá ser aplicada através de análises de Satisfação Conjugal e da depressão, ansiedade e estresse, então, devem ser direcionadas por uma estratégia de pesquisas específicas, que conte com acompanhamentos e desenvolvimento das mesmas, para que apresentem melhores resultados na satisfação conjugal.

Autores cristãos que possuem experiência no assunto reconhecem que "apesar de casamentos felizes existirem e serem possíveis, estamos vivendo numa época em que a infelicidade conjugal é mais comum" (Collins, G. R., 2004, p. 476). Por exemplo, presume-se que com a continuação de novos estudos sobre o assunto, poderá se alcançar novos níveis nos aconselhamentos. Conforme explicado anteriormente, os autores possuem o mesmo pensamento sobre o assunto e mesmo com anos de trabalho na área do Aconselhamento Cristocêntrico em problemas que surgem no casamento, seria um erro, não atribuir a proeminência do Aconselhamento Cristocêntrico para o restabelecimento da harmonia conjugal, pois, mesmo existindo casamentos felizes e aparentemente normais, vivemos em tempos onde a falta de compromisso é notória em alguns casamentos.

Satisfação Conjugal no casamento se faz necessária para toda e qualquer união estável, em todas as áreas. Segundo (Norgren, Maria D. B. P. *et al.* 2004), em termos gerais, distingue-se hoje que a Satisfação Conjugal são acontecimentos complexos, com interferências de múltiplas variáveis, tais como: **características de personalidade, valores, atitudes e necessidades, sexo, momento do ciclo da vida familiar, presença de filhos, nível de escolaridade, nível socioeconômico, nível cultural, trabalho remunerado e experiência sexual anterior ao casamento.**

Para ter Satisfação Conjugal, é preciso considerar todas as áreas mencionadas. Por isso, é importante fazer uma avaliação do casamento, que pode auxiliar nos aconselhamentos em geral.

> Há uma nova graça para cada falha tanto do pecador como daquele contra quem o pecado foi cometido. E a bondade é uma postura do coração que resulta em ações cotidianas da vida diária que reprogramam o comportamento conjugal, do foco centrado no "eu" para os propósitos redentores de Deus (Harvey, 2007, p. 76).

Pare estes dias atuais, existe uma grande necessidade em fazer uma reprogramação nos métodos de Aconselhamento Cristocêntrico sem perder a historicidade do mesmo. Podemos perceber, conforme citado anteriormente, que esse quadro remete ao Aconselhamento Cristocêntrico juntamente com as análises de Satisfação Conjugal e suas relações com a depressão, ansiedade e estresse, pois são ferramentas mútuas para ajudar na satisfação conjugal.

Gráfico 10 – Satisfação e Contentação

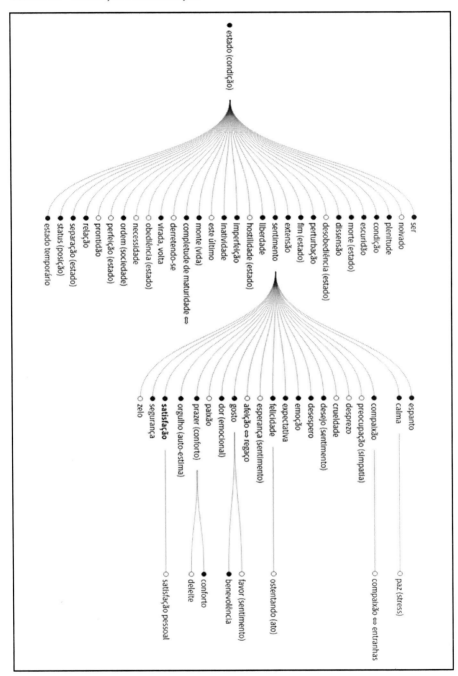

Fonte: Strong (2002)

8

O CASAMENTO EM RELAÇÃO À SATISFAÇÃO NAS ÁREAS DA VIDA CONJUGAL E ACONSELHAMENTO CRISTOCÊNTRICO

A compreensão da palavra satisfação nos leva a buscarmos uma maior atenção em analisar a Satisfação Conjugal como um dos meios para auxiliar a pesquisa nos aconselhamentos bíblicos relacionados à depressão, à ansiedade e ao estresse. "Há uma nova graça para cada falha, tanto do pecador como daquele contra quem o pecado foi cometido" (Harvey, 2007, p. 174).

Ao analisarmos a raiz da palavra "satisfação", temos:

> [...] satisfazer ou contentamento; satisfação – fazer (causar) – deleitar (dar) sentido em dar prazer ou ser agradável para. Fazer (causar) ou induzir a ser ou tornar-se; em casos raros sem material pré existente – causar alguém ou alguma coisa tornar um atributo particular e finalmente satisfazer (conteúdo) tornar-se feliz, satisfeito ou contente, derivado de estar satisfeito e gratificado" (Strong, 2002, s/p).

Na Bíblia encontramos versos que podem dar maior compreensão à palavra:

"Satisfarei os sacerdotes com fartura; e o meu povo será saciado pela minha bondade" (Jeremias, 31.14), declara o Senhor.

"4 Agrada-te do Senhor, e ele satisfará os desejos do teu coração" (Salmo 37:4; 49:16-17; Provérbio 3:31; 23:17; 24:1-2,19).

"5 Entrega o teu caminho ao Senhor, confia nele, e o mais ele fará" (Salmo 37.4-5.).

Contentamento: o contentamento é um tema importante na Bíblia. Um dos versos mais conhecidos sobre contentamento é onde Paulo escreve:

> Não estou dizendo isso porque esteja necessitado, pois aprendi a adaptar-me a toda e qualquer circunstância. Sei o que é passar necessidade e sei o que é ter fartura. Aprendi o segredo de viver

contente em toda e qualquer situação, seja bem alimentado, seja com fome, tendo muito ou passando necessidade. Tudo posso naquele que me fortalece (Filipenses, 4:11-13).

Outro verso importante é:

De fato, a piedade com contentamento é grande fonte de lucro, pois nada trouxemos para este mundo e dele nada podemos levar; por isso, tendo o que comer e com que vestir-nos, estejamos com isso satisfeitos" (1 Timoteo, 6:6-8).

Esses versos nos ensinam que o contentamento não vem de circunstâncias externas, mas de uma atitude interna de confiança em Deus e gratidão pelo que temos. O contentamento é um estado de espírito em que os desejos de uma pessoa estão confinados à sua sorte, seja ela qual for, um estado de felicidade proveniente da certeza e segurança de conhecer a Deus, um atributo essencial e distintivo de algo ou alguém, a qualidade de ser capaz de atender a uma necessidade satisfatoriamente, uma adequação especial que resulta em satisfação com a situação na vida é uma mistura de alegria e contentamento (1 Timoteo, 6:6; 2 Coríntios, 9:8).

Deus pode fazer-vos abundar em toda graça, a fim de que, tendo sempre, em tudo, ampla suficiência, superabundeis em toda boa obra (2 Coríntios, 9:8).

Opõe-se à inveja (Tiago, 3:16), à avareza (Hebreus, 13:5), à ambição (Provérbios, 13:10), à ansiedade (Mateus, 6:25, 34) e à reclamação (1 Coríntios, 10:10). Surge da disposição interior e é fruto da humildade e de uma consideração inteligente da retidão e benignidade da providência divina (Salmo 96:1-2; 145), a grandeza das promessas divinas (2 Pedro, 1: 4), e nossa própria indignidade (Gênesis, 32:10); bem como a partir da visão, o evangelho abre-nos para o descanso e a paz no futuro (Romanos, 5:2) (Easton, 1893). Quando uma pessoa se deleita, volta-se para Cristo em arrependimento e fé (Salmo 37:3, Isaías, 58:10-11; Lucas, 3:14; João, 6:35; 1 Coríntios, 10:10; Filipenses, 4:11-13; 1 Timóteo, 6:6-8; Hebreus, 13:5).

Confie no Senhor e faça o bem; assim você habitará na terra e desfrutará segurança. Deleite-se no Senhor, e ele atenderá aos desejos do seu coração. Entregue o seu caminho ao Senhor; confie nele, e ele agirá (Salmo 37.3-5).

Na realidade da vida conjugal pós-moderna em que vivemos, necessita-se reorganizar os aconselhamentos pastorais relacionados às áreas do cotidiano e principalmente o modo como resolvemos os conflitos, a maneira como nos relacionamos com os amigos, o modo como tomamos decisões, a distribuição de responsabilidades, a frequência com que temos relações sexuais, a distribuição de tarefas domésticas, o modo como passamos o tempo livre, a frequência dos conflitos que temos, o modo como gerimos a nossa situação financeira e a quantidade de tempo livre em casal entre outros fatores do casamento, juntamente com as análises de satisfação nas áreas conjugais e a depressão, ansiedade e estresse.

Porém nem sempre os cristãos em geral, estão abertos a participarem de pesquisas de cunho científico para uma melhor abordagem e uma quantificação para um maior aprimoramento nos meios de intervenções bíblicas e Cristocêntrica, onde consequentemente nossas falas serão levadas na cruz e atrás dela nos esconderemos no poder e na autoridade do nome de Jesus.

> O sexo protege. Age de modo invisível, mas poderoso para diminuir a tentação da imoralidade sexual. Precisamos reconhecer [...] a intimidade conjugal. É a razão central dessa intimidade. O sexo matrimonial [...]. Quando privamos nosso cônjuge da aventura da devoção sexual, nós o deixamos desprotegido (Harvey, 2007, p. 44-45).

"A prática fiel da bondade semeia no casamento, experiências de graça. O café feito para o esposo ou esposa [...]. São bondades cultivadas [...]. Momentos de graça que produzimos em tempos de provação" (Harvey, 2007, p. 44-45). O pecado pode trazer grandes e sérias consequências para a satisfação conjugal. Seria um erro, porém, atribuir que a restrição sexual é a causa de todos os divórcios e erros no matrimônio. Necessita-se aprimorar as causas pessoais, emocionais e de personalidade através da análise de Satisfação nas Áreas da Vida Conjugal, visando ao ajustamento do problema.

Devido à dificuldade em se ter um relacionamento emocional e espiritual para uma melhor argumentação nos aconselhamentos, a pesquisa de Satisfação Conjugal e afins se justifica no matrimônio, para uma comparação pessoal no âmbito emocional e espiritual do público-alvo.

É importante considerar que:

> Dentre os motivos que levam os membros do casal a permanecerem juntos [...], o amor, tanto entre satisfeitos quanto entre insatisfeitos. Pergunta-se, portanto, se além do amor ser um aspecto importante do relacionamento,

> [...], independentemente da satisfação que experimentam [...], como crença do que como sentimento (Norgren *et al.*, 2004, p. 581).

Podemos notar que as análises de satisfação conjugal, podem em muito melhorar o nível dos aconselhamentos pastorais, pois a crença, bem como o amor, é bem-vinda no relacionamento conjugal em todas as fazes de transição da vida.

É importante considerar que: aconselhar uma pessoa é uma tarefa às vezes árdua e difícil; aconselhar um casal é ainda mais difícil, e requer do conselheiro uma habilidade especial e muita atenção, porém os resultados são prazerosos tanto para o conselheiro que em Cristo conseguiu direcionar o casal segundo a palavra de Deus, bem como para o os dois aconselhados, em uma nova fase de vida.

> Frequentemente, um ou ambos os cônjuges duvidam da utilidade do aconselhamento e, às vezes, assumem uma atitude de hostilidade e resistência (Collins, G. R., 2004, p. 483).

A Satisfação Conjugal é um aspecto importante do casamento e pode ser influenciada por muitos fatores. No contexto do Aconselhamento Cristocêntrico, é importante considerar como a fé e os princípios bíblicos podem afetar a satisfação conjugal.

Um dos princípios bíblicos que pode ser aplicado à Satisfação Conjugal é o amor sacrificial: "25 Maridos, amai vossa mulher, como também Cristo amou a igreja e a si mesmo se entregou por ela" (Efésios, 5.25). **O amor sacrificial envolve colocar as necessidades do cônjuge acima das próprias necessidades e buscar o bem-estar do outro.** Quando ambos os cônjuges praticam o amor sacrificial, isso pode aumentar a satisfação conjugal.

Outro princípio bíblico importante é o perdão. Em Colossenses (3:13), lemos: "**Suportem-se uns aos outros e perdoem as queixas que tiverem uns contra os outros. Perdoem como o Senhor lhes perdoou**". O perdão é essencial para manter um relacionamento saudável e pode ajudar a resolver conflitos e aumentar a satisfação conjugal.

Além desses princípios bíblicos, é importante considerar outros fatores que podem afetar a satisfação conjugal, como comunicação, intimidade e compromisso. Um conselheiro bíblico Cristocêntrico pode ajudar casais a explorar esses fatores e aplicar princípios bíblicos para aumentar a satisfação conjugal.

A Análise da Satisfação Conjugal tem sido usada para pesquisar os relacionamentos conjugais e seus comprometimentos subjetivos e pessoais entre casais, sendo investigada como forma de estudos psicométrico e psicológico na atualidade para uma maior compreensão das dificuldades e acertos entre os cônjuges, **como forma de mapear as áreas da satisfação conjugal com maiores necessidades de intervenção bíblica.** "Analisar as relações entre Satisfação Conjugal global, [...], em áreas da vida conjugal e frequência de conflitos em áreas da vida conjugal" (Narciso; Costa, 1996, p. 116).

Dessa forma, realizamos estes estudos de pesquisas, para nos ajudarem a aprimorar o foco do aconselhamento na raiz do problema, segundo a sua necessidade de intervenção bíblica e Cristocêntrica:

> O relacionamento conjugal está associado à saúde e qualidade de vida, principalmente nos anos de maturidade e velhice, embora o fato de um casamento durar, não necessariamente signifique que o mesmo seja satisfatório para os cônjuges. Satisfação Conjugal é, sem dúvida, um conceito subjetivo, implicando em ter as próprias necessidades e desejos satisfeitos, assim como corresponder, em maior ou menor escala, ao que a outra parte espera, definindo um dar e receber recíproco e espontâneo (Norgren *et al.*, 2004, p. 575-576).

Podemos salientar que a Satisfação Conjugal como um todo, envolve muitos fatores, tanto pessoais como subjetivos do cotidiano conjugal, vida diária do casal. Nesse contexto, **o relacionamento entre o marido e a esposa, necessita de aprimoramento constante e diário.** Porém, mesmo com estudos e aconselhamentos nessa área, não é exagero afirmar que ainda existem casais alheios à necessidade de crescimento e maturidade para uma plena satisfação conjugal, isso porque nem todos são abertos para uma consulta psicológica Cristocêntrica ou Aconselhamento Cristocêntrico.

A presença desse conhecimento, necessário para o bom desenvolvimento espiritual e emocional, é indispensável para se adquirir aconselhamentos conjugais, para ajudar na melhora do relacionamento e a satisfação conjugal.

Sendo assim:

> Ideias como estas não acabarão com o conflito. Todavia, são estratégias biblicamente corretas para reagir ao pecado de nosso

> cônjuge, de modo que não aumente as dificuldades ou complique o processo de solução. [...] se posso evitar uma discussão de duas horas, usando dois minutos de misericórdia, isso é ganho para todas as pessoas envolvidas (Harvey, 2007, p. 79).

Inicialmente, **os casais geralmente possuem cosmovisões diferentes**, mas com o mesmo objetivo, que é o de ajudar na Satisfação Conjugal de maneiras diferentes. A vida conjugal e suas experiências, técnicas psicométricas alinhadas ao conhecimento e prática bíblica, ajudam a uma conciliação madura quando se permitem o aconselhar de forma em comum acordo.

Sob essa ótica, ganha particular relevância que temos que cuidar do nosso maior inimigo, **livrar-nos de nós mesmos.** "Reações caracterizadas por misericórdia fazem toda a diferença no casamento" (Harvey, 2007, p. 78).

Nessa ótica, o uso da análise da Satisfação conjugal, por exemplo, deve ser mensurado por uma **estratégia diretiva**, envolvendo tanto a área Psicológica Cristocêntrica quanto o Aconselhamento Cristocêntrico, para se alcançar maiores e melhores resultados nos aconselhamentos entre os casais que procuram ajuda. Como bem nos assegura Harvey (2007, p. 79-80), "[...] longanimidade. Isso significa que você pode praticar o amor de tal modo, que perdoe o pecado que alguém cometeu contra você, embora essa pessoa não reconheça o que fez|".

Muitos casais se machucam com palavras ou falta de tempo para com o outro e nem sempre um dos lados reconhece que esse é um ato de ferir ou magoar o cônjuge.

Em virtude disso, temos que direcionar o aconselhamento na satisfação em áreas da vida conjugal como estilo de vida, que reflita Deus em nosso caminhar diário, demonstrando que através dos conselhos bíblicos voltados para CRISTO, alinham e ajuda no desenvolvimento conjugal como um todo, aprumando todas as áreas do relacionamento. O amor de Jesus Cristo nos impulsiona a termos mais amabilidade no falar, direcionar, aconselhar e conduzir as pessoas, de modo que as mesmas possam ter a alegria de estarem sendo aconselhadas biblicamente.

> O amor de Cristo é a base da nossa esperança pessoal e a expressão dele, a única maneira de alcançarmos de fato as pessoas. O nosso relacionamento com as pessoas deve seguir o modelo do relacionamento de Deus conosco, o qual é amoroso e redentor. Assim, precisamos amar as pessoas e construir relacionamentos que encorajem uma mudança redentora do coração (Tripp, 2002, p. 5).

É evidente que todos os povos da Terra buscam a satisfação no casamento, mas nem sempre de acordo com a palavra de Deus. Para que o relacionamento seja plenamente satisfatório no corpo, na alma e no espírito, é preciso alinhar o casamento com os princípios bíblicos.

É preciso pesquisar mais sobre o casamento do ponto de vista humano, psicológico e psicrométrico, para ajudar de forma mais completa e holística. Essas questões são estudadas há muito tempo, mas a psicologia e a psicometria ainda são áreas recentes e precisam de mais aplicações em um público maior. O objetivo é unir a palavra de Deus, a psicologia pastoral centrada em Cristo e a psicometria científica, e usar esses resultados para fazer intervenções bíblicas que resolvam o problema na origem, no ponto que precisa de conserto. Assim, poderemos melhorar o nosso relacionamento em amor, seguindo o exemplo do nosso criador.

A Satisfação Conjugal faz-se necessária em todo e qualquer casamento. **Mesmo diante de falhas que possam existir entre o casal no caminhar do amadurecimento do matrimônio, existirá a graça maravilhosa de Deus para o mútuo perdão.** O perdão é uma virtude cristã que expressa o amor de Deus por nós e o nosso amor pelo próximo. Quando um casal se dispõe a perdoar mutuamente, ele demonstra que valoriza o relacionamento acima das ofensas e dos ressentimentos. O perdão abre espaço para a reconciliação, a comunhão e a intimidade entre os cônjuges. Um casal que se perdoa pode desfrutar de uma vida a dois mais agradável, satisfeita e com um maior contentamento, pois reflete a graça e a paz de Cristo em seu lar.

O perdão é um mandamento de Deus para os seus filhos. Ele perdoou-nos dos nossos pecados por meio de Jesus Cristo, e ordena-nos que perdoemos uns aos outros como Ele nos perdoou. Em Efésios (4:32), diz: "32 Sejam bondosos e compassivos uns para com os outros, perdoando-se mutuamente, assim como Deus os perdoou em Cristo". Quando um casal obedece a esse mandamento, ele honra a Deus e fortalece o seu vínculo matrimonial. O perdão traz cura, restauração e alegria para a vida a dois, pois reflete o caráter e o amor de Deus em seu casamento.

Contudo um grande perigo recorre nos casamentos em geral e isso ficou provado cientificamente pelas pesquisas realizadas neste estudo, conforme quadros e gráficos a seguir, constatando que a **privação sexual, por exemplo, por uma ou outra parte, também é uma das áreas da Satisfação Conjugal que maximiza para prejudicar o casamento**

Conselhos práticos:

Praticar o amor sacrificial em seu casamento envolve colocar as necessidades de seu cônjuge acima das suas próprias e buscar o bem-estar do outro. Aqui estão alguns conselhos práticos para exercer o amor sacrificial em seu casamento:

- **Ouça atentamente**: reserve um tempo para ouvir atentamente o que seu cônjuge tem a dizer e tente entender suas necessidades e desejos: "19 Sabeis estas coisas, meus amados irmãos. Todo homem, pois, seja pronto para ouvir, tardio para falar, tardio para se irar. 20 Porque a ira do homem não produz a justiça de Deus" (Tiago, 1:19-20).

- **Faça pequenos gestos de amor**: Faça pequenos gestos de amor e carinho para mostrar a seu cônjuge que você se importa. Isso pode incluir coisas como preparar uma refeição especial, um bom cafezinho levado na cama, escrever um bilhete de amor ou fazer uma massagem nos pés: "14 acima de tudo isto, porém, esteja o amor, que é o vínculo da perfeição. 15 Seja a paz de Cristo o árbitro em vosso coração, à qual, também, fostes chamados em um só corpo; e sede agradecidos" (Efésios 4:14-16).

- **Coloque as necessidades do seu cônjuge em primeiro lugar**: Em situações em que você e seu cônjuge têm necessidades conflitantes, tente colocar as necessidades do seu cônjuge em primeiro lugar. Isso pode envolver fazer concessões ou sacrificar algo que você quer para o bem do outro: "3 O marido conceda à esposa o que lhe é devido, e também, semelhantemente, a esposa, ao seu marido. 4 A mulher não tem poder sobre o seu próprio corpo, e sim o marido; e também, semelhantemente, o marido não tem poder sobre o seu próprio corpo, e sim a mulher" (1 Coríntios, 7:4).

- **Ore por seu cônjuge: reserve um tempo para orar por seu cônjuge e pedir a Deus que o abençoe e o ajude a crescer em seu relacionamento com Ele.**

  Orar por seu cônjuge é uma forma de demonstrar amor, cuidado e compromisso. A oração fortalece o vínculo entre o casal e os aproxima de Deus. A Bíblia ensina-nos que devemos orar uns pelos outros (Tiago, 5:16) e interceder pelos que precisam de graça e misericórdia (1, Timoteo 2:1). Quando oramos por nosso cônjuge, estamos reconhecendo que ele ou ela é um presente de Deus para nós (Provérbios, 18:22) e que dependemos do Senhor para sustentar e abençoar nosso casamento (Eclesiastes, 4:12).

Orar por seu cônjuge também significa pedir a Deus que o ajude a crescer em seu relacionamento com Ele. O objetivo maior do casamento é glorificar a Deus e refletir o seu amor (Efésios, 5:22-33). Por isso, devemos desejar que nosso cônjuge se torne cada vez mais semelhante a Cristo, que é o modelo perfeito de amor, santidade e fidelidade. Ao orarmos por seu crescimento espiritual, estamos cooperando com a obra de Deus em sua vida e contribuindo para a edificação do seu caráter cristão (Filipenses, 1:9-11).

Orar por seu cônjuge é um hábito que deve ser cultivado diariamente. Não devemos esperar apenas pelos momentos de crise ou dificuldade para interceder por ele ou ela. Devemos orar com gratidão, louvor, confissão, súplica e bênção. Devemos orar com fé, sinceridade, humildade e perseverança. Devemos orar com a certeza de que Deus nos ouve e nos atende conforme a sua vontade (1 João, 5:14-15). E devemos orar com a expectativa de ver o fruto da oração em nosso cônjuge, em nosso casamento e em nossa família.

9

COMPREENDENDO AS ÁREAS DA VIDA CONJUGAL

Para isso, em 1996, Narciso e Costa combinaram as respostas com 219 voluntários, sendo 123 mulheres e 96 homens, escolhidos anteriormente por elas, para que assim voluntários da análise fossem analisados durante o experimento de Satisfação Conjugal.

> Em 1996, os pesquisadores, Narciso, Isabel; Costa, Maria Emília, apresentaram a primeira avaliação da Escala de Avaliação da Satisfação em Áreas da Vida Conjugal em Portugal, EASAVIC (Narciso; Costa, 1996, p. 115-130).

A nossa presente amostra foi constituída por **n=282 participantes do sexo feminino e masculino, sendo feminino n=125 (44,3%) e do sexo masculino n=157 (55,7%)**, idades compreendidas com intervalo σ=26-75 anos, μ=50,12 anos; Dp= 9.59. Dos inquiridos entrevistados nesta pesquisa.

O tempo de casamento variou entre 1 a 46 anos de casados com média de μ=23,89 anos de casados. **Quanto à quantidade de filhos**, n=16 (5,7%) não possuíam filhos; n=45 (16%) com 1 filho(a); n=143 (50,75%) com 2 filhos(as); n=64 (22,7%) com 3 filhos(as); n=13 (4,6%) com 4 filhos(as); e n=1 (0,40%) com 6 filhos(as).

Quanto ao **grau de instrução** da amostra, n=242 (85,5%) possuíam Ensino Superior Completo; n=19 (6,7%) Superior Incompleto; n=17 (6%) Ensino Médio Completo; n=3 (1,1%) Fundamental Completo; e n=2 (0,7%) Ensino Médio Incompleto.

Dos inquiridos que atualmente **exercem ou auxiliam a função pastoral**, n=245 (86,9%) exercem a função pastoral e n=37 (13,1%) não.

Sobre **função ou renda extra**, n=147 (52,17%) exercem alguma função de renda extra e n=135 (47,9%) não. Quanto ao **voluntariado**, n=166 (58,9%) praticam o voluntariado e n=116 (41,1%) não praticam atividades de voluntariado.

Sobre **mudar de função ou trabalho,** n=143 (50,7%) não mudariam; n=73 (25,9%) talvez; e n=66 (23,4%) mudariam de função ou trabalho.

Sobre **chefia e liderança,** n=260 (92,2%) exercem ou exerceram e n=22 (7,8%) não exercem ou exerceram a função de liderança ou chefia.

Quanto a **remuneração mensal,** n=88 (31,2%) recebem de 3 a 4 salários-mínimos; n=69 (24,5%) 7 ou mais salários-mínimos; n=67 (23,8%) de 1 a 2 salários-mínimos; e n=58 (20,6%) de 5 a 6 salários-mínimos por mês. Detalhes ilustrados nas tabelas a seguir.

Tabela 1 – Tabulação cruzada Sexo * Faixa Etária

| | | Faixa Etária | | | Total |
		Até 40	41 a 60	61 acima	
Sexo / Feminino	Contagem	21	85	19	125
	% em Sexo	16.8%	68.0%	15.2%	100.0%
	% em Faixa Etária	42.9%	45.5%	41.3%	44.3%
	% do Total	7.4%	30.1%	6.7%	44.3%
Sexo / Masculino	Contagem	28	102	27	157
	% em Sexo	17.8%	65.0%	17.2%	100.0%
	% em Faixa Etária	57.1%	54.5%	58.7%	55.7%
	% do Total	9.9%	36.2%	9.6%	55.7%
Total	Contagem	49	187	46	282
	% em Sexo	17.4%	66.3%	16.3%	100.0%
	% em Faixa Etária	100.0%	100.0%	100.0%	100.0%
	% do Total	17.4%	66.3%	16.3%	100.0%

Fonte: o autor (PECHOTO, 2020) (IBM, 2020)

Tabela 2 – Tabulação cruzada Sexo * Tempo Casado

		Tempo Casado			
		Até 10 anos	11 a 20 anos	21 a 30 anos	31 acima
Sexo	Feminino	Contagem	17	21	52	35
		% em Sexo	13.6%	16.8%	41.6%	28.0%
		% em Tempo Casado	41.5%	35.0%	51.5%	43.8%
		% do Total	6.0%	7.4%	18.4%	12.4%
	Masculino	Contagem	24	39	49	45
		% em Sexo	15.3%	24.8%	31.2%	28.7%
		% em Tempo Casado	58.5%	65.0%	48.5%	56.3%
		% do Total	8.5%	13.8%	17.4%	16.0%
Total		Contagem	41	60	101	80
		% em Sexo	14.5%	21.3%	35.8%	28.4%
		% em Tempo Casado	100.0%	100.0%	100.0%	100.0%
		% do Total	14.5%	21.3%	35.8%	28.4%

Fonte: o autor (PECHOTO, 2020) (IBM, 2020)

Tabela 3 – Tempo de Casados

		Frequência	Porcentagem	Porcentagem válida	Porcentagem acumulativa
Válido	Até 10 anos	41	14.5	14.5	14.5
	11 a 20 anos	60	21.3	21.3	35.8
	21 a 30 anos	101	35.8	35.8	71.6
	31 acima	80	28.4	28.4	100.0
	Total	282	100.0	100.0	

Fonte: o autor (PECHOTO, 2020) (IBM, 2020)

Tabela 4 – Número de Filhos

		Frequência	Filhos Porcentagem	Porcentagem válida	Porcentagem acumulativa
Válido	0	16	5.7	5.7	5.7
	1	45	16.0	16.0	21.6
	2	143	50.7	50.7	72.3
	3	64	22.7	22.7	95.0
	4	13	4.6	4.6	99.6
	6	1	.4	.4	100.0
	Total	282	100.0	100.0	

Fonte: o autor (PECHOTO, 2020) (IBM, 2020)

Gráfico 11 – Descrição dos Números de filhos por casal

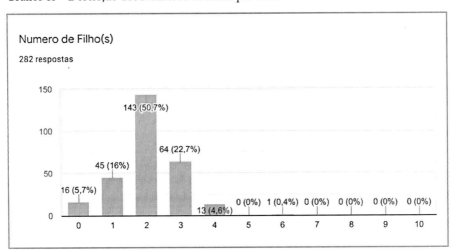

Fonte: o autor (PECHOTO, 2020), (BIJORA, 2018)

Tabela 5 – Grau de Instrução

		Frequência	Porcentagem	Porcentagem válida	Porcentagem acumulativa
Válido	Ensino Médio Completo	17	6.0	6.0	6.0
	Ensino Médio Incompleto	2	.7	.7	6.7
	Fundamental Completo	3	1.1	1.1	7.8
	Superior Completo	241	85.5	85.5	93.3
	Superior Incompleto	19	6.7	6.7	100.0
	Total	282	100.0	100.0	

Fonte: o autor (PECHOTO, 2020) (IBM, 2020)

Tabela 6 – Exerce ou Auxilia a Função Pastoral

		Frequência	Porcentagem	Porcentagem válida	Porcentagem acumulativa
Válido	N	37	13.1	13.1	13.1
	S	245	86.9	86.9	100.0
	Total	282	100.0	100.0	

Fonte: o autor (PECHOTO, 2020) (IBM, 2020)

Tabela 7 – Exerce alguma função extra, fora do trabalho (renda extra)

		Frequência	Porcentagem	Porcentagem válida	Porcentagem acumulativa
Válido	N	135	47.9	47.9	47.9
	S	147	52.1	52.1	100.0
	Total	282	100.0	100.0	

Fonte: o autor (PECHOTO, 2020) (IBM, 2020)

Tabela 8 – Exerce alguma função de voluntariado

		Frequência	Porcentagem	Porcentagem válida	Porcentagem acumulativa
Válido	N	116	41.1	41.1	41.1
	S	166	58.9	58.9	100.0
	Total	282	100.0	100.0	

Fonte: o autor (PECHOTO, 2020) (IBM, 2020)

Tabela 9 – Mudaria de Função ou Trabalho

		Frequência	Porcentagem	Porcentagem válida	Porcentagem acumulativa
Válido	N	143	50.7	50.7	50.7
	S	66	23.4	23.4	74.1
	T	73	25.9	25.9	100.0
	Total	282	100.0	100.0	

Fonte: o autor (PECHOTO, 2020) (IBM, 2020)

Tabela 10 – Exerce ou já exerceu uma função de chefia ou liderança

		Frequência	Porcentagem	Porcentagem válida	Porcentagem acumulativa
Válido	N	22	7.8	7.8	7.8
	S	260	92.2	92.2	100.0
	Total	282	100.0	100.0	

Fonte: o autor (PECHOTO, 2020) (IBM, 2020)

Nesta pesquisa, foi utilizado um questionário com as considerações na relação conjugal conhecido como, segundo Narciso e Costa (1996), "**Escala de Avaliação da Satisfação em Áreas da Vida Conjugal (Easavic)**", que é uma ferramenta útil para avaliar a Satisfação Conjugal em diferentes áreas da vida do casal. Essa escala pode ajudar casais a identificar áreas de insatisfação e trabalhar para melhorá-las.

No contexto do Aconselhamento Cristocêntrico, é importante considerar como os princípios bíblicos podem ser aplicados às diferentes áreas avaliadas pela Easavic. Por exemplo, a área de comunicação pode ser melhorada através da prática de princípios bíblicos como falar a verdade em amor (Efésios, 4:15) e ser rápido para ouvir e tardio para falar (Tiago, 1:19).

Além disso, a Easavic pode ser usada em conjunto com outras ferramentas e técnicas de aconselhamento para ajudar casais a aumentar sua satisfação conjugal. Um conselheiro bíblico Cristocêntrico pode usar a Easavic como parte de um processo mais amplo de aconselhamento para ajudar casais a fortalecer seu relacionamento.

A Escala de Avaliação da Satisfação em Áreas da Vida Conjugal (Easavic) pode ser usada para ajudar a melhorar seu casamento de várias maneiras. Primeiro, você e seu cônjuge podem preencher a escala juntos para identificar áreas de insatisfação em suas áreas da vida conjugal. Isso pode ajudá-los a entender melhor as necessidades e desejos um do outro e a trabalharem juntos para melhorar essas áreas. Depois de identificar as áreas de insatisfação, vocês podem trabalhar juntos para desenvolver um plano de ação para melhorá-las. Isso pode incluir a prática de princípios e estudos bíblicos relacionados a essas áreas, como o amor sacrificial e o perdão, bem como outras técnicas e estratégias para melhorar a comunicação, aumentar a intimidade e fortalecer o compromisso etc.

Além disso, vocês podem usar a Easavic regularmente para avaliar seu progresso e fazer ajustes em seu plano de ação conforme necessário. Um conselheiro bíblico Cristocêntrico pode ajudá-los nesse processo, fornecendo orientação e apoio à medida que vocês trabalham juntos para melhorar seu casamento.

Segundo Narciso e Costa (1996, p. 115-130), "A escala é formada por 44 perguntas relacionadas a zonas da vida conjugal que são organizadas em diferentes focos da conjugabilidade relacionados à cinco dimensões funcionais do casal e à cinco áreas relacionadas à abrangência do amor":

- **FF – Funções Familiares** (Funcionamento do Casal);
- **TL – Tempo livre** (Funcionamento do Casal);
- **AUT – Autonomia** (Funcionamento do Casal);
- **REF – Relações extrafamiliares** (Funcionamento do Casal);
- **CC – Comunicação e conflitos** (Funcionamento do Casal);

- **SES – Sentimentos e Expressão de Sentimentos** (Amor);

- **SEX – Sexualidade** (Amor);

- **IE – Intimidade emocional** (Amor);

- **C – Continuidade** (Amor);

- **CFP – Características físicas e psicológicas** (Amor).

> No total dos 44 itens da Escala de Avaliaçao da Satisfação Conjugal, 16 têm como foco o casal, 14 focalizam-se no outro e 14 no em si próprio (Narciso; Costa, 1996, p. 116).

Para se compreender e entender melhor como funciona a Escala de Análise das Áreas da Vida Conjugal, utilizamos as subescalas formadas por:

- **Funções Familiares** (FF):

As funções familiares são as **atividades e responsabilidades que a família desempenha para garantir o bem-estar e o desenvolvimento de seus membros e da sociedade em geral**. Algumas dessas funções são:

- **Gerar afeto;**

- **Proporcionar segurança e aceitação pessoal;**

- **Satisfazer as necessidades básicas;**

- **Transmitir valores e normas;**

- **Proteger a saúde; e**

- **Promover a socialização** (Portal Educação, 2023).

Porém esses fatores podem ter diversas origens, como diferenças de personalidade, expectativas, valores, interesses, estilos de vida, problemas financeiros, infidelidade, violência entre outros.

As crises conjugais podem ter consequências negativas para os cônjuges e para os filhos, como baixa autoestima, depressão, ansiedade, estresse, isolamento social, dificuldades escolares, comportamentos de risco etc. Por isso, é importante buscar formas de prevenir, resolver ou superar essas crises, seja por meio de diálogo, Aconselhamento Cristocêntrico e leitura da palavra de Deus.

- **Tempo Livre** (TL):

> O tempo livre é aquele que não é dedicado a atividades obrigatórias ou necessárias, como o trabalho remunerado, as tarefas domésticas, os cuidados com os outros e a higiene pessoal (ALETEIA, 2017, s/p).

É um tempo que pode ser usado para se realizar atividades prazerosas, criativas, educativas ou solidárias, de acordo com os interesses e as preferências de cada um. O tempo livre em família é uma oportunidade de fortalecer os laços afetivos, a comunicação, a cooperação e a diversão entre os seus membros. No entanto, muitas famílias enfrentam dificuldades para conciliar o tempo livre com as demandas do trabalho, da escola e da sociedade. A importância do tempo livre em família, bem como a perspectiva teológica, pode nos ajudar a valorizar esse tempo como **um dom de Deus e uma forma de glorificá-lo**. Vamos também citar alguns versículos bíblicos que nos inspiram a aproveitar o tempo livre em família de maneira saudável e edificante.

Veja o que a Bíblia diz sobre Tempo livre em família:

"Estas palavras que, hoje, te ordeno estarão no teu coração; 7 tu as inculcarás a teus filhos, e delas falarás assentado em tua casa, e andando pelo caminho, e ao deitar-te, e ao levantar-te" (Deuteronômio, 6:7-7). "Porém, se vos parece mal servir ao Senhor, escolhei, hoje, a quem sirvais: se aos deuses a quem serviram vossos pais que estavam dalém do Eufrates ou aos deuses dos amorreus em cuja terra habitais. Eu e a minha casa serviremos ao Senhor" (Josué, 24:15). "Desfrute a vida com a mulher a quem você ama, todos os dias desta vida sem sentido que Deus dá a você debaixo do sol; todos os seus dias sem sentido! Pois essa é a sua recompensa na vida pelo seu árduo trabalho debaixo do sol" (Eclesiastes, 9:9).

> Portanto, cada um de vocês também ame a sua mulher como a si mesmo, e a mulher trate o marido com todo o respeito (Efésios, 5:33).

- **Autonomia** (AUT):

A autonomia conjugal é a capacidade de cada cônjuge de exercer sua liberdade e individualidade dentro do casamento, sem que isso signifique uma ruptura ou uma ameaça à relação.

A autonomia conjugal implica em respeitar e valorizar as diferenças, os interesses, as opiniões e as escolhas do outro, bem como expressar e negociar as próprias necessidades e expectativas.

A autonomia conjugal também envolve a possibilidade de ter espaços e atividades próprias, que não dependam exclusivamente do outro, mas que sejam compartilhados e apoiados mutuamente. A autonomia conjugal pode contribuir para a qualidade e a satisfação do casamento, bem como para o crescimento pessoal e espiritual de cada cônjuge. A perspectiva teológica pode nos orientar a viver a autonomia conjugal de acordo com os princípios bíblicos e os propósitos de Deus para o casal.

"Assim, eles já não são dois, mas sim uma só carne. Portanto, o que Deus uniu, ninguém separe" (Mateus, 19:6).

"Cada um cuide, não somente dos seus interesses, mas também dos interesses dos outros" (Filipenses, 2:4).

"O amor é paciente, o amor é bondoso. Não inveja, não se vangloria, não se orgulha. Não maltrata, não procura seus interesses, não se ira facilmente, não guarda rancor. O amor não se alegra com a injustiça, mas se alegra com a verdade. Tudo sofre, tudo crê, tudo espera, tudo suporta" (1 Coríntios, 13.4-7).

"O casamento deve ser honrado por todos; o leito conjugal, conservado puro; pois Deus julgará os imorais e os adúlteros" (Hebreus, 13:4-5).

- **Relações Extrafamiliares** (REF):

O casamento é uma união entre duas pessoas que se amam e se comprometem a compartilhar a vida juntas. Mas o casamento também implica em se relacionar com a família do cônjuge, que pode ter uma cultura, uma educação, uma personalidade e uma fé diferentes da sua. Essas relações extrafamiliares podem ser fontes de apoio, de aprendizado, de amizade e de amor, mas também podem gerar conflitos, desentendimentos, intromissões e ciúmes.

Lidar com as relações extrafamiliares com a família do cônjuge, buscar respeitar as diferenças, estabelecer limites, cultivar a harmonia e fortalecer os vínculos devem fazer parte da conjugabilidade do casal. Em uma perspectiva teológica podemos nos orientar a viver essas relações e diferenças de acordo com os princípios bíblicos e os propósitos de Deus para o casal e para a família.

- **Comunicação e Conflito** (CF):

A comunicação é um elemento essencial para a qualidade e a satisfação do relacionamento conjugal. Por meio da comunicação, os cônjuges podem e devem expressar seus sentimentos, pensamentos, necessidades e expectativas, bem como negociar seus interesses, valores e projetos. No entanto, a comunicação também pode ser fonte de conflito, quando há divergências, mal-entendidos, ambiguidades ou agressividade entre os cônjuges.

O conflito conjugal é inevitável e faz parte da dinâmica de qualquer casal. O que importa é como o casal lida com o conflito e quais estratégias de resolução utiliza. A comunicação e o conflito afetam a conjugalidade matrimonial e o Aconselhamento Cristocêntrico pode auxiliar os cônjuges a desenvolverem habilidades comunicativas e de resolução de problemas. Dentro de uma perspectiva teológica, podemos nos orientar a viver a comunicação e o conflito de acordo com os princípios bíblicos e os propósitos de Deus para o casamento.

Alguns versos para meditarmos sobre o assunto:

"Portanto, cada um de vocês também ame a sua mulher como a si mesmo, e a mulher trate o marido com todo o respeito" (Efésios, 5:33). "Sejam completamente humildes e dóceis, e sejam pacientes, suportando uns aos outros com amor" (Efésios, 34:2). "Não saia da vossa boca nenhuma palavra torpe, e sim unicamente a que for boa para edificação, conforme a necessidade, e, assim, transmita graça aos que ouvem" (Efésios, 4:29). "Antes, sede uns para com os outros benignos, compassivos, perdoando-vos uns aos outros (Colossenses, 3:13), como também Deus, em Cristo, vos perdoou" (Efésios, 4:32) (Colossenses, 3:1-11). "O casamento deve ser honrado por todos; o leito conjugal, conservado puro; pois Deus julgará os imorais e os adúlteros" (Hebreus, 13:4). "Assim, eles já não são dois, mas sim uma só carne. Portanto, o que Deus uniu, ninguém separe" (Mateus, 19:6).

Sentimentos e Expressão de Sentimentos (SES):

Os sentimentos são as emoções que experimentamos diante de diferentes situações da vida. Eles podem ser positivos ou negativos, intensos ou moderados, agradáveis ou desagradáveis. Os sentimentos influenciam nosso comportamento, nossas decisões e nossa saúde física e mental.

A expressão de sentimentos é a forma como comunicamos aos outros o que estamos sentindo, seja por palavras, gestos, olhares ou atitudes. A expressão de sentimentos é fundamental para o relacionamento conjugal, pois permite que os cônjuges se conheçam melhor, compreendam-se, apoiem-se e amem-se.

Os sentimentos e a expressão de sentimentos afetam a conjugabilidade matrimonial e o aconselhamento segundo as Escrituras Sagradas podem auxiliar os cônjuges a desenvolverem habilidades emocionais e comunicativas, orientando a viver os sentimentos e a expressão de sentimentos de acordo com os princípios bíblicos e os propósitos de Deus para o casamento.

- **Sexualidade** (SEX):

O sexo é um dom de Deus para o ser humano, criado para expressar o amor, a união e a procriação entre um homem e uma mulher que se comprometem em aliança matrimonial. **O sexo não é algo sujo, pecaminoso ou vergonhoso, mas uma bênção divina que deve ser desfrutada com pureza, respeito e fidelidade dentro do casamento.**

A Bíblia ensina que o sexo fora do casamento é imoral e ofensivo a Deus, que criou o sexo com um propósito específico e estabeleceu limites para a sua prática.

A Bíblia revela que Deus criou o sexo com três propósitos principais:

- **Expressar o amor;**
- **Gerar a vida; e**
- **Fortalecer a união entre marido e mulher.**

Expressar o amor: o sexo é uma forma de demonstrar o amor conjugal, de dar e receber prazer, de satisfazer as necessidades e os desejos um do outro, de se comunicar sem palavras, de se conhecer mais profundamente e de se doar totalmente ao cônjuge. O sexo é um ato de entrega, de serviço, de cuidado e de honra ao outro. O sexo não é egoísta, mas altruísta. *Não é uma obrigação, mas um privilégio, não é uma exigência, mas um presente.* O sexo reflete o amor de Deus, que se entrega por nós e nos convida a nos entregarmos a Ele (Efésios, 5:25-32).

Gerar a vida: *O sexo é um meio de participar da obra criadora de Deus, de gerar filhos à sua imagem e semelhança, de transmitir a vida humana e* *a fé cristã, de formar uma família e de contribuir para a sociedade*. O sexo é uma responsabilidade, um compromisso, uma missão e uma bênção. O sexo não é estéril, mas fecundo. Não é irresponsável, mas planejado. Não é descartável, mas duradouro. **O sexo reflete o poder de Deus, que cria todas as coisas e nos confia a sua criação** (Gênesis, 1:27-28; Salmo 127:3-5).

Fortalecer a união: o sexo é um selo da aliança matrimonial, um sinal da fidelidade e da exclusividade entre marido e mulher, um laço que os une em uma só carne, uma fonte de intimidade e de comunhão, um escudo contra as tentações e as divisões. **O sexo é uma aliança, um pacto, uma união e uma proteção**. O sexo é sagrado. Não é passageiro, mas permanente. Não é dividido, mas exclusivo. O sexo reflete a união de Deus conosco, que nos faz parte do seu corpo e nos promete estar conosco para sempre (Mateus, 19:4-6; 1 Coríntios, 6:15-20).

- Os princípios do sexo no casamento

A Bíblia não dá regras específicas sobre o que um casal cristão pode ou não fazer no sexo, mas oferece princípios gerais que devem orientar a conduta sexual no casamento. Esses princípios são baseados no amor, na pureza, na fidelidade e na mutualidade. Vejamos alguns deles:

O sexo deve ser uma expressão de amor, não de egoísmo.

O sexo não é um meio de manipular, controlar, dominar ou explorar o cônjuge, mas de servir, honrar, respeitar e agradar o outro.

O sexo não é uma obrigação, mas um privilégio. O sexo não é uma exigência, mas um presente.

O sexo deve refletir o amor de Deus, que se entrega por nós e nos convida a nos entregarmos a Ele (Efésios, 5:25-32).

O sexo deve ser puro, não impuro.

O sexo não é algo sujo, pecaminoso ou vergonhoso, mas uma bênção divina que deve ser desfrutada com pureza, sem envolver práticas imorais, perversas ou degradantes que ofendam a Deus ou ao cônjuge.

O sexo não é uma fonte de culpa, mas de alegria.

O sexo não é uma ocasião de pecado, mas de santidade.

O sexo deve refletir a pureza de Deus, e convida-nos a vivermos em santidade (Hebreus, 13:4; 1 Tessalonicenses, 4:3-8).

O sexo deve ser fiel, não infiel.

O sexo é um selo da aliança matrimonial, um sinal da fidelidade e da exclusividade entre marido e mulher.

O sexo não pode ser compartilhado com ninguém fora do casamento, nem por meio do adultério físico ou mental.

O sexo não é dividido, mas exclusivo.

O sexo deve refletir a fidelidade de Deus, que nos ama com amor eterno e nos guarda com "ciúmes" (Mateus, 19:4-6; 1 Coríntios, 6:15-20) (Ultimato, 2023).

O sexo deve ser recíproco, bilateral, correspondente, mutual e não unilateral. O sexo é uma forma de comunhão entre marido e mulher, que devem buscar satisfazer as necessidades e os desejos um do outro, sem impor ou negar nada que seja contra a vontade ou o bem-estar do outro.

O sexo é uma responsabilidade, não um direito.

O sexo é uma concessão, não uma imposição.

O sexo é uma doação, não uma cobrança.

O sexo deve refletir a mutualidade de Deus, que nos criou à sua imagem e semelhança e nos concede dons para edificação mútua (1 Coríntios, 7:1-5; Efésios, 5:21).

- **Intimidade Emocional** (IE):

A intimidade emocional é a **capacidade de compartilhar sentimentos, pensamentos, sonhos, medos, alegrias e tristezas com o cônjuge, de forma sincera, profunda e recíproca**. A intimidade emocional é essencial para um casamento feliz e saudável, pois fortalece o vínculo afetivo, a confiança, o respeito e a compreensão entre o casal. A intimidade emocional também é uma forma de honrar a Deus, que nos criou à sua imagem e semelhança, como seres relacionais e emocionais.

A Bíblia ensina-nos que Deus se importa com as nossas emoções e quer que as expressemos de maneira adequada e equilibrada. A Bíblia também nos ensina que Deus quer ter um relacionamento íntimo conosco, baseado no amor, na fé e na obediência.

9a - O PROPÓSITO DA INTIMIDADE EMOCIONAL NO CASAMENTO

A Bíblia revela que Deus criou o casamento com três propósitos principais: refletir a sua glória, realizar a sua vontade e reproduzir a sua imagem. A intimidade emocional está relacionada com esses três propósitos, pois:

Reflete a glória de Deus: a intimidade emocional reflete a **glória de Deus porque demonstra o seu caráter relacional, amoroso e comunicativo.**

Deus é um Deus trino, que existe em perfeita comunhão entre o Pai, o Filho e o Espírito Santo, é um Deus amoroso, que nos amou primeiro e nos deu o seu Filho unigênito para nos salvar, um Deus comunicativo, que nos revelou a sua vontade por meio da sua Palavra e do seu Espírito.

Quando um casal se comunica aberta e honestamente, ama-se incondicionalmente e se submete voluntariamente à vontade de Deus, ele está refletindo a glória de Deus no seu casamento (Efésios, 5:22-33).

Realiza a vontade de Deus: a intimidade emocional realiza a vontade de Deus porque facilita o cumprimento dos seus planos e propósitos para o casal. **Deus tem uma vontade específica para cada casamento, que envolve o seu chamado, o seu ministério, os seus dons e os seus frutos.**

Deus quer que o casal seja uma bênção para ele mesmo, para os filhos, para a igreja e para o mundo. Para isso, é preciso que o casal esteja em sintonia com Deus e entre si, buscando conhecer e fazer a Sua vontade juntos. A intimidade emocional ajuda o casal a se conhecer melhor, a apoiar-se mutuamente, a encorajar-se espiritualmente e a se orientar biblicamente (Amós, 3:3; Eclesiastes, 4:9-12).

Reproduz a imagem de Deus: a intimidade emocional reproduz a imagem de Deus porque expressa a sua natureza emocional, racional e criativa. Deus criou-nos à sua imagem e semelhança, como seres dotados de emoções, razão e criatividade. **Deus quer que usemos essas capacidades para o seu louvor e para o nosso bem.** A intimidade emocional permite que o casal compartilhe as suas emoções de forma saudável, sem reprimir ou exagerar. A intimidade emocional também permite que o casal compartilhe os seus pensamentos de forma simples, abrangente e relevante para a glória de Deus.

Como cultivar a intimidade emocional no casamento

A intimidade emocional não é algo que surge automaticamente ou que se mantém por si só. Ela requer esforço, dedicação, tempo e disposição de ambos os cônjuges.

A intimidade emocional é um processo contínuo de conhecer e se deixar conhecer pelo outro, de se abrir e se fechar para o outro, de se aproximar e se afastar do outro, de acordo com as necessidades e os limites de cada um.

A intimidade emocional é uma "dança delicada", que exige equilíbrio, ritmo e harmonia entre o casal. A Bíblia nos dá algumas orientações práticas de como cultivar a intimidade emocional no casamento, tais como:

Comunicar-se com frequência e qualidade: a comunicação é a base da intimidade emocional, pois é por meio dela que o casal expressa e recebe as informações, os sentimentos, as opiniões, as necessidades e os desejos um do outro.

A comunicação deve ser frequente, ou seja, o casal deve **reservar um tempo diário para conversar sobre os assuntos relevantes da vida conjugal**, sem distrações ou interrupções. A comunicação também deve ser de qualidade, ou seja, o casal deve se esforçar para falar e ouvir com atenção, respeito, compreensão e empatia.

O casal deve evitar as críticas desnecessárias, as acusações, as ironias e as mentiras, que prejudicam a confiança e a conexão emocional.

O casal deve buscar a honestidade, a gentileza, o elogio e a gratidão, que fortalecem o vínculo e a satisfação emocional (Provérbios, 15:1; Efésios, 4:29; Co., 4:6).

Demonstrar afeto e carinho: o afeto e o carinho são formas de expressar o amor e a valorização pelo cônjuge, que alimentam a intimidade emocional.

O afeto e o carinho podem ser demonstrados por meio de palavras, gestos, toques e presentes, que devem ser adequados ao gosto e à linguagem do amor do outro. O casal deve se esforçar para conhecer o que faz o outro se sentir amado e apreciado, e procurar fazer isso com frequência e criatividade.

O casal deve evitar a frieza, a indiferença, a rejeição e a negligência, que geram mágoa e distanciamento emocional.

O casal deve buscar a ternura, a atenção, a aceitação e a generosidade, que geram alegria e proximidade emocional (1 Coríntios, 13:4-7; 1 Pedro, 4:8).

Compartilhar interesses e atividades: os interesses e as atividades são formas de estimular a intimidade emocional, pois proporcionam momentos de diversão, aprendizado, crescimento e cumplicidade entre o casal. Os interesses e as atividades podem ser individuais ou comuns, que devem ser respeitados e apoiados pelo outro. O casal deve se esforçar para conhecer os hobbies, as paixões, os talentos e os projetos um do outro, e procurar participar ou incentivar de alguma forma. O casal deve evitar o desinteresse, o desprezo, a crítica ou a competição com o outro. O casal deve buscar o interesse.

A intimidade emocional no casamento é a capacidade de compartilhar sentimentos, pensamentos, sonhos, medos e desejos com o cônjuge, de forma sincera, respeitosa e amorosa. É a expressão da união e da comunhão que Deus estabeleceu entre o homem e a mulher quando os criou à sua imagem e semelhança (Gênesis, 1:27). A intimidade emocional no casamento reflete a intimidade que Deus deseja ter conosco, como seu povo e sua noiva (Isaías, 54:5; Efésios, 5:32).

Para cultivar a intimidade emocional no casamento, é preciso investir tempo, atenção, diálogo e oração. É preciso dedicar tempo para estar junto com o cônjuge, demonstrando interesse, carinho e afeto. Faz-se necessário prestar atenção nas necessidades, nos sentimentos e nas opiniões do cônjuge, buscando compreendê-lo e apoiá-lo. É preciso dialogar com o cônjuge, abrindo o coração, ouvindo com atenção e resolvendo os conflitos com sabedoria e perdão. É indispensável orar com o cônjuge, agradecendo a Deus pelo seu amor, pedindo a sua graça e buscando a sua vontade.

A intimidade emocional no casamento é um dom de Deus e uma responsabilidade dos cônjuges. Ela traz benefícios para o relacionamento conjugal, como a confiança, a harmonia, a alegria e o crescimento mútuo. Ela também glorifica a Deus, pois revela o seu propósito e o seu plano para o casamento (Gênesis, 2:24; Mateus, 19:6).

- **Continuidade** (C):

A continuidade é a capacidade de manter o casamento firme, fiel e duradouro, apesar das dificuldades, das mudanças, das tentações e das crises que possam surgir ao longo da vida conjugal. A continuidade é um desafio e um compromisso que o casal assume diante de Deus e dos homens, de permanecer juntos até que a morte o separe. A continuidade é uma virtude e uma bênção que o casal recebe de Deus, que os sustenta, fortalece e renova em Seu amor. A Bíblia ensina-nos que Deus é o autor e o mantenedor do casamento, que ele odeia o divórcio e que ele deseja que o casal seja fiel e feliz em sua aliança. Neste capítulo, vamos explorar o que a Bíblia diz sobre a continuidade no casamento, quais são os benefícios e os desafios de preservá-la e como cultivá-la na prática.

O propósito da continuidade no casamento

A Bíblia revela que Deus criou o casamento com três propósitos principais: **refletir a sua glória, realizar a sua vontade e reproduzir a sua imagem**. A continuidade está relacionada com esses três propósitos, pois:

Reflete a glória de Deus: a continuidade reflete a glória de Deus, porque demonstra o seu caráter fiel, imutável e eterno. Deus é um Deus fiel, que cumpre as suas promessas e não abandona os seus filhos. Deus é um Deus imutável, que não muda de opinião nem de propósito. Deus é um Deus eterno, que existe desde sempre e para sempre.

Quando um casal se mantém unido, fiel e constante em seu casamento, ele está refletindo a glória de Deus em seu relacionamento (Deuteronômio, 7:9; Malaquias, 3:6; Salmo 90:2).

Realiza a vontade de Deus: a continuidade realiza a vontade de Deus, porque obedece ao seu mandamento e ao seu plano para o casamento. Deus ordenou que o homem deixasse pai e mãe e se unisse à sua mulher, tornando-se os dois uma só carne. **Deus também ordenou que o homem não se separasse da sua mulher, exceto por causa de infidelidade sexual.** *Deus planejou que o casamento fosse uma aliança indissolúvel entre um homem e uma mulher, que refletisse a aliança entre Cristo e a Igreja.*

Quando um casal se mantém obediente e submisso à vontade de Deus para o seu casamento, ele está realizando a vontade de Deus em seu relacionamento (Gênesis, 2:24; Mateus, 19:4-6; Efésios, 5:22-33).

Reproduz a imagem de Deus: a continuidade reproduz a imagem de Deus, porque expressa a sua natureza amorosa, graciosa e restauradora. Deus é um Deus amoroso, que nos amou primeiro e nos deu o seu Filho unigênito para nos salvar. Deus é um Deus gracioso, que nos perdoa dos nossos pecados e nos dá uma nova chance. Deus é um Deus restaurador, que cura as nossas feridas e restaura as nossas vidas.

Quando um casal se mantém amando, perdoando e restaurando o seu casamento, ele está reproduzindo a imagem de Deus em seu relacionamento (1 João, 4:19; Efésios, 4:32; Salmo, 147:3).

- **Características Físicas e Psicológicas** (CFP):

As características físicas e psicológicas são os traços distintivos que marcam a identidade e a personalidade de cada pessoa. Elas são influenciadas por fatores genéticos, ambientais, culturais e espirituais, e podem variar ao longo da vida. As características físicas e psicológicas afetam a forma como cada pessoa se vê, relaciona-se e comporta-se no mundo. No casamento, elas também têm um papel importante, pois determinam a atração, a compatibilidade e a complementaridade entre o casal.

A Bíblia ensina-nos que Deus criou o homem e a mulher com características físicas e psicológicas diferentes, mas complementares, para que pudessem se unir em uma só carne e cumprir os propósitos divinos para o casamento.

- ✓ Considerando ainda áreas que refletem a Conjugabilidade do Casal (FF, TL, AUT, REF, CC); e
- ✓ Áreas da conjugabilidade relacionadas ao Amor (SES, SEX, IE, C e CEP).

Para entendermos melhor como funciona esta escala de pesquisa, a mesma foi relacionada ao sentimento Amor:

> Sentimento que cada um nutre pelo outro e/ou pela relação, estando pois, presentes, de um modo mais ou menos explícito, atributos inerentes aos componentes essenciais do amor: Paixão, Intimidade e Investimento/Compromisso (ESTERNBERG, 1988, s/p).

Sendo assim, as dimensões do amor consistem em cinco áreas da vida conjugal:

1. **Sentimentos e Expressão de Sentimentos:** *sentimento que cada um nutre pelo outro; modo como cada um expressa os sentimentos pelo outro; admiração que cada um sente pelo outro* **(6 itens).**

2. **Sexualidade:** *frequência e qualidade das relações sexuais, desejo sexual que cada um sente pelo outro, prazer que cada um nas relações sexuais* (6 itens).

3. **Intimidade Emocional:** *apoio emocional mútuo, confiança mútua, partilha de interesses e atividade, atenção que cada um dedica aos interesses do outro* (7 Itens).

4. **Continuidade da Relação:** *projeto do casal para o futuro, expectativa que cada um dos cônjuges possui quanto ao futuro da relação* (3 itens).

5. **Características Físicas e Psicológicas:** *opinião que cada um possui sobre o aspecto físico e característico e hábitos do outro* (4 itens).

9b - COMPREENSÃO DAS ÁREAS DO CASA, CASAMENTO EM SI, A SI PRÓPRIO E AO OUTRO.

Quadro 4 – ÁREAS DO CASAL (CASAMENTO EM SI MESMO)

1	O modo como gerimos a nossa situação financeira
2	A distribuição de tarefas domésticas
3	O modo como tomamos decisões
4	A distribuição de responsabilidades
5	O modo como passamos o tempo livre
6	A quantidade de tempo livre
7	O modo como nos relacionamos com os amigos
14	A frequência com que conversamos
15	O modo como conversamos
16	Os assuntos sobre os quais conversamos
17	A frequência dos conflitos que temos
18	O modo como resolvemos os conflitos
25	A frequência com que temos relações sexuais

28	A qualidade das nossas relações sexuais
35	A partilha de interesses e atividades
38	Os nossos projetos para o futuro

Fonte: Narciso e Costa (1996)

Quadro 5 – Áreas do Outro

8	O modo como nos relacionamos com a família do meu cônjuge
11	A privacidade e autonomia do meu cônjuge
13	A nossa relação com a profissão do meu cônjuge
20	O que o meu cônjuge sente por mim
22	O modo como o meu cônjuge expressa o que sente por mim
24	O desejo sexual que o meu cônjuge sente por mim
27	O prazer que o meu cônjuge sente quando temos relações sexuais
30	O apoio emocional que o meu cônjuge me dá
32	A confiança que o meu cônjuge tem em mim
34	A admiração que o meu cônjuge sente por mim
37	A atenção que o meu cônjuge dedica aos meus interesses
40	As expectativas do meu cônjuge quanto ao futuro da nossa relação
42	A opinião que o meu cônjuge tem sobre o meu aspecto físico
44	A opinião que o meu cônjuge tem sobre as minhas características e hábitos

Fonte: Narciso e Costa (1996)

Quadro 6 – ÁREAS DE SI PRÓPRIO

9	O modo como nos relacionamos com a minha família
10	A minha privacidade e autonomia
12	A nossa relação com a minha profissão

19	O que sinto pelo meu cônjuge
21	O modo como expresso o que sinto pelo meu cônjuge
23	O desejo sexual que sinto pelo meu cônjuge
26	O prazer que sinto quando temos relações sexuais
29	O apoio emocional que dou ao meu cônjuge
31	A confiança que tenho no meu cônjuge
33	A admiração que sinto pelo meu cônjuge
36	A atenção que dedico aos interesses do meu cônjuge
39	As minhas expectativas quanto ao futuro da nossa relação
41	O aspecto físico do meu cônjuge
43	As características e hábitos do meu cônjuge

Fonte: Narciso e Costa (1996)

Funcionamento: modo como se organizam e regulam as relações no holon conjugal e/ou familiar na terapia familiar. De acordo com Minuchin e Fishman (1981), um holon é um subsistema que existe dentro de um sistema familiar maior. Um holon exibe as propriedades de um sistema, pois é um todo independente e faz parte de sistemas maiores. "Holons, como sistemas dentro de si mesmos, passam por processos de auto estabilização em seu funcionamento e reorganização para se adaptar às mudanças" (SEITER, 2018, s/p). "Holons são independentes como seus próprios sistemas individuais, mas também estão interconectados com outros holons" (Minuchin; Fishman, 1990, s/p).

Para compreender melhor, Holons são independentes como seus próprios sistemas individuais, mas também estão interconectados com outros holons. Isso significa que os holons podem influenciar uns aos outros e que problemas com o funcionamento em um holon podem causar distúrbios no funcionamento de outro holon.

Por exemplo, um conselheiro bíblico ou terapeuta trabalhando a partir de uma visão de sistemas familiares pode ter como alvo a mudança em um holon dentro do sistema familiar, acreditando que

isso também levará a mudanças em outros holons dentro do sistema familiar através do processo de auto-organização.

Entendendo que cada parte da família faz parte do todo e o todo também pertence ou faz parte de cada membro e suas relações com os sistemas extrafamiliares, considerando cinco áreas da vida conjugal:

1. Funções: *gestão financeira, tarefas domesticas, decisões, responsabilidades (4 itens).*

2. Tempo Livre: *quantidade e qualidade (2 itens).*

3. Autonomia/ Privacidade: *autonomia e privacidade de cada um (2 itens).*

4. Comunicação e Conflitos: *frequência, qualidade e tema do diálogo, frequência de resolução de conflitos (5 itens).*

5. Relações Extrafamiliares: *relações com os amigos, com a família de origem de cada um e com a profissão de cada um (5 itens) (Narciso; Costa, 1996).*

O resultado desta pesquisa foi respaldado através da aplicação do coeficiente alfa de Cronbach. Segundo Cortina (1993), o Coeficiente Alfa de Cronbach é com certeza um dos instrumentos de estatísticas mais relevantes e usados em pesquisas abrangendo o levantamento de provas e seus resultados. Em uma citação revisada do Social Sciences Citations Index, para a literatura divulgada no período de 1966 e 1990, divulgou que o artigo de Cronbach (1951) foi referido cerca de 60 vezes por ano fazendo um total de 278 jornais publicados diferentemente.

O Coeficiente Alfa foi descrito em 1951 por Lee J. Cronbach (Cronbach, 1951). **É uma medida com índices confiáveis para mensurar a confiança e segurança do padrão de consistência interna de uma escala (pesquisa), avaliando também a relevância e se os mesmos itens do instrumento estão correlacionados, ou seja, sem fraudes** (Cortina, 1993). Nenhum dos 282 itens pesquisados foi excluído da lista, com base em todas as variáveis no procedimento, e os testes comprovaram que os dados também não foram copiados ou inseridos de modo parcial ou com o intuito de prejudicar a pesquisa.

> O coeficiente alfa de Cronbach é uma propriedade inerente do padrão de resposta da população estudada, não uma característica da escala por si só; ou seja, o valor de alfa sofre

mudanças segundo a população na qual se aplica a escala (Streiner, 2003, p. 99-103).

Utilizou-se os formulários amigavelmente de modo a expressar o que o entrevistado sente relativamente a cada afirmação que vai de 1 a 6, sendo:

1. **Nada Satisfeito(a);**

2. **Pouco Satisfeito(a);**

3. **Razoavelmente Satisfeito(a);**

4. **Satisfeito(a);**

5. **Muito Satisfeito(a);**

6. **Completamente Satisfeito(a).**

Para cada um dos itens, escolhe-se a afirmação do formulário que melhor descreve o que você sente, assinalando com um "X" a coluna correspondente. Exemplo: No item qualidade de tempo livre, se você se sente Muito Satisfeito(a), deverá assinalar com um "X" a coluna com o número 5 da escala.

Foi realizada a **Análise de Componentes Principais (PCA)** em um questionário de 44 perguntas que mediram as características da escala de avaliação da satisfação em áreas da vida conjugal em 282 pastores e suas esposas da OPBB. A adequação do PCA foi avaliada antes da análise. A inspeção da matriz de correlação mostrou que todas as variáveis tinham pelo menos um coeficiente de correlação maior que $\geq 0,3$. De acordo com Kaiser (1974, p. 31-36 e 39), a medida geral de Kaiser-Meyer-Olkin (KMO) foi de KMO $\geq 0,95$ com medidas individuais de KMO $\geq 0,7$, classificações de maravilhoso a maravilhoso, de acordo com Kaiser (1974). O teste de esfericidade de Bartlett foi estatisticamente significativo $p < 0,0005$, indicando que os dados eram estatisticamente favoráveis. O PCA revelou dois componentes que apresentaram uma variância total explicada de autovalores, maiores que um e que explicaram 35,21% e, 23,69%, da variância total, com variância cumulativa de 58,90% respectivamente. Segundo Cattell (1966), a inspeção visual do *scree plot* indicou que dois componentes deveriam ser retidos. Além disso, uma solução de dois componentes atendeu ao critério de interpretação. Como tal, dois componentes foram mantidos. A solução de dois componentes explicou 58,90% da variação total. Uma rotação ortogonal Varimax ou Variação Máxima dos fatores foi empregada para auxiliar na interpretação dos dados que foi consistente em todos os testes dos componentes internos. Seguem os quadros.

Quadro 7 – Medida geral de Kaiser-Meyer-Olkin KMO ≥0,95, classificações de "maravilhoso" a "maravilhoso". Teste de esfericidade de Bartlett significativo (p <0,0005), estatisticamente favoráveis

Teste de KMO e Bartlett		
Medida Kaiser-Meyer-Olkin de adequação de amostragem.		.955
Teste de esfericidade de Bartlett	Aprox. Qui-quadrado	12279.591
	gl	946
	Sig.	.000

Fonte: elaborado pelo autor com base nos dados de SPSS - IBM (2020).

Quadro 8 – Dois componentes que explicaram 35,21% e 23,69%, da variância total, com variância cumulativa de 58,90%

Variância total explicada					
Componente	Autovalores iniciais			Somas de rotação de carregamentos ao quadrado		
1	22.96	52.17	52.17	15.49	**35.21**	**35.21**
2	2.96	6.73	58.90	10.42	**23.69**	**58.90**
Método de Extração: análise de Componente Principal.						

Fonte: elaborado pelo autor com base nos dados de SPSS - IBM (2020)

Foi realizada uma análise de estatística descritiva de frequência nas três subescalas de Satisfação conjugal para se obter o resultado médio, mediano, mínimo e máximo do total dos pesquisados, indicando as áreas de satisfação conjugal com o cônjuge, consigo mesmo e em áreas do casal. A média em Satisfação conjugal com o Outro, $\mu=63.95$; Consigo Mesmo, $\mu=65.14$; e entre o Casal, $\mu=63.69$. A mediana em Satisfação conjugal com o Outro, $Md=65.50$; Consigo Mesmo, $Md=67$; e entre o Casal, $Md=64$. A pontuação mínima em Satisfação conjugal com o Outro, 19; Consigo Mesmo, 15; e entre o Casal, 17. A máxima em Satisfação conjugal com o Outro, 84; Consigo Mesmo, 84; e entre o Casal, 96, conforme o Quadro 9.

Quadro 9 – Estatísticas descritivas: Medidas de centralidade Média, Mediana, Mínimo e Máximo nas subescalas de satisfação conjugal

Estatísticas		Satisfação Conjugal Outro	Satisfação Conjugal Próprio	Satisfação Conjugal Casal
N	Válido	282	282	282
	Omisso	0	0	0
Média		63.95	65.14	63.69
Mediana		65.50	67.00	64.00
Mínimo		19.00	15.00	17.00
Máximo		84.00	84.00	96.00

Fonte: elaborado pelo autor com base nos dados de SPSS - IBM (2020)

Gráfico 12 – Distribuição Assimétrica à esquerda (valores abaixo da média). Subescala áreas do Outro

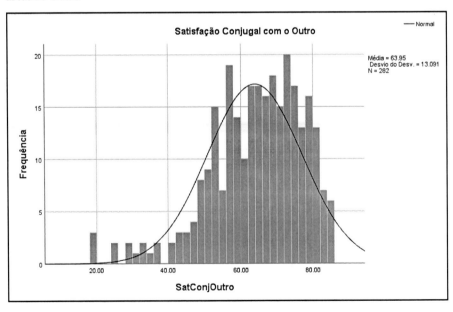

Fonte: elaborado pelo autor com base nos dados de SPSS - IBM (2020)

Gráfico 13 – Distribuição Assimétrica à esquerda (valores abaixo da média). Subescala áreas Si Próprio

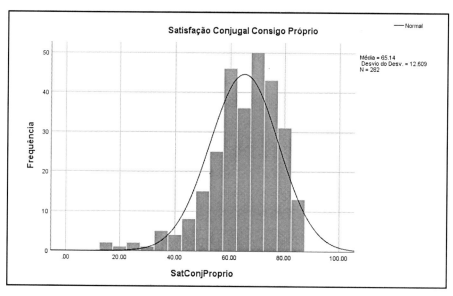

Fonte: elaborado pelo autor com base nos dados de SPSS - IBM (2020)

Gráfico 14 – Distribuição Assimétrica à esquerda (valores abaixo da média). Subescala áreas do Casal

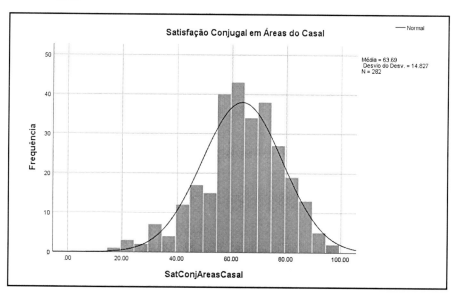

Fonte: elaborado pelo autor com base nos dados de SPSS - IBM (2020)

Entendendo os gráficos 12, 13 e 14. Imagine que você tem um monte de números e quer mostrar como eles estão distribuídos em um gráfico. Você pode usar um tipo de gráfico chamado de "distribuição assimétrica à esquerda". Esse gráfico tem um formato de L, com a parte maior do L no lado direito e a parte menor no lado esquerdo. Isso quer dizer que a maioria dos números está perto do lado direito, e que os números mais baixos são raros e ficam longe do meio. Nesse gráfico, você também pode calcular três medidas: a média, a mediana e a moda. A média é a soma de todos os números dividida pelo número de números. A mediana é o número do meio quando você coloca os números em ordem. A moda é o número que mais se repete. Nesse gráfico, a média é o menor desses três números, a mediana é o do meio, e a moda é o maior.

Como resultados gerais, foram vistos fortes relacionamentos entre a **paixão, intimidade e investimento/compromisso**, sendo que o fator **intimidade revelou-se um ponto forte entre as medidas da pesquisa.**

Não foram encontradas diferenças significativas entre o homem e a mulher. Segundo as pesquisadoras Narciso e Costa (1974), s/p. Para **a pontuação para marcar esta pesquisa, basta somar as respostas em todos os itens.**

Foi realizado o processamento de casos relacionados em tabulações cruzadas no SPSS versão 26 (IBM, 2020), todos os formulários foram preenchidos em 100% das questões, referentes à relação Satisfação Conjugal nas **subescalas nas Áreas da vida Conjugal; Foco no Outro; e Foco em Si Próprio** e sua relação quanto ao **tempo de casado** com suas faixas de anos de casamento, onde recodificou-se cada uma das escalas categoricamente para esse fim, configurando-as em grupos separados de até 10 anos de casados, de 11 a 20, de 21 a 30 e 31 anos de casados acima.

Na tabulação cruzada Tempo de Casados por faixa etária Geral, relacionada a Áreas do Outro, constatou-se, segundo o Gráfico 15, n=8, 2,8%, Pouco Satisfeito; n=18, 6,4%, Razoavelmente Satisfeito; n=106, 37,6%, Satisfeito; n=129, 45,7%, Muito Satisfeito; e n=21, 7,4%, Completamente Satisfeito.

Gráfico 15 – Subescala Tempo de Casados por faixa etária Geral, relacionada a Áreas do Outro *Valores Arredondados

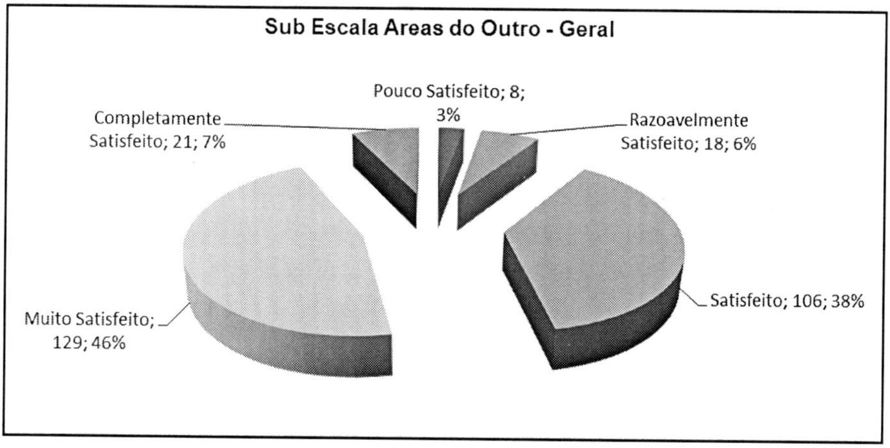

Sub Escala Areas do Outro - Geral

- Pouco Satisfeito; 8; 3%
- Completamente Satisfeito; 21; 7%
- Razoavelmente Satisfeito; 18; 6%
- Satisfeito; 106; 38%
- Muito Satisfeito; 129; 46%

Fonte: elaborado pelo autor com base nos dados de SPSS - IBM (2020) e (Excel 2013)

Separados por faixas etárias em tempo de casados específicos, dentro da Subescala Áreas do Outro, foi verificado que na faixa etária até 10 anos de casados, foram n=2, 0,7%, Pouco Satisfeito; n=2, 0,7%, Razoavelmente Satisfeito; n=22, 7,8%, Satisfeito; n=14, 5%, Muito Satisfeito; e n=1, 0,4%, Completamente Satisfeito. Na faixa etária de 11 a 20 anos de casados: n=2, 0,7%, Pouco Satisfeito; n=5, 18%, Razoavelmente Satisfeito; n=20, 7,1%, Satisfeito; n=29, 10,3%, Muito Satisfeito; e n=4, 1,4%, Completamente Satisfeito. Na faixa etária de 21 a 30 anos acima de casados: n=1, 0,4%, Pouco Satisfeito; n=5, 18%, Razoavelmente Satisfeito; n=35, 12,4%, Satisfeito; n=50, 17,7%, Muito Satisfeito; e n=10, 3,5%, conforme Quadro 10.

Quadro 10 – Tabulação cruzada Tempo Casado * Subescala Áreas do Outro

			Subescala Áreas do Outro					
			Pouco Satisfeito	Razoa-velmente Satisfeito	Satisfeito	Muito Satisfeito	Comple-tamente Satisfeito	Total
Tempo Casado	Até 10 anos	Contagem	2	2	22	14	1	41
		Tempo Casado	4.9%	4.9%	53.7%	34.1%	2.4%	100%
		Áreas do Outro	25.0%	11.1%	20.8%	10.9%	4.8%	14.5%
		% do Total	0.7%	0.7%	7.8%	5.0%	0.4%	14.5%
	11 a 20	Contagem	2	5	20	29	4	60
		Tempo Casado	3.3%	8.3%	33.3%	48.3%	6.7%	100%
		Áreas do Outro	25.0%	27.8%	18.9%	22.5%	19.0%	21.3%
		% do Total	0.7%	1.8%	7.1%	10.3%	1.4%	21.3%
	21 a 30	Contagem	1	5	35	50	10	101
		Tempo Casado	1.0%	5.0%	34.7%	49.5%	9.9%	100%
		Áreas do Outro	12.5%	27.8%	33.0%	38.8%	47.6%	35.8%
		% do Total	0.4%	1.8%	12.4%	17.7%	3.5%	35.8%
	31 acima	Contagem	3	6	29	36	6	80
		Tempo Casado	3.8%	7.5%	36.3%	45.0%	7.5%	100%
		Áreas do Outro	37.5%	33.3%	27.4%	27.9%	28.6%	28.4%
		% do Total	1.1%	2.1%	10.3%	12.8%	2.1%	28.4%

Fonte: elaborado pelo autor com base nos dados de SPSS - IBM (2020)

Gráfico 16 – Subescala Áreas de Si Próprio, Tempo de Casados por faixa etária Geral. Dados Arredondados.

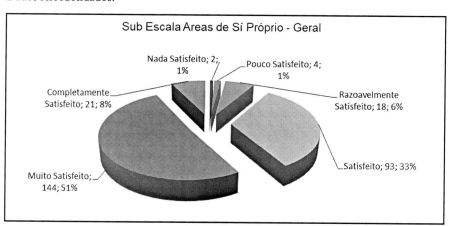

Fonte: elaborado pelo autor com base nos dados de SPSS - IBM (2020) e (Excel 2013)

Na tabulação cruzada Tempo de Casados por faixa etária Geral, relacionada a **Áreas de Si Próprio**, constatou-se, segundo o Gráfico 16, n=2, 0,7%, Nada Satisfeito; n=4, 1,4%, Pouco Satisfeito; n=18, 6,4%, Razoavelmente Satisfeito; n=93, 33%, Satisfeito; n=144, 51,1%, Muito Satisfeito; e n=21, 7,4%, Completamente Satisfeito.

Separados por faixas etárias específicas dentro da Subescala de Si Próprio, foi verificado que na faixa etária até 10 anos de casados, foram n=0, 0%, Nada Satisfeito; n=2, 0,7%, Pouco Satisfeito; n=3, 1,1%, Razoavelmente Satisfeito, Satisfeito; n=16, 5,7%, Muito Satisfeito; e n=19, 6,7%, Completamente Satisfeito. Na faixa etária de 11 a 20 anos de casados: n=2, 0,7%, Pouco Satisfeito; n=5, 18%, Razoavelmente Satisfeito; n=20, 7,1%, Satisfeito; n=29, 10,3%, Muito Satisfeito; e n=4, 1,4%, Completamente Satisfeito. Na faixa etária de 21 a 30 anos acima de casados: n=1, 0,4%, Pouco Satisfeito; n=5, 18%, Razoavelmente Satisfeito; n=35, 12,4%, Satisfeito; n=50, 17,7%, Muito Satisfeito; e n=10, 3,5%, Completamente Satisfeito.

Quadro 11 – Tabulação cruzada Tempo Casado * Subescala Áreas de Si Próprio

			Subescala Áreas de Si Próprio						
			Nada Satisfeito	Pouco Satisfeito	Razoav. Satisfeito	Satisfeito	Muito Satisfeito	Completamente Satisfeito	Total
Tempo Casado	Até 10 anos	Contagem	0	2	3	16	19	1	41
		Tempo Casado	0.0%	4.9%	7.3%	39.0%	46.3%	2.4%	100%
		Si Próprio	0.0%	50.0%	16.7%	17.2%	13.2%	4.8%	14.5%
		% do Total	0.0%	0.7%	1.1%	5.7%	6.7%	0.4%	14.5%
	11 a 20	Contagem	0	1	3	18	35	3	60
		Tempo Casado	0.0%	1.7%	5.0%	30.0%	58.3%	5.0%	100%
		Si Próprio	0.0%	25.0%	16.7%	19.4%	24.3%	14.3%	21.3%
		% do Total	0.0%	0.4%	1.1%	6.4%	12.4%	1.1%	21.3%
	21 a 30 anos	Contagem	1	0	5	33	53	9	101
		Tempo Casado	1.0%	0.0%	5.0%	32.7%	52.5%	8.9%	100%
		Si Próprio	50.0%	0.0%	27.8%	35.5%	36.8%	42.9%	35.8%
		% do Total	0.4%	0.0%	1.8%	11.7%	18.8%	3.2%	35.8%
	31 acima	Contagem	1	1	7	26	37	8	80
		Tempo Casado	1.3%	1.3%	8.8%	32.5%	46.3%	10.0%	100%
		Si Próprio	50.0%	25.0%	38.9%	28.0%	25.7%	38.1%	28.4%
		% do Total	0.4%	0.4%	2.5%	9.2%	13.1%	2.8%	28.4%
Total		Contagem	2	4	18	93	144	21	282
		Tempo Casado	0.7%	1.4%	6.4%	33.0%	51.1%	7.4%	100%
		Si Próprio	100%	100%	100%	100%	100%	100%	100%
		% do Total	0.7%	1.4%	6.4%	33.0%	51.1%	7.4%	100%

Fonte: elaborado pelo autor com base nos dados de SPSS - IBM (2020)

Na tabulação cruzada Tempo de Casados por faixa etária Geral, relacionada a Áreas de Áreas do Casal, constatou-se, segundo o Gráfico 17, n=12, 4,3%, Pouco Satisfeito; n=32, 11,3%, Razoavelmente Satisfeito;

n=100, 35,5%, Satisfeito; n=104, 36,9%, Muito Satisfeito; e n=34, 12,1%, Completamente Satisfeito.

Gráfico 17 – Subescala Áreas do Casal, relacionada à faixa etária geral entre os casados.

Dados arredondados

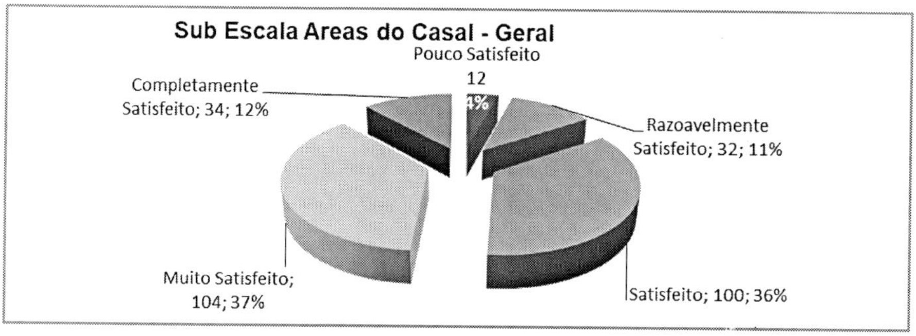

Sub Escala Areas do Casal - Geral

- Completamente Satisfeito; 34; 12%
- Pouco Satisfeito 12 4%
- Razoavelmente Satisfeito; 32; 11%
- Muito Satisfeito; 104; 37%
- Satisfeito; 100; 36%

Fonte: elaborado pelo autor com base nos dados de SPSS - IBM (2020) e (Excel 2013)

Separados por Tempo de Casado específicos dentro da Subescala Áreas do Casal, foi verificado na faixa etária até 10 anos de casados: n=2, 0,7%, Pouco Satisfeito; n=7, 2,5%, Razoavelmente Satisfeito; n=19, 6,7% Satisfeito; n=11, 3,9%, Muito Satisfeito; e n=2, 0,7%; Completamente Satisfeito. Na faixa etária de 11 a 20 anos de casados, n=2, 0,7%, Pouco Satisfeito; n=6, 2,1%, Razoavelmente Satisfeito; n=21, 7,4%, Satisfeito; n=24, 8,5%, Muito Satisfeito; e n=7, 2,5%, Completamente Satisfeito. Na faixa etária de 21 a 30 anos acima de casados: n=31, 1,1%, Pouco Satisfeito; n=10, 3,5%, Razoavelmente Satisfeito; n=34, 12,1%, Satisfeito; n=40, 14,2%, Muito Satisfeito, e n=14, 5,0%. Na faixa etária de 31 anos acima de casados: n=5, 1,8%, Pouco Satisfeito; n=9, 3,2%, Razoavelmente Satisfeito; n=26, 9,2%, Satisfeito; n=29, 10,3%, Muito Satisfeito; e n=11, 3,9%, Completamente Satisfeito.

Quadro 12 – Tabulação cruzada Tempo Casado *Subescala Áreas do Casal, relacionada à faixa etária por tempo de casados

			Subescala Áreas do Casal				
			Pouco Satisfeito	Razoavelmente Satisfeito	Satisfeito	Muito Satisfeito	Completamente Satisfeito	Total
Tempo Casado	Até 10 anos	Contagem	2	7	19	11	2	41
		Tempo Casado	4.9%	17.1%	46.3%	26.8%	4.9%	100%
		Áreas do Casal	16.7%	21.9%	19.0%	10.6%	5.9%	14.5%
		% do Total	0.7%	2.5%	6.7%	3.9%	0.7%	14.5%
	11 a 20 anos	Contagem	2	6	21	24	7	60
		Tempo Casado	3.3%	10.0%	35.0%	40.0%	11.7%	100%
		Áreas do Casal	16.7%	18.8%	21.0%	23.1%	20.6%	21.3%
		% do Total	0.7%	2.1%	7.4%	8.5%	2.5%	21.3%
	21 a 30 anos	Contagem	3	10	34	40	14	101
		Tempo Casado	3.0%	9.9%	33.7%	39.6%	13.9%	100%
		Áreas do Casal	25.0%	31.3%	34.0%	38.5%	41.2%	35.8%
		% do Total	1.1%	3.5%	12.1%	14.2%	5.0%	35.8%
	31 acima	Contagem	5	9	26	29	11	80
		Tempo Casado	6.3%	11.3%	32.5%	36.3%	13.8%	100%
		Áreas do Casal	41.7%	28.1%	26.0%	27.9%	32.4%	28.4%
		% do Total	1.8%	3.2%	9.2%	10.3%	3.9%	28.4%
Total		Contagem	12	32	100	104	34	282
		Tempo Casado	4.3%	11.3%	35.5%	36.9%	12.1%	100%
		Áreas do Casal	100%	100%	100%	100%	100%	100%
		% do Total	4.3%	11.3%	35.5%	36.9%	12.1%	100%

Fonte: elaborado pelo autor com base nos dados de SPSS - IBM (2020)

Separados por faixas etárias de vida dentro da Subescala Áreas do Outro, foi verificado que na faixa etária de vida até 40 anos, foram n=1, 0,4%, Pouco Satisfeito; n=4, 1,4%, Razoavelmente Satisfeito; n=23, 8,2%, Satisfeito; n=191, 6,7%, Muito Satisfeito; e n=2, 0,7%, Completamente Satisfeito. Na faixa etária de 41 a 60 anos de vida: n=6, 2,1%, Pouco Satisfeito; n=11, 3,9%, Razoavelmente Satisfeito; n=69, 24,5%, Satisfeito; n=83, 29,4%, Muito Satisfeito; e n=18, 6,45%, Completamente Satisfeito. Na faixa etária de 61 anos de vida acima: n=1, 0,4%, Pouco Satisfeito; n=3, 1,15%, Razoavelmente Satisfeito; n=14, 5,0%, Satisfeito; n=27, 9,6%, Muito Satisfeito; e n=1, 0,4%.

Quadro 13 – Tabulação cruzada Faixa Etária *Subescala Áreas do Outro

			Subescala Áreas do Outro					
			P.Satisfeito	Razoavelmente Satisfeito	Satisfeito	Muito Satisfeito	Completamente Satisfeito	Total
Faixa Etária	Até 40	Contagem	1	4	23	19	2	49
		Faixa Etária	2.0%	8.2%	46.9%	38.8%	4.1%	100%
		Áreas do Outro	12.5%	22.2%	21.7%	14.7%	9.5%	17.4%
		% do Total	0.4%	1.4%	8.2%	6.7%	0.7%	17.4%
	41 a 60	Contagem	6	11	69	83	18	187
		Faixa Etária	3.2%	5.9%	36.9%	44.4%	9.6%	100%
		Áreas do Outro	75.0%	61.1%	65.1%	64.3%	85.7%	66.3%
		% do Total	2.1%	3.9%	24.5%	29.4%	6.4%	66.3%
	61 acima	Contagem	1	3	14	27	1	46
		Faixa Etária	2.2%	6.5%	30.4%	58.7%	2.2%	100%
		Áreas do Outro	12.5%	16.7%	13.2%	20.9%	4.8%	16.3%
		% do Total	0.4%	1.1%	5.0%	9.6%	0.4%	16.3%

		Subescala Áreas do Outro					
		P.Satis-feito	Razoa-velmente Satisfeito	Satisfeito	Muito Satisfeito	Completamente Satisfeito	Total
Total	Contagem	8	18	106	129	21	282
	Faixa Etária	2.8%	6.4%	37.6%	45.7%	7.4%	100%
	Áreas do Outro	100%	100%	100%	100%	100%	100%
	% do Total	2.8%	6.4%	37.6%	45.7%	7.4%	100%

Fonte: elaborado pelo autor com base nos dados de SPSS - IBM (2020)

Na tabulação cruzada por Faixa Etária de vida, a faixa etária Geral, relacionada a Áreas de Si Próprio, constatou-se que, segundo o Gráfico 18, n=2, 0,7%, Nada Satisfeito; n=4, 1,4%, Pouco Satisfeito; n=18, 6,4%, Razoavelmente Satisfeito; n=93, 33,0%, Satisfeito; n=144, 51,1%, Muito Satisfeito; e n=21, 7,4%, Completamente Satisfeito.

Gráfico 18 – Subescala Áreas de Si Próprio, relacionada à faixa etária de vida geral entre os casados.
Dados arredondados

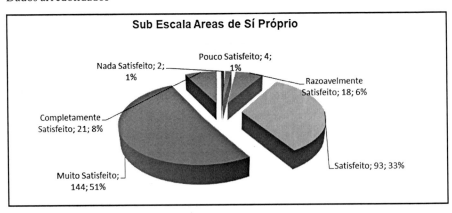

Fonte: elaborado pelo autor com base nos dados de SPSS - IBM (2020) e (Excel 2013)

Separados por faixas etárias de vida dentro da Subescala Áreas de Si Próprio, foi verificado na faixa etária de vida até 40 anos de vida: n=0, 0,0%, Nada Satisfeito; n=1, 0,4%, Pouco Satisfeito; n=3, 1,1%, Razoavelmente Satisfeito; n=18, 6,4%, Satisfeito; n=25, 8,9%, Muito Satisfeito; e n=2, 0,7%, Completamente Satisfeito. Na faixa etária de vida de 41 a 60 anos de vida: =2, 0,7%, Nada Satisfeito; n=2, 0,7%, Pouco Satisfeito; n=12, 4,3%, Razoavelmente Satisfeito; n=58, 20,6%, Satisfeito; n=95, 33,7%, Muito Satisfeito; e n=18, 6,4%, Completamente Satisfeito. Na faixa etária de 61 anos de vida acima: n=0, 0,0%, Nada Satisfeito; n=1, 0,4%, Pouco Satisfeito; n=3, 1,1%, Razoavelmente Satisfeito; n=17, 6,0%, Satisfeito; n=24, 8,5%, Muito Satisfeito; e n=1, 0,4%, Completamente Satisfeito.

Quadro 14 – Tabulação cruzada Faixa Etária *Subescala Áreas de Si Próprio
Dados não arredondados

			Subescala Áreas de Si Próprio						
			Nada Satisfeito	Pouco Satisfeito	Ra-zoav. Satisfeito	Satisfeito	Muito Satisfeito	Completamente Satisfeito	Total
Faixa Etária	Até 40	Contagem	0	1	3	18	25	2	49
		Faixa Etária	0.0%	2.0%	6.1%	36.7%	51.0%	4.1%	100%
		Si Próprio	0.0%	25.0%	16.7%	19.4%	17.4%	9.5%	17.4%
		% do Total	0.0%	0.4%	1.1%	6.4%	8.9%	0.7%	17.4%
	41 a 60	Contagem	2	2	12	58	95	18	187
		Faixa Etária	1.1%	1.1%	6.4%	31.0%	50.8%	9.6%	100%
		Si Próprio	100%	50.0%	66.7%	62.4%	66.0%	85.7%	66.3%
		% do Total	0.7%	0.7%	4.3%	20.6%	33.7%	6.4%	66.3%
	61 acima	Contagem	0	1	3	17	24	1	46
		Faixa Etária	0.0%	2.2%	6.5%	37.0%	52.2%	2.2%	100%
		Si Próprio	0.0%	25.0%	16.7%	18.3%	16.7%	4.8%	16.3%
		% do Total	0.0%	0.4%	1.1%	6.0%	8.5%	0.4%	16.3%

	Contagem	2	4	18	93	144	21	282
	Faixa Etária	0.7%	1.4%	6.4%	33.0%	51.1%	7.4%	100%
Total	Si Próprio	100%	100%	100%	100%	100%	100%	100%
	% do Total	0.7%	1.4%	6.4%	33.0%	51.1%	7.4%	100%

Fonte: elaborado pelo autor com base nos dados de SPSS - IBM (2020)

Na tabulação cruzada por Faixa Etária de vida, na faixa etária Geral, relacionada a Áreas do Casal, constatou-se, segundo o Gráfico 19, n=12, 4,3%, Pouco Satisfeito; n=32, 11,3%, Razoavelmente Satisfeito; n=100, 35,5%, Satisfeito; n=104, 36,9%, Muito Satisfeito; e n=34, 12,1%, Completamente Satisfeito.

Gráfico 19 – Subescala Áreas do Casal, relacionadas à faixa etária de vida geral. Dados arredondados

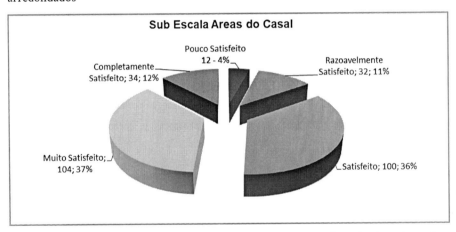

Fonte: elaborado pelo autor com base nos dados de SPSS - IBM (2020) e (Excel 2013)

Separados por faixas etárias de vida dentro da Subescala Áreas do Casal, foi verificado na faixa etária de vida até 40 anos de vida: n=1, 0,4%, Pouco Satisfeito; n=6, 2,1%, Razoavelmente Satisfeito; n=20, 7,1%, Satisfeito; n=16, 5,7%, Satisfeito; e n=6, 2,1%, Completamente Satisfeito. Na faixa etária de 41 até 60 anos de vida: n=9, 3,27%, Pouco Satisfeito; n=22, 7,8%, Razoavelmente Satisfeito; n=66, 23,4%, Satisfeito; n=68, 24,1%, Muito Satisfeito; e n=22, 7,8%, Completamente Satisfeito. Na faixa etária de 61 anos de vida acima: n=2, 0,7%, Pouco Satisfeito; n=4, 1,4%, Razoavelmente Satisfeito; n=14, 5,0%, Satisfeito; n=20, 7,1%, Muito Satisfeito; e n=6, 2,1%, Completamente Satisfeito.

Quadro 15 – Tabulação cruzada Faixa Etária *Subescala Áreas do Casamento
Dados não arredondados

			Subescala Áreas do Casal					
			Pouco Satis-feito	Razoa-vel-mente Satis-feito	Satis-feito	Muito Satis-feito	Com-pleta-mente Satis-feito	Total
Faixa Etária	Até 40	Contagem	1	6	20	16	6	49
		Faixa Etária	2.0%	12.2%	40.8%	32.7%	12.2%	100%
		Áreas do Casal	8.3%	18.8%	20.0%	15.4%	17.6%	17.4%
		% do Total	0.4%	2.1%	7.1%	5.7%	2.1%	17.4%
	41 a 60	Contagem	9	22	66	68	22	187
		Faixa Etária	4.8%	11.8%	35.3%	36.4%	11.8%	100%
		Áreas do Casal	75.0%	68.8%	66.0%	65.4%	64.7%	66.3%
		% do Total	3.2%	7.8%	23.4%	24.1%	7.8%	66.3%
	61 acima	Contagem	2	4	14	20	6	46
		Faixa Etária	4.3%	8.7%	30.4%	43.5%	13.0%	100%
		Áreas do Casal	16.7%	12.5%	14.0%	19.2%	17.6%	16.3%
		% do Total	0.7%	1.4%	5.0%	7.1%	2.1%	16.3%
Total		Contagem	12	32	100	104	34	282
		Faixa Etária	4.3%	11.3%	35.5%	36.9%	12.1%	100%
		Áreas do Casal	100%	100%	100%	100%	100%	100%
		% do Total	4.3%	11.3%	35.5%	36.9%	12.1%	100%

Fonte: elaborado pelo autor com base nos dados de SPSS - IBM (2020)

Na tabulação cruzada por Sexo, relacionado a Áreas do Outro, constatou-se segundo o Gráfico 20: n=8, 2,8%, Pouco Satisfeito, n=18, 6,43%, Razoavelmente Satisfeito, n=106, 37,6%, satisfeito, n=129, 45,7%, Muito Satisfeito e n=21, 7,4%, Completamente Satisfeito.

Gráfico 20 – Subescala Áreas do Outro, relacionada ao sexo geral entre os casados
Dados arredondados

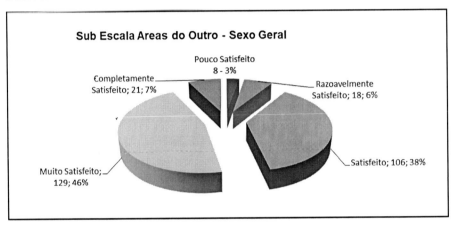

Fonte: elaborado pelo autor com base nos dados de SPSS - IBM (2020) e (Excel 2013)

Separados por sexo dos entrevistados, dentro da Subescala Áreas do Outro, foi verificado no sexo feminino: n=0, 0,0%, Pouco Satisfeito; n=8, 2,8%, Razoavelmente Satisfeito; n=44, 15,6%, Satisfeito; n=65, 23,0%, Satisfeito; e n=8, 2,8%, Completamente Satisfeito. No sexo masculino: n=8, 2,80%, Pouco Satisfeito; n=10, 3,5%, Razoavelmente Satisfeito; n=62, 22,0% Satisfeito; n=64, 22,7%, Satisfeito; e n=13, 4,6%, Completamente Satisfeito.

Quadro 16 – Tabulação cruzada por sexo * Subescala Áreas do Outro, relacionada ao sexo
Dados não arredondados

			Subescala Áreas do Outro					
			Pouco Satis-feito	Razoa-vel-mente Satisfeito	Satis-feito	Muito Satis-feito	Com-pleta-mente Satis-feito	Total
Sexo	Fem.	Contagem	0	8	44	65	8	125
		% em Sexo	0.0%	6.4%	35.2%	52.0%	6.4%	100%
		Áreas do Outro	0.0%	44.4%	41.5%	50.4%	38.1%	44.3%
		% do Total	0.0%	2.8%	15.6%	23.0%	2.8%	44.3%
	Masculino	Contagem	8	10	62	64	13	157
		% em Sexo	5.1%	6.4%	39.5%	40.8%	8.3%	100%
		Áreas do Outro	100%	55.6%	58.5%	49.6%	61.9%	55.7%
		% do Total	2.8%	3.5%	22.0%	22.7%	4.6%	55.7%
Total		Contagem	8	18	106	129	21	282
		% em Sexo	2.8%	6.4%	37.6%	45.7%	7.4%	100%
		Áreas do Outro	100%	100%	100%	100%	100%	100%
		% do Total	2.8%	6.4%	37.6%	45.7%	7.4%	100%

Fonte: elaborado pelo autor com base nos dados de SPSS - IBM (2020)

O gráfico de área a seguir é um tipo de gráfico que mostra a variação de uma ou mais quantidades ao longo do tempo ou de outra variável contínua. Nesse caso, o gráfico mostra a frequência de satisfação em diferentes áreas subescalas para pessoas casadas, separadas **por sexo e tempo casado**. Esse tipo de gráfico é útil para comparar as tendências e os padrões entre os grupos e as categorias.

Entre os pesquisados na área do outro, o sexo masculino demonstra-se menos satisfeito do que os pesquisados do sexo feminino, no que se refere à área sexual na categoria "pouco satisfeito" em todas as faixas etárias de idade. Até 10 anos de casado, de 10 a 20 anos, de 20 a 30 anos, de 30 a 40 e de 40 anos de casados acima. # A maioria dos homens e das mulheres está satisfeita ou muito satisfeita nas áreas do parceiro, mas há mais mulheres do que homens que estão completamente satisfeitas. # A satisfação nas áreas do parceiro tende a aumentar com o tempo casado, especialmente para as mulheres, que apresentam uma distribuição mais assimétrica à direita. # Há uma maior variabilidade na satisfação nas áreas do parceiro entre os casais que estão casados há menos de um ano, indicando que esse período pode ser mais crítico para a adaptação e o ajuste do relacionamento. # A satisfação nas áreas do parceiro pode depender de fatores como a comunicação, a intimidade, o respeito, a confiança, o apoio, a compatibilidade,

Gráfico 21 – Cruzamento de dados Sexo x Tempo de Casados por tempo de casados nas áreas do Outro

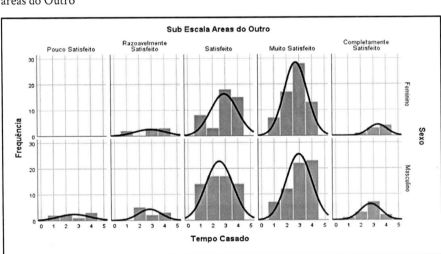

Fonte: elaborado pelo autor com base nos dados de SPSS - IBM (2020)

Relacionados a **Satisfeitos**, praticamente os dois sexos se encontram quase que iguais em termos de sexo por tempo de casamento com algumas diferenças no sexo feminino da faixa etária: de até 10 anos e 10 a 20 anos de casados, sentem-se menos satisfeitas relacionadas ao sexo no casamento nas áreas do outro; e os de sexo masculino nas faixas etárias de 20 a 30 anos e de 30 a 40 anos acima de casados, sentem-se menos satisfeitos nas áreas do outro relacionadas ao sexo por tempo de casados.

Em relação a **Muito Satisfeitos** na área sexual relacionada ao tempo de casados, tanto o sexo masculino quanto o feminino de até 10 anos de casados se sentem muito satisfeitos, o sexo feminino mais satisfeito que o masculino no grupo de 10 a 20 anos e 20 a 30 anos de casados que o masculino e o sexo masculino muito satisfeito na faixa de 30 a 40 anos acima de casados.

Em **Completamente Satisfeitos**, relacionados ao sexo e ao tempo de casados, o sexo masculino sente-se mais Completamente Satisfeito nas faixas etárias de até 10 anos, 10 a 20 anos, 20 a 30 anos de casados; e o sexo feminino sente-se mais satisfeito relacionado ao sexo e ao tempo de casados na faixa de 30 a 40 anos e acima. Na tabulação cruzada por Sexo, relacionado a **Áreas de Si Próprio**, constatou-se, segundo o Gráfico 22, n=2, 0,7%, Nada Satisfeito; n=4, 1,4%, Pouco Satisfeito; n=18, 6,43%, Razoavelmente Satisfeito; n=93, 33,0%, Satisfeito; n=144, 51,1%, Muito Satisfeito; e n=21, 7,4%, Completamente Satisfeito.

Gráfico 22 – Subescala Áreas de Si Próprio, relacionada ao sexo entre os casados. Dados arredondados

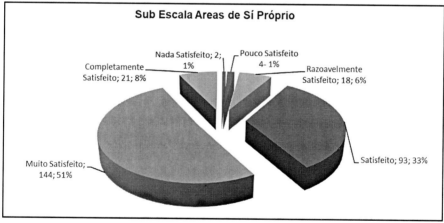

Fonte: elaborado pelo autor com base nos dados de SPSS - IBM (2020) e (Excel 2013)

Separando os entrevistados por sexo, dentro da Subescala **Áreas de Si Próprio**, foi verificado no sexo feminino: n=0, 0,0%, Pouco Satisfeito; n=0, 0,0%, Razoavelmente Satisfeito; n=13, 4,6%, Satisfeito; n=39, 13,8%, Satisfeito; e n=65, 23,08%, Completamente Satisfeito. No sexo masculino: n=2, 0,7%, Pouco Satisfeito; n=4, 1,4%, Razoavelmente Satisfeito; n=5, 1,8%, Satisfeito; n=54, 19,1%, Satisfeito; e n=79, 28,0%, Completamente Satisfeito.

Quadro 17 – Tabulação cruzada Sexo * Subescala Áreas de Si Próprio

			Subescala Áreas de Si Próprio						
			Nada Satisfeito	Pouco Satisfeito	Ra-zoav. Satisfeito	Satisfeito	Muito Satisfeito	Completamente Satisfeito	Total
Sexo	Feminino	Contagem	0	0	13	39	65	8	125
		% em Sexo	0.0%	0.0%	10.4%	31.2%	52.0%	6.4%	100%
		Áreas do Outro	0.0%	0.0%	72.2%	41.9%	45.1%	38.1%	44.3%
		% do Total	0.0%	0.0%	4.6%	13.8%	23.0%	2.8%	44.3%
	Masculino	Contagem	2	4	5	54	79	13	157
		% em Sexo	1.3%	2.5%	3.2%	34.4%	50.3%	8.3%	100%
		Áreas de Si Próprio	100%	100%	27.8%	58.1%	54.9%	61.9%	55.7%
		% do Total	0.7%	1.4%	1.8%	19.1%	28.0%	4.6%	55.7%
Total		Contagem	2	4	18	93	144	21	282
		% em Sexo	0.7%	1.4%	6.4%	33.0%	51.1%	7.4%	100%
		Áreas de Si Próprio	100%	100%	100%	100%	100%	100%	100%
		% do Total	0.7%	1.4%	6.4%	33.0%	51.1%	7.4%	100%

Fonte: elaborado pelo autor com base nos dados de SPSS - IBM (2020)

Conforme o Gráfico 23 e o Quadro 17, nota-se que os pesquisados do sexo masculino nas áreas de **Sí Próprio**, demonstram-se menos satisfeitos do que os pesquisados do sexo feminino nas categorias "Nada Satisfeito" e "Pouco Satisfeito" em todas as faixas etárias por tempo de casamento. O sexo feminino demonstra-se menos "Razoavelmente Satisfeito" na faixa etária de até 10 anos, 20 a 30 anos e 30 a 40 anos acima de casados do que os pesquisados do sexo masculino. O sexo masculino demonstra-se menos "Razoavelmente Satisfeito" na faixa etária de até 10 a 20 anos de casados do que os pesquisados do sexo feminino. Relacionado a Satisfeitos, o sexo masculino encontra-se mais" Satisfeito" nas faixas de até 10 anos, 10 a 20 anos e praticamente igual relacionado ao sexo feminino na faixa de 40 anos acima de casados; e o sexo feminino mais "Satisfeito" na faixa de 20 a 30 anos de casados.

Em relação a Muito Satisfeitos na área sexual relacionada ao tempo de casados, o sexo masculino sente-se "Muito Satisfeito" nas faixas de até 10 anos, 10 a 20 anos e de 40 anos acima de casados; e o sexo feminino praticamente empatado com o sexo masculino na faixa de 20 a 30 anos de casados relacionados ao sexo nas áreas de Si Próprio. Em Completamente Satisfeito, relacionados ao sexo e ao tempo de casados, o sexo masculino sente-se mais "Completamente Satisfeito" nas faixas etárias de até 10 anos, 10 a 20 anos, 20 a 30 anos de casados; e o sexo feminino sente-se mais Completamente Satisfeito relacionado ao sexo e ao tempo de casados na faixa de 40 anos de casados e acima.

Gráfico 23 – Cruzamento de dados Sexo x Tempo de Casados nas áreas de Si Próprio

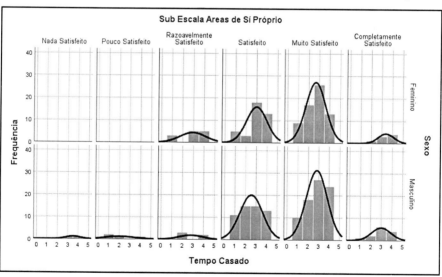

Fonte: elaborado pelo autor com base nos dados de SPSS - IBM (2020)

No Gráfico 23, a maioria de ambos os sexos está satisfeita ou muito satisfeita nas áreas de Si Próprio, mas há mais homens do que mulheres que estão completamente satisfeitos. # A satisfação nas áreas de Si Próprio tende a diminuir com o tempo de casados, especialmente para as mulheres, que apresentam uma distribuição mais assimétrica à esquerda. # Há uma maior variabilidade na satisfação nas áreas de Si Próprio entre os casais que estão casados há menos de um ano, indicando que esse período pode ser mais crítico para a adaptação e o ajuste do relacionamento. # A satisfação nas áreas de Si Próprio pode depender de fatores como a autoestima, a realização pessoal, o equilíbrio entre trabalho e lazer, a saúde física e mental.

O objetivo dos gráficos é mostrar como a satisfação nas áreas de Si Próprio varia entre os sexos masculino e feminino ao longo do tempo de casados. O gráfico permite comparar as frequências de diferentes níveis de satisfação em várias áreas de Si Próprio, e identificar possíveis fatores que afetam a satisfação. O gráfico também pode ser usado para avaliar a qualidade de vida e o bem-estar dos indivíduos casados.

Na tabulação cruzada por Sexo, relacionado a **Áreas do Casal**, constatou-se no geral, segundo o Gráfico 24, n=12, 4,3%, Pouco Satisfeito; n=32, 11,3%, Razoavelmente Satisfeito; n=100, 35,5%, Satisfeito; n=104, 36,9%, Muito Satisfeito; n=34, 12,1%, Completamente Satisfeito.

Gráfico 24 – Subescala Áreas de Áreas do Casal, relacionada ao sexo entre os casados. Dados arredondados

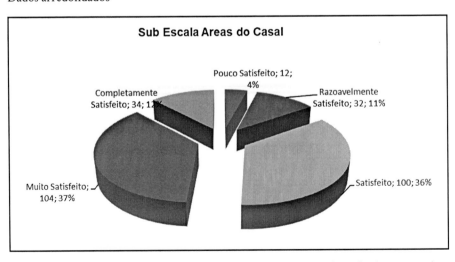

Fonte: elaborado pelo autor com base nos dados de SPSS - IBM (2020) e (Excel 2013)

Sendo os entrevistados separados por sexo, dentro da Subescala **Áreas do Casal**, foi verificado no sexo feminino: n=4, 1,4%, Pouco Satisfeito; n=15, 5,3%, Razoavelmente Satisfeito; n=49, 17,4%, Satisfeito; n=44, 15,6%, Satisfeito; e n=13, 4,6%, Completamente Satisfeito. No sexo masculino: n=8, 2,8%, Pouco Satisfeito; n=17, 6,0%, Razoavelmente Satisfeito; n=51, 18,1%, Satisfeito; n=60, 21,3%, Satisfeito; e n=21, 7,4%, Completamente Satisfeito.

Quadro 18 – Tabulação cruzada por sexo * Subescala Áreas do Casal. Dados não arredondados

			Subescala Áreas do Casal					
			Pouco Satisfeito	Razoavelmente Satisfeito	Satisfeito	Muito Satisfeito	Completamente Satisfeito	Total
Sexo	Feminino	Contagem	4	15	49	44	13	125
		% em Sexo	3.2%	12.0%	39.2%	35.2%	10.4%	100%
		Áreas do Casal	33.3%	46.9%	49.0%	42.3%	38.2%	44.3%
		% do Total	1.4%	5.3%	17.4%	15.6%	4.6%	44.3%
	Masculino	Contagem	8	17	51	60	21	157
		% em Sexo	5.1%	10.8%	32.5%	38.2%	13.4%	100%
		Áreas do Casal	66.7%	53.1%	51.0%	57.7%	61.8%	55.7%
		% do Total	2.8%	6.0%	18.1%	21.3%	7.4%	55.7%
Total		Contagem	12	32	100	104	34	282
		% em Sexo	4.3%	11.3%	35.5%	36.9%	12.1%	100%
		Áreas do Casal	100%	100%	100%	100%	100%	100%
		% do Total	4.3%	11.3%	35.5%	36.9%	12.1%	100%

Fonte: elaborado pelo autor com base nos dados de SPSS - IBM (2020)

Gráfico 25 – Cruzamento de dados Sexo x Tempo de Casados nas áreas do Casal

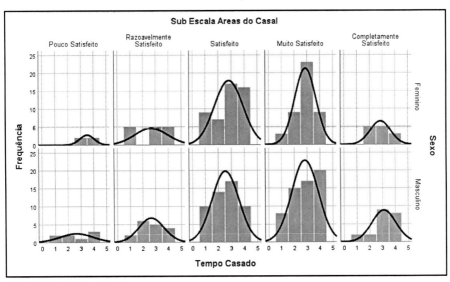

Fonte: elaborado pelo autor com base nos dados de SPSS - IBM (2020)

Conforme os Gráficos 25 e 26 e o Quadro 18, nota-se que os pesquisados do sexo masculino nas áreas do Casal, relacionadas ao sexo e ao tempo de casados, demonstram-se pouco satisfeitos que os pesquisados do sexo feminino, na categoria "Pouco Satisfeito" nas faixas etárias por tempo de casamento de até 10 anos, 10 a 20 anos e 30 a 40 anos e acima; e o sexo feminino demonstra-se menos satisfeito do que os pesquisados do sexo masculino na categoria "Pouco Satisfeito" na faixa etária por tempo de casamento de 20 a 30 anos.

Na categoria "Razoavelmente Satisfeito", o sexo feminino nas áreas do Casal, relacionado ao sexo e ao tempo de casados, demonstra-se menos satisfeito do que os pesquisados do sexo masculino nas faixas de até 10 anos, e de 30 a 40 anos acima de casados; e o sexo masculino nas áreas do Casal, relacionado ao sexo e ao tempo de casados, demonstra-se menos satisfeito na categoria "Razoavelmente Satisfeito" do que os pesquisados do sexo feminino nas faixas de 10 a 20 anos e praticamente igual na faixa de 20 a 30 anos de casados. Relacionado a "Satisfeito", o sexo Masculino encontra-se mais "Satisfeito" nas faixas de até 10 anos, 10 a 20 anos de casados, relacionado ao sexo feminino; e o sexo feminino encontra-se "Satisfeito" na faixa de 20 a 30 anos e 30 a 40 anos acima de casados em relação ao sexo masculino.

Em relação a "Muito Satisfeito" na área sexual relacionada ao tempo de casados, o sexo masculino sente-se "Muito Satisfeito" nas faixas de até 10 anos, 10 a 20 anos e de 40 anos acima de casados; e o sexo feminino sente-se "Muito Satisfeito" na faixa de 20 a 30 anos de casados relacionados ao sexo nas áreas de Casal. Em "Completamente Satisfeitos", relacionado ao sexo e ao tempo de casados, o sexo masculino sente-se mais "Completamente Satisfeito" nas faixas etárias de até 10 anos, 20 a 30 anos, 30 a 40 anos acima de casados; e o sexo feminino sente-se mais "completamente satisfeito" relacionado ao sexo e ao tempo de casados na faixa de 10 a 20 anos de casados.

Foi observado no relacionamento a tendência entre o sexo, masculino e feminino, a existência de diferenças significativas em algumas das áreas do estudo da satisfação conjugal denominadas por: Pouco Satisfeito, Razoavelmente Satisfeito, Satisfeito, Muito Satisfeito e Completamente Satisfeito, relacionadas com o sexo e o tempo de casados nas áreas do Outro. Segundo o Gráfico de linha 26, quanto maior o tempo de casados, mais satisfeitos e completamente satisfeitos se encontram na **Área do Outro,** com o sexo feminino observados tendências a maiores índices de completamente satisfeito, e o sexo masculino observados tendências de maiores índices de muito satisfeitos, ressaltando alguns casos isolados na área do Outro o sexo masculino com tendências a pouco satisfeito e o sexo feminino observados tendências de maiores índices de completamente satisfeitos com alguns casos isolados razoavelmente satisfeito.

Gráfico 26 – Empilhamento de Dados Cruzados, relacionados ao Sexo, à Média de tempo de Casados e à Área do Outro

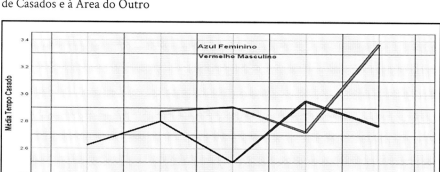

Fonte: elaborado pelo autor com base nos dados de SPSS - IBM (2020)

Relacionados com o sexo e o tempo de casados nas áreas de **Si Próprio**, foi constatado, segundo o Gráfico de linha 27, que quanto maior o tempo de casados, mais satisfeitos e completamente satisfeitos se encontram na área de Si Próprio, com o sexo feminino apresentando maiores índices em Razoavelmente Satisfeito, Satisfeito e Completamente Satisfeito; e o sexo masculino apresentando maiores índices com variação entre Nada Satisfeito, Pouco Satisfeito e Muito Satisfeito, ressaltando alguns casos isolados na área de Si Próprio, o sexo masculino mais tendente a nada satisfeito e pouco satisfeito.

Gráfico 27 – Empilhamento de Dados Cruzados, relacionados ao Sexo, à Média de tempo de Casados e à Área de si Próprio

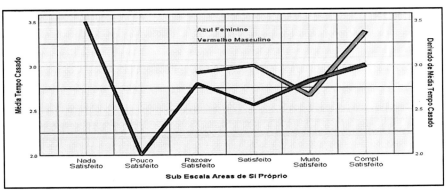

Fonte: elaborado pelo autor com base nos dados de SPSS - IBM (2020)

Relacionados com o sexo e o tempo de casados nas áreas do Casal, foi constatado, segundo o Gráfico de linha 28, que quanto maior o tempo de casados, o sexo feminino demonstrou-se em alguns casos isolados mais tendente a Pouco Satisfeito, se comparado ao sexo masculino, completamente satisfeito nas áreas do casal, ressaltando alguns casos isolados na área do casal, o sexo feminino mais tendente a pouco ou razoavelmente satisfeito.

Gráfico 28 – Empilhamento de Dados Cruzados, relacionados ao Sexo, à Média de tempo de Casados e à Área do Casal

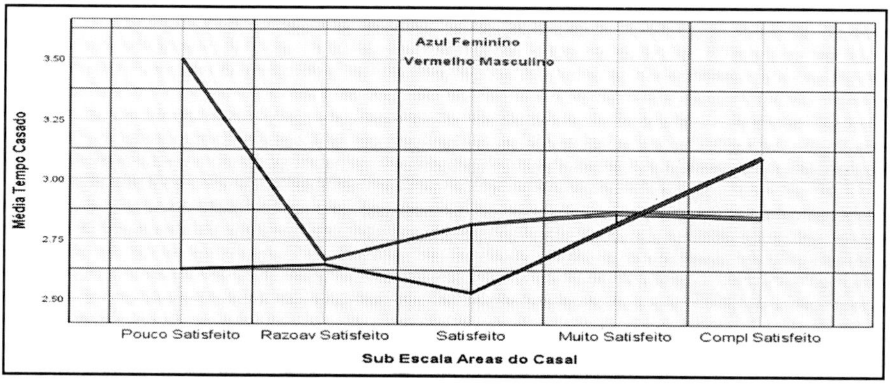

Fonte: elaborado pelo autor com base nos dados de SPSS - IBM (2020)

Observou-se, de acordo com os Gráficos 29 e 30, que a tendência global do sexo feminino nas **Áreas do Outro** é predominantemente mais forte e mais acentuada relacionada ao **sexo** em todas as faixas etárias, exceto por uma diferença mínima na faixa etária de 21 aos 30 anos de casados.

Gráfico 29 – Gráficos de perfil, Sexo, Tempo de Casado. Subescala Áreas do Outro

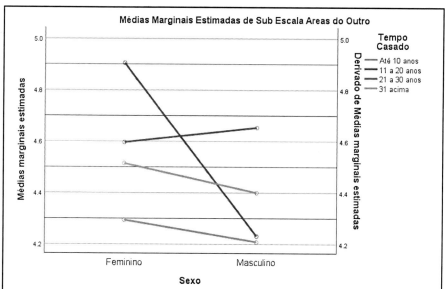

Fonte: elaborado pelo autor com base nos dados de SPSS - IBM (2020)

Gráfico 30 – Gráficos Sexo x Tempo de Casado. Subescala Áreas do Outro

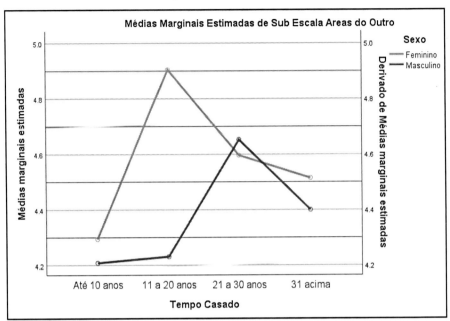

Fonte: elaborado pelo autor com base nos dados de SPSS - IBM (2020)

Foi observado na Análise Univariada de Variância (Anova) que, segundo Fisher (1915), é um método estatístico que pode testar se as médias de três ou mais grupos diferentes. Neste caso, os grupos são definidos pelo sexo masculino e feminino e a variável dependente é uma medida contínua, no caso áreas do Casal. A Anova compara a variação entre as médias dos grupos com a variação dentro dos grupos entre o sexo masculino e feminino, com fatores entre os sujeitos da estatística descritiva.

Observou-se, conforme os Gráficos 31 e 32, que a tendência global do sexo feminino na área do Casal é predominantemente mais forte e mais acentuada apenas na faixa etária de 11 a 20 anos de casados; e o sexo masculino mais predominantemente e mais acentuado nas faixas etárias de tempo de casados entre até 10 anos, 21 a 30 anos e 31 anos.

Gráfico 31 – Gráficos de perfil, Sexo x Faixa Etária. Subescala Áreas do Casal

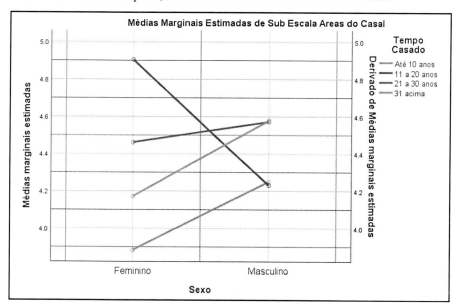

Fonte: elaborado pelo autor com base nos dados de SPSS - IBM (2020)

Gráfico 32 – Gráficos de perfil em linhas, Sexo x Faixa Etária. Áreas do Casal

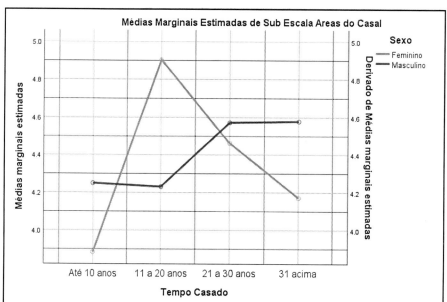

Fonte: elaborado pelo autor com base nos dados de SPSS - IBM (2020)

Após a análise descritiva das variáveis da Escala de Avaliação da Satisfação nas Áreas da Vida Conjugal, observou-se as médias com a soma, mínimo e máximo em cada pergunta do questionário da escala. Constatou-se que as **10 áreas mais satisfeitas na vida conjugal são:**

Quadro 19 – Avaliação da Satisfação Conjugal em Áreas da Vida Conjugal. As 10 Zonas Mais Satisfeitas

		Média
1ª - 31 - EASAVIC	A confiança que tenho no meu cônjuge	5.33
2ª - 32 - EASAVIC	A confiança que o meu cônjuge tem em mim	5.28
3ª - 33 - EASAVIC	A admiração que sinto pelo meu cônjuge	5.18
4ª - 19 - EASAVIC	O que sinto pelo meu cônjuge	5.17
5ª - 34 - EASAVIC	A admiração que o meu cônjuge sente por mim	5.05
6ª - 20 - EASAVIC	O que o meu cônjuge sente por mim	4.98
7ª - 40 - EASAVIC	As expectativas do meu cônjuge quanto ao futuro da nossa relação.	4.89
8ª - 39 - EASAVIC	As minhas expectativas quanto ao futuro da nossa relação.	4.88
9ª - 26 - EASAVIC	O prazer que sinto quando temos relações sexuais	4.81
10ª - 27 - EASAVIC	O prazer que o meu cônjuge sente quando temos relações sexuais.	4.80

Fonte: elaborado pelo autor com base nos dados de SPSS - IBM (2020) e Excel (2013)

Das três subescalas de Satisfação Conjugal, somente as subescalas áreas **do Outro** e as de áreas de **Si Próprio** foram observadas entre as 10 zonas mais satisfeitas. **Preocupante foi que a Área do Casal ficou de fora.**

Gráfico 33 – Avaliação da Satisfação Conjugal em Áreas da Vida Conjugal. As 10 Zonas Mais Satisfeitas

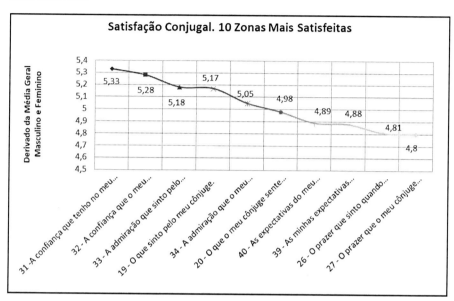

Fonte: elaborado pelo autor com base nos dados de SPSS - IBM (2020)

A observação do Gráfico de linhas 33, relacionados à zona de maior satisfação conjugal, correlacionado ao sexo masculino e feminino, verificou-se que não existem grandes diferenças significativas nas médias dos quesitos da zona de maiores satisfações em áreas da vida conjugal, destacando-se as subescalas com o **foco no Outro** e as subescalas com o **foco em Si Próprio**.

Segundo Narciso e Costa (1996), nas subescalas da escala Easavic, os construtos são formados por **Funções Familiares** (FF), **Tempo Livre** (TL), **Autonomia** (AUT), **Relações Extrafamiliares** (REF), **Comunicação e Conflito** (CC), **Sentimentos e Expressão de Sentimentos** (SES), **Sexualidade** (SEX), **Intimidade Emocional** (IE), **Continuidade** (C), **Características Físicas e Psicológicas** (CFP), **considerando ainda áreas que refletem a conjugabilidade do casal** (FF, TL, AUT, REF, CC) **e áreas da conjugabilidade relacionadas ao amor** (SES, SEX, IE, C e CEP).

Gráfico 34 – Avaliação da Satisfação Conjugal em Áreas da Vida Conjugal por Sexo. As 10 Zonas Mais Satisfeitas

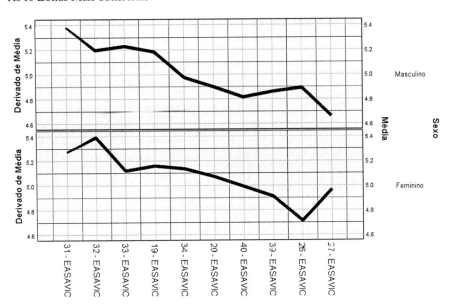

Fonte: elaborado pelo autor com base nos dados de SPSS - IBM (2020)

Após a comparação geral na escala de Satisfação nas Áreas da Vida Conjugal, foi observada a diferença através do gráfico de linhas cruzadas para melhor compreender as tendências dos sexos masculino e feminino em cada item entre as 10 maiores pontuações do Gráfico de linhas, relacionadas à zona de maior satisfação conjugal, quanto aos sexos masculino e feminino. Verificou-se que não existem grandes diferenças significativas nas médias dos quesitos, contudo, com um estudo mais profundo, podemos observar a tendência **do sexo feminino com uma breve superioridade nos quesitos:**

31- **A confiança que tenho no meu cônjuge;**

32 - **A confiança que o meu cônjuge tem em mim;**

33 - **A admiração que sinto pelo meu cônjuge;**

19 - **O que sinto pelo meu cônjuge;**

34 - **A admiração que o meu cônjuge sente por mim;**

20 - **O que o meu cônjuge sente por mim;**

40 - **As expectativas do meu cônjuge quanto ao futuro da nossa relação;**

26 - **O prazer que sinto quando temos relações sexuais; e**

27 - **O prazer que o meu cônjuge sente quando temos relações sexuais.**

Gráfico 35 – Avaliação da Satisfação Conjugal em Áreas da Vida Conjugal por Sexo. As 10 Zonas Mais Satisfeitas, correlacionas em média

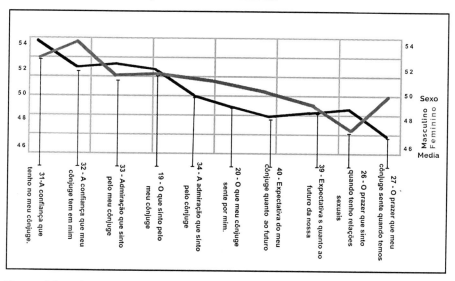

Fonte: elaborado pelo autor com base nos dados de SPSS - IBM (2020)

Também foi observada na análise descritiva das variáveis da escala de avaliação da Satisfação nas Áreas da Vida Conjugal, conforme o Quadro 20 e o Gráfico 36, que as **10 áreas *menos satisfeitas* na vida conjugal são todas pertencentes à Subescala áreas do Casal:**

18 - **O modo como resolvemos os conflitos,** $\mu=4,10$;

7 - **O modo como nos relacionamos com os amigos,** $\mu=4,09$;

3 - **O modo como tomamos decisões,** $\mu=4,05$;

4 - **A distribuição de responsabilidades,** $\mu=3,96$;

25 - **A frequência com que temos relações sexuais,** $\mu=3,77$;

2 - **A distribuição de tarefas domésticas,** $\mu=3,67$;

5 - **O modo como passamos os tempos livres,** $\mu=3,63$;

17 - **A frequência dos conflitos que temos,** $\mu=3,59$;

1 - **O modo como gerimos a nossa situação financeira,** $\mu=3,58$;

6 - **A quantidade de tempos livres,** $\mu=3,29$; conforme Quadro 4 e Gráfico 25.

Quadro 20 – Avaliação da Satisfação Conjugal em Áreas da Vida Conjugal
As 10 Zonas Menos Satisfeitas

	Estatística Descritiva	**Média**
35ª - 18 - EASAVIC	**O modo como resolvemos os conflitos**	4.10
36ª - 7 - EASAVIC	**O modo como nos relacionamos com os amigos**	4.09
37ª - 3 - EASAVIC	**O modo como tomamos decisões**	4.05
38ª - 4 - EASAVIC	**A distribuição de responsabilidades**	3.96
39ª - 25 -EASAVIC	**A frequência com que temos relações sexuais**	3.77
40ª - 2 - EASAVIC	**A distribuição de tarefas domésticas**	3.67
41ª - 5 - EASAVIC	**O modo como passamos o tempo livre**	3.63
42ª - 17 - EASAVIC	**A frequência dos conflitos que temos**	3.59
43ª - 1 - EASAVIC	**O modo como gerimos a nossa situação financeira.**	3.58
44ª - 6 - EASAVIC	**A quantidade de tempo livre**	3.29

Fonte: elaborado pelo autor com base nos dados de SPSS - IBM (2020)

Gráfico 36 – Avaliação da Satisfação Conjugal em Áreas da Vida Conjugal
As 10 Zonas menos satisfeitas no Geral

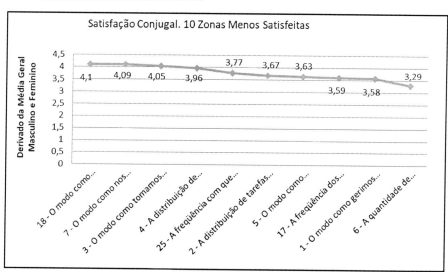

Fonte: elaborado pelo autor com base nos dados de SPSS - IBM (2020)

A partir da observação do Gráfico de linhas 36, relacionado à **zona de Menor satisfação conjugal**, correlacionado ao sexo masculino e ao feminino, verificou-se que não existem grandes diferenças significativas nas médias dos quesitos da **zona de menores satisfações em áreas da vida conjugal**, destacando-se a <u>tendência negativamente para a subescalas com o foco no Casal</u>.

Confirmando os resultados do Gráfico 36 e do Quadro 20, desta mesma pesquisa. Considerando ainda áreas que refletem a **conjugabilidade do casal** (FF, TL, AUT, REF, CC) e **áreas da conjugabilidade relacionadas ao amor** (SES, SEX, IE, C e CEP), dentre os 16 itens que estão focados no casal.

No construto das áreas que refletem a conjugabilidade do casal (FF, TL, AUT, REF, CC) observaram-se os itens: comunicação e conflito, 18 - O modo como resolvemos os conflitos, Relações Extrafamiliares, 7 - O modo como nos relacionamos com os amigos, 3 - O modo como tomamos decisões, 4 - A distribuição de responsabilidades, 25 - A frequência com que temos relações sexuais, 2 - A distribuição de tarefas domésticas, 5 - O modo como passamos o tempo livre, 17 - A frequência dos conflitos que temos, 1 - O modo como gerimos a nossa situação financeira e 6 - A quantidade de tempo livre.

Gráfico 37 – Avaliação da Satisfação Conjugal em Áreas da Vida Conjugal por Sexo
As 10 Zonas Menos Satisfeitas

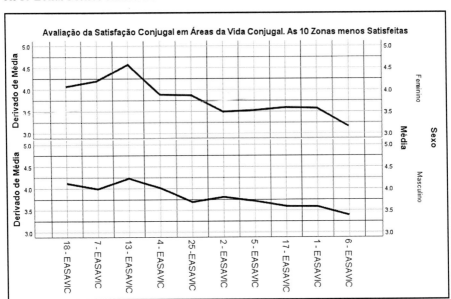

Fonte: elaborado pelo autor com base nos dados de SPSS - IBM (2020)

Após a comparação geral na escala de Satisfação nas Áreas da Vida Conjugal, foi observada a diferença através do gráfico de linhas cruzadas para melhor compreender as tendências dos sexos masculino e feminino em cada item entre as **10 menores pontuações do Gráfico de linhas 37**, relacionados à **zona de menor satisfação conjugal, correlacionado ao sexo masculino e feminino,** verificou-se que existem diferenças significativas nas médias dos quesitos. Contudo, para um estudo mais profundo, conforme o **Gráfico 37**, podemos observar a tendência do sexo feminino com uma breve superioridade nos quesitos:

07 - O modo como nos relacionamos com os amigos;

13 - A nossa relação com a profissão do meu cônjuge;

25 - A frequência com que temos relações sexuais.

Enquanto o sexo masculino com uma breve superioridade nos quesitos:

02 - A distribuição de tarefas domésticas;

04 - A distribuição de responsabilidades;
05 - O modo como passamos o tempo livre; e
06 - A quantidade de tempo livre.

Gráfico 38 – Avaliação da Satisfação Conjugal em Áreas da Vida Conjugal por Sexo.

As 10 Zonas Menos Satisfeitas, correlacionadas em média

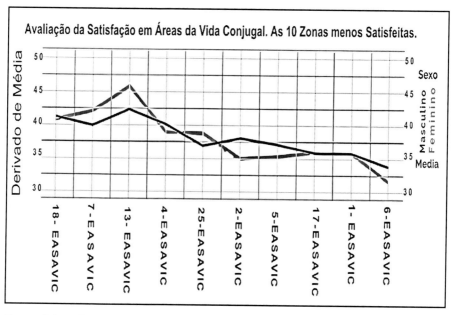

Fonte: elaborado pelo autor com base nos dados de SPSS - IBM (2020)

Observou-se no Gráfico 39 de aproximação de correlação, onde o agrupamento das variáveis com suas respectivas correlações, destacou-se as 10 maiores zonas de Satisfação Conjugal, **mais voltadas para o centro do gráfico**, que é correspondente ao centro da Satisfação nas Áreas da Vida Conjugal, com as 10 Zonas Mais Satisfeitas e as 10 Zonas Menos Satisfeitas. A seguir, Gráfico Espiral 39

Gráfico 39 – Avaliação da Satisfação nas Áreas da Vida Conjugal. Aproximação com a SATISFAÇÃO.
As 10 Zonas Mais Satisfeitas e as 10 Zonas Menos Satisfeitas

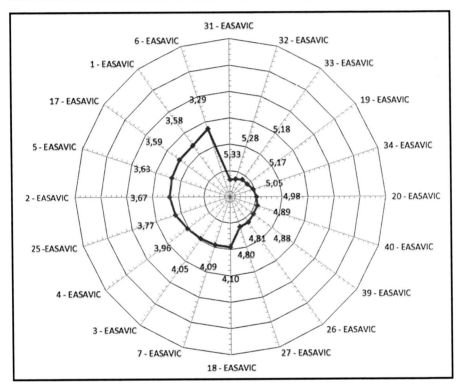

Fonte: elaborado pelo autor (IBM, 2020)

Quadro 21 – Classificação geral das Zonas das áreas da Satisfação Conjugal

Classificação das 44 Zonas da Satisfação Conjugal	Média
31 - A confiança que tenho no meu cônjuge	5,33
32 - A confiança que o meu cônjuge tem em mim	5,28
33 - A admiração que sinto pelo meu cônjuge	5,18
19 - O que sinto pelo meu cônjuge	5,17
34 - A admiração que o meu cônjuge sente por mim	5,05
20 - O que o meu cônjuge sente por mim	4,98

40 - As expectativas do meu cônjuge quanto ao futuro da nossa relação	4,89
39 - As minhas expectativas quanto ao futuro da nossa relação	4,88
26 - O prazer que sinto quando temos relações sexuais	4,81
27 - O prazer que o meu cônjuge sente quando temos relações sexuais	4,8
23 - O desejo sexual que sinto pelo meu cônjuge	4,62
41 - O aspecto físico do meu cônjuge	4,57
36 - A atenção que dedico aos interesses do meu cônjuge	4,54
21 - O modo como expresso o que sinto pelo meu cônjuge	4,53
28 - A qualidade das nossas relações sexuais	4,48
22 - O modo como o meu cônjuge expressa o que sente por mim	4,47
30 - O apoio emocional que o meu cônjuge me dá	4,45
38 - Os nossos projetos para o futuro	4,45
42 - A opinião que o meu cônjuge tem sobre o meu aspecto físico	4,42
35 - A partilha de interesses e atividades	4,4
13 - A nossa relação com a profissão do meu cônjuge	4,39
24 - O desejo sexual que o meu cônjuge sente por mim	4,38
12 - A nossa relação com a minha profissão	4,32
14 - A frequência com que conversamos	4,3
11 - A privacidade e autonomia do meu cônjuge	4,28
37 - A atenção que o meu cônjuge dedica aos meus interesses	4,28
10 - A minha privacidade e autonomia	4,2
43 - As características e hábitos do meu cônjuge	4,19
44 - A opinião que o meu cônjuge tem sobre as minhas características e hábitos	4,18
15 - O modo como conversamos	4,17
16 - Os assuntos sobre os quais conversamos	4,16

9 - O modo como nos relacionamos com a minha família	4,14
8 - O modo como nos relacionamos com a família do meu cônjuge	4,12
18 - O modo como resolvemos os conflitos	4,1
7 - O modo como nos relacionamos com os amigos	4,09
3 - O modo como tomamos decisões	4,05
4 - A distribuição de responsabilidades	3,96
25 - A frequência com que temos relações sexuais	3,77
2 - Distribuição de tarefas domésticas	3,67
5 - O modo como passamos o tempo livre	3,63
17 - A frequência dos conflitos que temos	3,59
1 - O modo como gerimos a nossa situação financeira	3,58
6 - A quantidade de tempo livre	3,29

Fonte: elaborado pelo autor com base nos dados de SPSS - IBM (2020)

Gráfico 40 – Avaliação da Satisfação Conjugal em Áreas da Vida. Aproximação com a SATISFAÇÃO

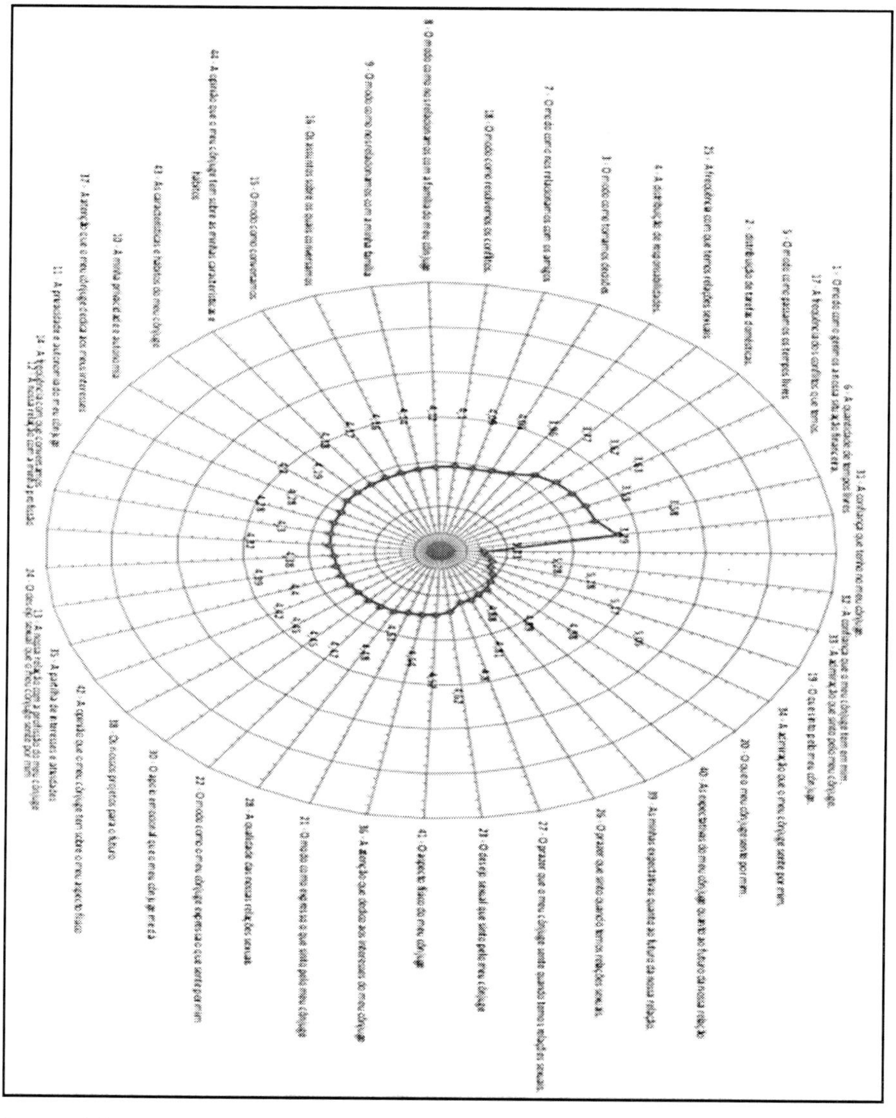

Fonte: elaborado pelo autor com base nos dados de SPSS - IBM (2020)

No Quadro 21 e Gráfico 40 segue a classificação geral de todas as 44 áreas da vida conjugal e abaixo o quadro categoricamente dividido pelos assuntos. **Quanto mais perto do centro do gráfico, melhor foi a colo-**

cação relacionada à Satisfação Conjugal na pergunta do questionário com os pesquisados e a média geral de cada pergunta, que levou a conclusão desta pesquisa relacionada à Satisfação nas Áreas da Vida Conjugal no geral.

Não é exagero afirmar que o sexo e outros fatores pesquisados, são alguns dos elos protetores da conjugabilidade e é importante que o casal não abstenha o cônjuge desse relacionamento. Assim, preocupa o fato de que muitas uniões se desfazem, devido à necessidade sexual que lhes falta, ou por algum fator mencionado no Quadro 5 em "**ÁREAS DO OUTRO**", por exemplo, a maneira como olhamos o mundo:

> [...] a nossa cosmovisão é formada por muitas coisas: cultura, sexo, criação, situação atual, etc. (Harvey, 2007, p. 44-45).

Esse fator de como olhamos o mundo implica muito em nossas decisões, por isso temos que fazer um alinhamento da nossa vida em modus vivendi e confrontarmos os nossos pensamentos segundo o que a palavra de Deus nos orienta, evitando o achismo ou a falta de compatibilidade para tomarmos decisões contrárias ao que Cristo propôs para ao homem.

O desenvolvimento de técnicas inovadoras de estudos de aconselhamento voltados à Satisfação Conjugal Bíblica e Cristocêntrica, deve ser dirigido a uma estratégia específica, com orientação teológica experiente e experimentada em fatos para se obter melhores resultados. Dessa forma, a arte de aconselhar com o objetivo de Cristo ser o centro de tudo, deve ser feita principalmente por pessoas capacitadas teologicamente, com uma visão holística sobre o casamento e contextualizado com a palavra de Deus para poder aplicar os preceitos bíblicos com sabedoria e amor, cheio de graça para com o próximo, utilizando-se para isso a prática diária como referência.

Um casal somente mudará de atitude se realmente estiver disposto a mudar de vida segundo a palavra de Deus. As duas pessoas devem ser boas ouvintes e ter sabedoria para falar na hora certa, levando uma vida de santidade e prática da palavra de Deus.

"19 Meus amados irmãos, tenham isto em mente: Sejam todos prontos para ouvir, tardios para falar e tardios para irar-se, 20 pois a ira do homem não produz a justiça de Deus. 21 Portanto, livrem-se de toda impureza moral e da maldade que prevalece, e aceitem humildemente a palavra implantada em vocês, a qual é poderosa para salvá-los. 22 Sejam praticantes da palavra, e não apenas ouvintes, enganando-se a si mesmos (Tiago, 1.19-22).

O casamento em relação à Satisfação Conjugal Bíblica, depende de um entendimento entre o cônjuge e a palavra de Deus, recebendo conselhos sábios de um conselheiro habilitado e de vivência Cristocêntrica. Parece óbvio que há um comprometimento entre as partes, mas não confundido nos papéis de cada um.

Do ponto de vista histórico e contemporâneo, os aconselhamentos bíblicos são mais eficazes por estarem firmados em preceitos já provados e aprovados por famílias que os obedeceram há milhares de anos e atualmente os obedecem. Afinal, trata-se de um embasamento comprovadamente experimentado há milênios, obviamente para que haja uma Satisfação Conjugal satisfatória, necessita-se de um **relacionamento vertical entre o homem e Deus, e horizontal entre o sacrifício de Jesus na Cruz** e a aceitação desse sacrifício por parte dos aconselhados. Sem essa aceitação, como escrito em João (1:12), onde nos deparamos com o modo como João pregava em claras e expressivas verdades sobre crer e aceitar a Jesus como Senhor e salvador, implicando em aceirar a palavra de Deus como suficiente para todas as mazelas da humanidade.

a. Mas, **a todos quantos o receberam**
(Somente aos que receber a Jesus e suas palavras)

b. (Ação-Jesus) deu-lhes o poder de serem feitos **filhos de Deus**
(seremos adotados e pertenceremos a grande família de Deus)

a saber (ou seja, "isto é", "qual seja", "ou seja"
e "ou melhor", somente aos que)

aos que creem no seu nome; (Bíblia on-line, 2020, s/p).

Do mesmo modo, encontramos outras bases bíblicas que nos ajudam a compreender melhor esta forma de pensamento em crer e ser aceito por Jesus Cristo como filhos de Deus. "Pois todos vós sois filhos de Deus mediante a fé em Cristo Jesus" (Gálatas, 3.26; 2 Samuel, 7:19; Salmos, 31:19; Salmos, 36:7; Salmos, 89:1; Jeremias, 3:19; Oseias, 1:10; Jo, 1:12) (Bíblia ARA, 1993).

"Vejam como é grande o amor que o Pai nos concedeu: sermos chamados filhos de Deus, o que de fato somos! Por isso o mundo não nos conhece, porque não o conheceu" (1 João, 3) (NVI, 2019). Considerai com que amor nos amou o Pai, para que sejamos chamados filhos de Deus. E nós o somos de fato. Por isso, o mundo não nos conhece, porque não o conheceu.

Nossa natureza foi reconquistada pela Cruz, o pecado que nos traz a morte foi vencido pelo sacrifício de Jesus e passamos a ter o privilégio de sermos feitos filhos de Deus[1].

Veja algumas referências cruzadas sobre o assunto de sermos filhos de Deus:

(2 Samuel, 7:19) – "E, como se isso não bastasse para ti, ó Soberano Senhor, também falaste sobre o futuro da família deste teu servo. É assim que procedes com os homens, ó Soberano Senhor?".

(Salmo 31:19) – "Como é grande a tua bondade, que reservaste para aqueles que te temem, e que, à vista dos homens, concedes àqueles que se refugiam em ti!".

(Salmo 36:7) – "Como é precioso o teu amor, ó Deus! Os homens encontram refúgio à sombra das tuas asas".

(Salmo 89:1) – "Cantarei para sempre o amor do Senhor; com minha boca anunciarei a tua fidelidade por todas as gerações".

(Jeremias, 3:19) – "Eu mesmo disse: "Com que alegria eu a trataria como se tratam filhos e lhe daria uma terra aprazível, a mais bela herança entre as nações. Pensei que você me chamaria de 'Pai' e que não deixaria de seguir-me".

(Oséas, 1:10) – "Contudo os israelitas ainda serão como a areia da praia, que não se pode medir nem contar. No lugar onde se dizia a eles: 'Vocês não são meu povo', eles serão chamados 'filhos do Deus vivo'".

(João, 1:12) – "Contudo, aos que o receberam, aos que creram em seu nome, deu-lhes o direito de se tornarem filhos de Deus".

(João, 3:16) – "Porque Deus amou ao mundo de tal maneira que deu o seu Filho unigênito, para que todo o que nele crê não pereça, mas tenha a vida eterna" (João, 3.16; 15:18; 16:3; 17:25; Romanos, 5:8; 8:14; 8:21; 8:32; 9:25; 2 Coríntios, 6:18; Gálatas, 3:26; 3:29; 4:5; Efésios, 2:4; 3:18; Colossenses, 3:3).

(João, 15:18) – "Se o mundo os odeia, tenham em mente que antes odiou a mim".

(João, 16:3) – "Farão essas coisas porque não conheceram nem o Pai, nem a mim".

---

[1] Sobre a natureza e os privilégios da adoção, leia Romanos (8: 14-17, 21, 32) e 2 Co (6:18).

(João, 17:25) – "Pai Justo, embora o mundo não te conheça, eu te conheço, e estes sabem que me enviaste".

(Romanos, 5:8) – "Mas Deus demonstra seu amor por nós: Cristo morreu em nosso favor quando ainda éramos pecadores".

(Romanos, 8:14) – "porque todos os que são guiados pelo Espírito de Deus são filhos de Deus".

(Romanos, 8:21) – "de que a própria natureza criada será libertada da escravidão da decadência em que se encontra para a gloriosa liberdade dos filhos de Deus".

(Romanos, 8:32) – "Aquele que não poupou a seu próprio Filho, mas o entregou por todos nós, como não nos dará juntamente com ele, e de graça, todas as coisas?".

(Romanos, 9:25) – "Como ele diz em Oséias: "Chamarei 'meu povo' a quem não é meu povo; e chamarei 'minha amada' a quem não é minha amada".

(2 Coríntios, 6:18) – "'e lhes serei Pai, e vocês serão meus filhos e minhas filhas', diz o Senhor Todo-poderoso".

(Gálatas, 3:26) – "Todos vocês são filhos de Deus mediante a fé em Cristo Jesus".

(Gálatas, 3:29) – "E, se vocês são de Cristo, são descendência de Abraão e herdeiros segundo a promessa".

(Gálatas, 4:5) – "a fim de redimir os que estavam sob a lei, para que recebêssemos a adoção de filhos".

(Efésios, 2:4) – "Todavia, Deus, que é rico em misericórdia, pelo grande amor com que nos amou".

(Efésios, 3:18) – "possam, juntamente com todos os santos, compreender a largura, o comprimento, a altura e a profundidade".

(Colossenses, 3:3) – "Pois vocês morreram, e agora a sua vida está escondida com Cristo em Deus".

(1 João, 4:9) – "Foi assim que Deus manifestou o seu amor entre nós: enviou o seu Filho Unigênito ao mundo, para que pudéssemos viver por meio dele".

Gráfico 40 – Expiação, significado

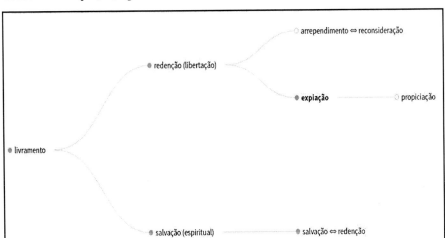

Fonte: Strong (2002)

Definitivamente, concluímos que ao aceitarmos o sacrifício de Jesus Cristo na cruz do calvário, como forma legal de salvar a humanidade, aceitamos também que a Bíblia é a palavra de Deus, pois ela em si mesma prova incontestavelmente as verdades que nela estão, a própria Bíblia testemunha as verdades cumprindo suas próprias profecias ano após ano, século após século.

> O sacrifício de Jesus na cruz, trouxe nos salvação e por suas pisaduras fomos sarados. "4 Certamente ele tomou sobre si as nossas enfermidades e sobre si levou as nossas doenças; contudo nós o consideramos castigado por Deus, por Deus atingido e afligido. 5 Mas ele foi transpassado por causa das nossas transgressões, foi esmagado por causa de nossas iniquidades; o castigo que nos trouxe paz estava sobre ele, e pelas suas feridas fomos curados" (Isaías, 53.4-5).

Crendo na palavra de Deus, podemos nos reconciliar com o nosso salvador e assim poderemos nos libertar de todos os males deste mundo em que vivemos, liberando as coisas velhas que para trás ficaram e sempre seguindo a Cristo, o nosso Senhor, crendo e vivendo o sacrifício por Ele proporcionado.

A palavra expiação significa o ato de expiar o pecado ou delito, especialmente no que diz respeito a apaziguar uma divindade (Êxodo, 29:36, 30:10 e 16; Levíticos, 23:27-28; 25:9; Números, 5:8; Neemias, 29:11).

Jesus livra-nos de situações ruins ou perigosas, tanto no corpo como na alma. Ele tira-nos do problema, como a escravidão ou o exílio, e nos dá uma nova vida. Para isso, precisamos mudar nosso jeito de ser e de agir. Precisamos deixar o que era ruim e nos arrepender. Precisamos nos reconciliar com Deus e com os outros. Isso é o que chamamos de arrependimento e reconciliação.

9c - COMPREENDENDO O SACRIFÍCIO DE JESUS

Analisando (Isaías 53), os versos 5 "Ele foi transpassado pelas nossas transgressões, moído pelas nossas iniquidades o castigo que nos traz a paz estava sobre ELE, e pelas suas pisaduras fomos sarados, 6 Todos nós andávamos como ovelhas desgarradas; cada um se desviava pelo caminho, mas o Senhor fez cair sobre Ele a iniquidade que estava sobre nós, 11 "Ele "JESUS", verá o fruto do penoso trabalho de sua alma e ficará satisfeito; o meu Servo, o Justo, com seu conhecimento, justificará a muitos, porque as iniquidades deles levará sobre Sí, 12 Por isso Eu lhe darei muitos como a sua parte [...] foi contado com os transgressores; contudo, levou sobre Si o pecado de muitos e pelos transgressores intercedeu". Podemos ver o cumprimento desta profecia em Mateus (8:17): "Ele tomou sobre si as nossas enfermidades, e levou as nossas doenças".

Isaias transmite e explica perfeitamente o que foi a expiação que Jesus fez pela humanidade, pelos nossos pecados, nossas "mágoas e enfermidades" ou doenças do corpo e correlacionam-se com os termos "tristezas" em Isaías, e "doenças" em Mateus significa "dor, tristeza ou angústia da mente".

Uma completa compreensão da expiação, cumprimentos das profecias, saúde e cura, substituição, amor de Deus, Humanidade de Jesus, justificação, Missão e morte de Jesus encontramos nos versos a seguir em Gálatas (3:18), Hebreus (9:28), 1 Pe (2:24; 3:18), 1 João (2:2), Mateus (26:37), João (19:7). Mas ele estava... (Isaías 6:8, 11, 12; Daniel 9:24; Zacarias 13:7; Mateus 20:28; Romanos 3:24-26; 4:25; 5:6-10, 15-21; 1 Coríntios 15:3; 2 Co 5:21; Efésios 5:2; Hebreus 9:12-15; 10:10; 14; 1 Pedro 3:18). Ferido ou atormentado, machucado (Isaías, 10; Gênesis, 3:15). O castigo (1 Pedro, 2:24).

Verdadeiramente, Ele tomou SOBRE SÍ as nossas enfermidades e as nossas dores levou sobre si; e nós o reputávamos por aflito, e ferido de Deus e oprimido. Mas Ele foi traspassado pelas nossas transgressões e moído pelas nossas iniquidades; o castigo que nos traz a paz estava sobre ele, **e pelas suas pisaduras fomos sarados** (Isaías, 53.4-5).

10

ESTUDOS PARA AS CINCO ÁREAS DA VIDA CONJUGAL

Entendendo que cada parte da família faz parte do todo e o todo também pertence ou faz parte de cada membro e suas relações com os sistemas extrafamiliares, considerando cinco áreas da vida conjugal:

1. **Funções: gestão financeira, tarefas domésticas, decisões, responsabilidades (4 itens).**

2. **Tempo Livre: quantidade e qualidade (2 itens).**

3. **Autonomia/Privacidade: autonomia e privacidade de cada um (2 itens).**

4. **Comunicação e Conflitos: frequência, qualidade e tema do diálogo, frequência de resolução de conflitos (5 itens).**

"Relações Extra Familiares: Relações com os amigos, com a família de origem de cada um e com a profissão de cada um" (NARCISO e COSTA, 1996, p. 115-130).

Estudos bíblicos voltados para as cinco áreas da vida conjugal

O conflito conjugal é uma realidade que a Bíblia reconhece e ajuda a resolver. Seguem alguns princípios bíblicos para a resolução de conflitos no casamento:

- **Amar uns aos outros como** Cristo nos amou e se entregou por nós (João, 13:34; Efésios, 5:21-33).

- **Submeter-se uns aos outros em amor** e colocar as necessidades dos outros à frente das nossas (Efésios, 5:21; Filipenses, 2:3-4).

- Examinar-se a si mesmo e confessar os próprios erros e pecados (2 Co, 13:5; Provérbios, 28:13; 1 João, 1:9).

- **Comunicar-se de forma clara, honesta**, gentil e edificante, ouvindo e falando a verdade com amor (Efésios, 4:15, 25, 29; Tiago, 1:19; Colossenses, 4:6).

- **Perdoar uns aos outros** como Deus nos perdoou em Cristo, não guardando rancor ou amargura (Efésios, 4:32; Colossenses, 3:13; Mateus, 18:21-35).

- **Buscar a paz e a santidade com todos**, não retribuindo o mal com o mal, mas vencendo o mal com o bem (Hebreus, 12:14; Romanos, 12:17-21).

O casamento é uma aliança sagrada entre um homem e uma mulher que Deus uniu e que ninguém deve separar (Mateus, 19:6). Portanto, os casais devem buscar a plena realização no casamento, tendo como base a Palavra de Deus e o Seu amor (Got Questions, 2023).

10.1.a - FUNÇÕES: GESTÃO FINANCEIRA, TAREFAS DOMÉSTICAS, DECISÕES, RESPONSABILIDADES (4 itens)

Aconselhamento Bíblico: Funções

Deus criou o homem e a mulher à sua imagem e semelhança e lhes deu funções específicas para cumprir seu propósito na Terra. Essas funções envolvem a gestão financeira, as tarefas domésticas, as decisões e as responsabilidades que cada um tem diante de Deus e do próximo. O Aconselhamento Cristocêntrico visa ajudar as pessoas a entenderem e cumprirem essas funções de acordo com a vontade de Deus, usando a Palavra de Deus como referência e orientação.

Funções: Gestão financeira

A Bíblia ensina que tudo o que temos vem de Deus e pertence a ele (Salmo 24:1). Portanto, devemos administrar os nossos recursos financeiros com sabedoria, honestidade, generosidade e gratidão.

A Bíblia também nos alerta sobre os perigos de amar o dinheiro, de se endividar, de ser preguiçoso ou ganancioso. Alguns versículos que nos ajudam a ter uma boa gestão financeira são:

- "**Não esgote suas forças tentando ficar rico**, tenha bom senso! As riquezas desaparecem assim que você as contempla; elas criam asas e voam como águias pelo céu". (Provérbios, 23:4-5).

- "Qual de vocês, se quiser construir uma torre, primeiro não se assenta e calcula o preço, para ver se tem dinheiro suficiente para completá-la?" (Lucas, 14:28).

- "O rico domina sobre o pobre; quem toma emprestado é escravo de quem empresta" (Provérbios, 22:7).

- "Há quem dê generosamente, e vê aumentar suas riquezas; outros retêm o que deveriam dar, e caem na pobreza" (Provérbios, 11:24).

- "Não ame o sono, senão você acabará ficando pobre; fique desperto, e terá alimento de sobra" (Provérbios, 20:13).

- "Ninguém pode servir a dois senhores; pois odiará um e amará o outro, ou se dedicará a um e desprezará o outro. Vocês não podem servir a Deus e ao Dinheiro" (Mateus, 6:24).

Funções: Tarefas domésticas

A Bíblia ensina que Deus instituiu a família como uma unidade básica da sociedade e que cada membro da família tem um papel importante no cuidado do lar. **As tarefas domésticas não são um fardo**, mas uma forma de servir uns aos outros com amor e dedicação.

A Bíblia também nos incentiva a **fazer tudo para a glória de Deus e com excelência**. Alguns versículos que nos ajudam a ter uma boa atitude nas tarefas domésticas são:

- "Tudo o que fizerem, façam de todo o coração, como para o Senhor, e não para os homens" (Colossenses, 3:23).

- "O preguiçoso deseja e nada consegue, mas os desejos do diligente são amplamente satisfeitos" (Provérbios, 13:4).

- "A mulher exemplar é a coroa do seu marido, mas a de comportamento vergonhoso é como câncer em seus ossos" (Provérbios, 12:4).

- "Quem encontra uma esposa encontra algo excelente; recebeu uma bênção do Senhor" (Provérbios, 12:21).

Funções: Decisões

A Bíblia ensina que Deus nos deu a capacidade de escolher e que somos responsáveis pelas nossas decisões. **As decisões que tomamos podem nos aproximar ou nos afastar de Deus e do Seu propósito para as nossas vidas.**

Por isso, devemos buscar a orientação de Deus para tomar as decisões certas. Deus oferece-nos sabedoria e nos dá muitos conselhos através da Bíblia. Também podemos pedir conselhos a pessoas sábias e analisar os prós e os contras de cada opção, porém temos que ter como **base a palavra de Deus e o seu direcionamento** para não tomar decisões erradas ou das quais iremos nos arrepender.

Alguns versículos que nos ajudam a tomar boas decisões são:

- "Se algum de vocês tem falta de sabedoria, peça-a a Deus, que a todos dá livremente, de boa vontade; e lhe será concedida" (Tiago, 1:5).

- "Confie no Senhor de todo o seu coração e não se apoie em seu próprio entendimento; reconheça o Senhor em todos os seus caminhos, e ele endireitará as suas veredas" (Pv, 3:5-6).

- "Os planos bem elaborados levam à fartura; mas o apressado sempre acaba na miséria" (Provérbios, 21:5).

- "Quem se isola busca interesses egoístas e se rebela contra a sensatez. O tolo não tem prazer no entendimento, mas sim em expor os seus pensamentos" (Provérbios, 18:1-2).

- "Quem responde antes de ouvir comete insensatez e passa vergonha" (Provérbios 18:13).

- "Muitos são os planos no coração do homem, mas o que prevalece é o propósito do Senhor" (Provérbios, 19:21).

Funções: Responsabilidades

A Bíblia ensina que Deus nos deu responsabilidades para cumprir na Terra e que ele nos pedirá contas delas no dia do juízo.

As nossas responsabilidades envolvem **amar a Deus sobre todas as coisas, amar ao próximo como a nós mesmos,** cumprir os mandamentos de Deus, servir aos outros com os dons que Deus nos deu, cuidar da criação de Deus, pregar o evangelho a toda criatura entre outras.

O Aconselhamento Cristocêntrico visa ajudar as pessoas a assumirem as suas responsabilidades com fidelidade, obediência e alegria.

Alguns versículos que nos ajudam a ter uma boa atitude nas nossas responsabilidades são:

- "**Ame o Senhor**, o seu Deus de todo o seu coração, de toda a sua alma e de todo o seu entendimento. Este é o primeiro e maior mandamento. E o segundo é semelhante a ele: Ame o seu próximo como a si mesmo. Destes dois mandamentos dependem toda a Lei e os Profetas" (Mateus, 22:37-40;1 Coríntios, 10:31; Colossenses, 3:23; 1 Pedro, 4:10; Gênesis, 2:15; Mateus, 28:19).

10.1b - TEMPO LIVRE: QUANTIDADE E QUALIDADE

Aconselhamento Bíblico: Tempo Livre

Deus criou o tempo e nos deu a capacidade de administrá-lo.

O tempo é um dom de Deus e devemos usá-lo de maneira sábia e proveitosa.

O tempo livre é aquele que não é ocupado com as nossas obrigações profissionais, familiares, sociais ou eclesiásticas.

O tempo livre pode ser uma oportunidade para descansar, divertir-se, relacionar-se, aperfeiçoar-se ou servir a Deus e ao próximo.

O Aconselhamento Cristocêntrico visa ajudar as pessoas a aproveitarem o seu tempo livre de acordo com a vontade de Deus, usando a Palavra de Deus como referência e orientação.

Tempo Livre: Quantidade

A Bíblia ensina que devemos ter um equilíbrio entre o trabalho e o descanso. Deus trabalhou seis dias na criação e descansou no sétimo, estabelecendo um padrão para nós (Gênesis, 2:2-3).

Jesus também nos ensinou a importância de descansar após um período de trabalho intenso (Mc, 6:31). O descanso é necessário para restaurar as nossas forças físicas, mentais e espirituais.

Por outro lado, a Bíblia também nos alerta sobre os perigos da preguiça, da ociosidade e do desperdício do tempo (Provérbios, 6:6-11).

O tempo livre não deve ser uma desculpa para fugir das nossas responsabilidades ou para nos entregarmos ao pecado.

Alguns versículos que nos ajudam a ter uma boa quantidade de tempo livre são:

"Lembra-te do dia de sábado, para santificá-lo. Seis dias trabalharás e farás toda a tua obra. Mas o sétimo dia é o sábado dedicado ao Senhor, o teu Deus. Nesse dia não farás trabalho algum, nem tu, nem teus filhos ou filhas, nem teus servos ou servas, nem teus animais, nem os estrangeiros que morarem em tuas cidades. Pois em seis dias o Senhor fez os céus e a terra, o mar e tudo o que neles existe, mas no sétimo dia descansou. Portanto, o Senhor abençoou o sétimo dia e o santificou" (Êxodo, 20:8-11).

Então Jesus lhes disse: "Venham comigo para um lugar deserto e descansem um pouco". Havia muita gente indo e vindo, ao ponto de eles não terem tempo para comer (Marcos, 6:31).

"Vá ter com a formiga, ó preguiçoso, observe os seus caminhos e seja sábio! Ela não tem nem chefe nem supervisor nem governante, e ainda assim armazena as suas provisões no verão e na época da colheita ajunta o seu alimento. Até quando você vai ficar deitado, ó preguiçoso? Quando se levantará de seu sono? Tirando uma soneca, cochilando um pouco, cruzando um pouco os braços para descansar, a sua pobreza o surpreenderá como um assaltante, e a sua necessidade lhe virá como um homem armado" (Provérbios, 6:6-11).

Tempo Livre: Qualidade

A Bíblia ensina que devemos fazer tudo para a glória de Deus (1 Coríntios, 10:31).

Isso inclui o nosso tempo livre.

O tempo livre pode ser uma oportunidade para crescermos na nossa comunhão com Deus, através da oração, da leitura da Bíblia, da meditação ou do louvor.

O tempo livre também pode ser uma oportunidade para desenvolvermos os nossos dons e talentos, através de cursos, hobbies, leituras ou projetos.

O tempo livre também pode ser uma oportunidade para fortalecermos os nossos relacionamentos, através de conversas, passeios, visitas ou atividades em grupo.

O tempo livre também pode ser uma oportunidade para servirmos a Deus e ao próximo, por meio de obras de misericórdia, evangelismo, discipulado ou voluntariado.

Alguns versículos que nos ajudam a ter uma boa qualidade de tempo livre são:

- "Portanto, quer comais quer bebais, ou façais outra qualquer coisa, fazei tudo para glória de Deus" (1 Coríntios, 10:31).

- "Habite ricamente em vocês a palavra de Cristo; ensinem e aconselhem-se uns aos outros com toda a sabedoria e cantem salmos, hinos e cânticos espirituais com gratidão a Deus em seu coração" (Colossenses, 3:16).

- "Cada um exerça o dom que recebeu para servir os outros, administrando fielmente a graça de Deus em suas múltiplas formas" (1 Pedro, 4:10).

- 'Ninguém despreze a tua mocidade; pelo contrário, torna-te padrão dos fiéis, na palavra, no procedimento, no amor, na fé, na pureza" (1 Timoteo, 4:12).

- "Não deixemos de reunir-nos como igreja, segundo o costume de alguns, mas procuremos encorajar-nos uns aos outros, ainda mais quando vocês veem que se aproxima o Dia" (Hebreus, 10:25).

- "Quem é generoso será abençoado, pois reparte o seu pão com o pobre" (Provérbios, 22:9).

10.1c - AUTONOMIA E PRIVACIDADE DE CADA UM.

Deus criou o homem e a mulher à sua imagem e semelhança e os uniu em uma só carne no casamento (Gênesis, 2:24).

O casamento é uma aliança de amor, fidelidade, companheirismo e intimidade entre um homem e uma mulher.

O casamento também é uma ilustração do relacionamento entre Cristo e a Igreja (Efésios, 5:31-32).

O Aconselhamento Cristocêntrico visa ajudar os casais a viverem o seu casamento de acordo com a vontade de Deus, usando a Palavra de Deus como referência, prática, fé, esperança e orientação.

Aconselhamento Bíblico: Autonomia

A Bíblia ensina que os cônjuges devem deixar pai e mãe e se unir ao seu cônjuge (Gênesis, 2:24). Isso implica em uma autonomia do casal em relação às suas famílias de origem.

Os cônjuges devem priorizar o seu relacionamento conjugal e tomar as suas decisões em conjunto, sem interferências externas.

Os cônjuges também devem respeitar a individualidade um do outro, reconhecendo que cada um tem sua personalidade, seus gostos, seus dons, seus interesses e suas necessidades.

Os cônjuges devem apoiar um ao outro no seu crescimento pessoal, profissional, espiritual e ministerial. Alguns versículos que nos ajudam a ter uma boa autonomia no casamento são:

- "Por essa razão, o homem deixará pai e mãe e se unirá à sua mulher, e eles se tornarão uma só carne" (Gênesis, 2:24).

- "Portanto, cada um de vocês também ame a sua mulher como a si mesmo, e a mulher trate o marido com todo o respeito" (Efésios, 5:33).

- "Cada um permaneça na situação em que foi chamado" (1 Coríntios, 7:20).

- "Como é feliz quem teme o Senhor, quem anda em seus caminhos! Você comerá do fruto do seu trabalho, e será feliz e próspero. Sua mulher será como videira frutífera em sua casa; seus filhos serão como brotos de oliveira ao redor da sua mesa. Assim será abençoado o homem que teme o Senhor!" (Salmo 128:1-4).

Aconselhamento Bíblico: Privacidade

A Bíblia ensina que os cônjuges devem ser transparentes um com o outro e não ter nada a esconder (Gênesis, 2:25). O casamento é uma relação de confiança mútua e lealdade.

Os cônjuges devem compartilhar suas emoções, pensamentos, sonhos, medos, dúvidas, desejos e necessidades.

Os cônjuges também devem proteger a sua intimidade sexual, não permitindo que nada nem ninguém interfira na sua comunhão física (1 Coríntios, 7:3-5).

Os cônjuges também devem resguardar a sua privacidade em relação às outras pessoas, não expondo os seus problemas ou conflitos conjugais a pessoas que não estão preparadas para auxiliar biblicamente.

Alguns versículos que nos ajudam a ter uma boa privacidade no casamento são:

- "O homem e sua mulher viviam nus, e não sentiam vergonha" (Gênesis, 2:25).

- "O marido deve cumprir os seus deveres conjugais para com a sua mulher, e da mesma forma a mulher para com o seu marido. A mulher não tem autoridade sobre o seu próprio corpo, mas sim o marido. Da mesma forma, o marido não tem autoridade sobre o seu próprio corpo, mas sim a mulher. Não se recusem um ao outro, exceto por mútuo consentimento e durante certo tempo, para se dedicarem à oração. Depois, unam-se de novo, para que Satanás não os tente por não terem domínio próprio" (1 Coríntios, 7:3-5).

- "O que encobre as suas transgressões nunca prosperará; mas o que as confessa e deixa alcançará misericórdia" (Provérbios, 28:13).

- "O amigo ama em todos os momentos; é um irmão na adversidade" (Provérbios, 17:17).

10.1d - Comunicação e Conflitos: Frequência, qualidade e tema do diálogo, frequência de resolução de conflitos

Aconselhamento Bíblico: Comunicação e Conflitos

Deus criou o homem e a mulher à sua imagem e semelhança e os uniu em uma só carne no casamento (Gênesis, 2:24).

O casamento é uma aliança de amor, fidelidade, companheirismo e intimidade entre um homem e uma mulher.

O casamento também é uma ilustração do relacionamento entre Cristo e a Igreja (Efésios, 5:31-32).

O Aconselhamento Cristocêntrico visa ajudar os casais a viverem o seu casamento de acordo com a vontade de Deus, usando a Palavra de Deus como referência e orientação.

Comunicação

A Bíblia ensina que os cônjuges devem se comunicar de forma clara, honesta, gentil e edificante. A comunicação é essencial para expressar os sentimentos, as opiniões, as necessidades, os desejos e as expectativas de cada um. A comunicação também é fundamental para ouvir, compreender, respeitar e atender o outro. A comunicação também é indispensável para resolver os conflitos, perdoar as ofensas e fortalecer o vínculo conjugal.

Alguns versículos que nos ajudam a ter uma boa comunicação no casamento são:

- "Por isso deixará o homem seu pai e sua mãe, e se unirá a sua mulher; e serão dois numa carne" (Gênesis, 2:24).

- "O que encobre as suas transgressões nunca prosperará; mas o que as confessa e deixa alcançará misericórdia" (Provérbios, 28:13).

- "O amigo ama em todos os momentos; é um irmão na adversidade (Provérbios, 17:17).

- "Antes, seguindo a verdade em amor, cresçamos em tudo naquele que é a cabeça, Cristo" (Efésios, 4:15).

- "Não saia da vossa boca nenhuma palavra torpe, mas só a que for boa para promover a edificação, para que dê graça aos que a ouvem" (Efésios, 4:29).

- Sede prontos para ouvir, tardios para falar, tardios para se irar" (Tiago, 1:19).

Comunicação e Conflitos

A Bíblia ensina que os cônjuges devem evitar os conflitos desnecessários, provocados pelo egoísmo, pela ira, pela inveja ou pela contenda.

Os conflitos inevitáveis, causados pelas diferenças, pelos erros ou pelas circunstâncias adversas, devem ser enfrentados com sabedoria, humildade e amor.

Os conflitos devem ser resolvidos o mais rápido possível, sem deixar que se acumulem ou se agravem.

Os conflitos devem ser resolvidos com o objetivo de restaurar a harmonia, a paz e a unidade no casamento.

Alguns versículos que nos ajudam a resolver os conflitos no casamento são:

Por causa da natureza caída do homem, o conflito conjugal é um fato da vida, até mesmo para os crentes em Cristo. A comunicação amorosa não é natural ou fácil para ninguém. Para os incrédulos, o remédio para os conflitos é difícil porque, sem Cristo, **os seres humanos não têm a capacidade do amor altruísta** (Efésios, 4:22-32). Os cristãos, no entanto, têm a Bíblia para dar instruções quanto aos relacionamentos.

A aplicação de princípios bíblicos em relacionamentos nos permitirá lidar com o conflito conjugal com mais eficiência.

> O primeiro e mais importante princípio na resolução de conflitos em relacionamentos, especialmente no casamento, é amar uns aos outros como Cristo nos amou e se entregou por nós (Got Questions, 2023, s/p).

- "Não deixem que o sol se ponha enquanto vocês ainda estão zangados" (Efésios, 4:26).

- "Se o seu irmão pecar contra você, vá e, a sós com ele, mostre-lhe o erro. Se ele o ouvir, você ganhou seu irmão" (Mateus, 18:15).

- "Suportem-se uns aos outros e perdoem as queixas que tiverem uns contra os outros. Perdoem como o Senhor lhes perdoou" (Colossenses, 3:13).

- "Busquem a paz com todos e a santificação, sem a qual ninguém verá o Senhor," (Hebreus, 12:14).

- "Não retribuam a ninguém mal por mal. Procurem fazer o que é correto aos olhos de todos. Façam todo o possível para viver em paz com todos" (Romanos, 12:17-18).

10.1e - RELAÇÕES EXTRAFAMILIARES:

Relações com os amigos, com a família de origem de cada um e com a profissão de cada um (5 itens) (Narciso; Costa, 1996).

Aconselhamento Bíblico: Relações Extrafamiliares

Deus criou o homem e a mulher à sua imagem e semelhança e os uniu em uma só carne no casamento (Gênesis, 2:24-25).

O casamento é uma aliança de amor, fidelidade, companheirismo e intimidade entre um homem e uma mulher.

O casamento também é uma ilustração do relacionamento entre Cristo e a Igreja (Efésios, 5:31-32). O Aconselhamento Cristocêntrico visa ajudar os casais a viverem o seu casamento de acordo com a vontade de Deus, usando a Palavra de Deus como referência e orientação.

Relações Extrafamiliares: Relações com os amigos

A Bíblia ensina que os cônjuges devem ter amigos fiéis, sábios e piedosos, que possam apoiá-los, aconselhá-los e edificá-los na fé.

Os cônjuges devem escolher bem os seus amigos, procurando sempre ter cuidado com aqueles que possam influenciá-los negativamente ou tentá-los ao pecado.

Os cônjuges devem cultivar a amizade entre si, sendo companheiros, confidentes e parceiros.

Os cônjuges devem respeitar a individualidade do outro, permitindo que cada um tenha os seus próprios amigos, desde que não prejudiquem o relacionamento conjugal.

Alguns versículos que nos ajudam a ter boas relações com os amigos são:

- "O amigo ama em todos os momentos; é um irmão na adversidade" (Provérbios, 17:17).

- "Andarão dois juntos, se não houver entre eles acordo?" (Am, 3:3).

- "Não vos enganeis. As más companhias corrompem os bons costumes" (1 Coríntios, 15:33).

- "Feridas leais são as do amigo que ama; mas os beijos do inimigo são enganosos" (Provérbios, 27:6).

- "Ninguém tem maior amor do que este: de dar alguém a sua vida pelos seus amigos" (João, 15:13).

10.1f - RELAÇÕES EXTRAFAMILIARES: RELAÇÕES COM A FAMÍLIA DE ORIGEM

A Bíblia ensina que os cônjuges devem honrar os seus pais, respeitando-os, cuidando deles e sendo gratos por eles. Os cônjuges devem deixar os seus pais, priorizando o seu relacionamento conjugal e tomando as suas decisões em conjunto, sem interferências externas.

Os cônjuges devem manter um bom relacionamento com os seus pais, irmãos e parentes, buscando a paz, a reconciliação e a comunhão.

Os cônjuges devem testemunhar o amor de Deus aos seus familiares, orando por eles e compartilhando o evangelho com eles.

Alguns versículos que nos ajudam a ter boas relações com a família de origem são:

- "Honra teu pai e tua mãe, para que se prolonguem os teus dias na terra que o Senhor teu Deus te dá" (Êxodo, 20:12).

- "Por essa razão, o homem deixará pai e mãe e se unirá à sua mulher, e eles se tornarão uma só carne" (Gênesis, 2:24).

- "Se for possível, quanto depender de vós, tende paz com todos os homens" (Romanos, 12:18).

- "Se alguém diz: Eu amo a Deus e odeia o seu irmão, é mentiroso. Pois quem não ama o seu irmão, a quem vê, não pode amar a Deus, a quem não vê" (1 João, 4:20).

Relações Extrafamiliares: Relação com a profissão

A Bíblia ensina que **os cônjuges devem trabalhar com diligência, honestidade e excelência, usando os seus dons e talentos para o bem comum e para a glória de Deus.**

Os cônjuges devem administrar bem os seus recursos financeiros, sendo generosos, prudentes e fiéis nos dízimos e ofertas. Os casados devem equilibrar o seu tempo entre o trabalho e a família, não negligenciando nem um nem outro.

Cada um deve apoiar e incentivar o crescimento profissional do outro, sem competir ou invejar.

Os cônjuges devem testemunhar o amor de Deus aos seus colegas de trabalho, patrões e clientes, sendo sal e luz no mundo.

Alguns versículos que nos ajudam a ter uma boa relação com a profissão são:

- "Tudo quanto te vier à mão para fazer, faze-o conforme as tuas forças (Eclesiastes 9:10).

- "O que trabalha com mão displicente empobrece, mas a mão dos diligentes enriquece" (Provérbios, 10:4).

- "Quem é fiel no pouco também é fiel no muito; e quem é desonesto no pouco também é desonesto no muito" (Lucas, 16:10).

- "Honra ao Senhor com os teus bens e com as primícias de toda a tua renda," (Provérbios, 3:9).

- "Tudo o que fizerem, façam de todo o coração, como para o Senhor, e não para os homens" (Colossenses, 3:23).

11

ACONSELHAMENTOS PARA AS 10 ÁREAS MAIS NECESSÁRIAS DE INTERVENÇÃO NO CASAMENTO RELACIONADOS ÀS SATISFAÇÕES CONJUGAIS. SEGUNDO DADOS CIENTÍFICOS DA PESQUISA

Quadro 22 – Avaliação da Satisfação Conjugal em Áreas da Vida Conjugal
As 10 Zonas Menos Satisfeitas.

	Estatística Descritiva	Média
35ª - 18 - EASAVIC	O modo como resolvemos os conflitos	4.10
36ª - 7 - EASAVIC	O modo como nos relacionamos com os amigos	4.09
37ª - 3 - EASAVIC	O modo como tomamos decisões	4.05
38ª - 4 - EASAVIC	A distribuição de responsabilidades	3.96
39ª - 25 -EASAVIC	A frequência com que temos relações sexuais	3.77
40ª - 2 - EASAVIC	A distribuição de tarefas domésticas	3.67
41ª - 5 - EASAVIC	O modo como passamos os tempos livres	3.63
42ª - 17 - EASAVIC	A frequência dos conflitos que temos	3.59
43ª - 1 - EASAVIC	O modo como gerimos a nossa situação financeira.	3.58
44ª - 6 - EASAVIC	A quantidade de tempo livre	3.29

Fonte: elaborado pelo autor com base nos dados de SPSS - IBM (2020)

Gráfico 41 – Avaliação da Satisfação nas Áreas da Vida Conjugal. Aproximação com a SATISFAÇÃO
As 10 Zonas Mais Satisfeitas e as 10 Zonas Menos Satisfeitas

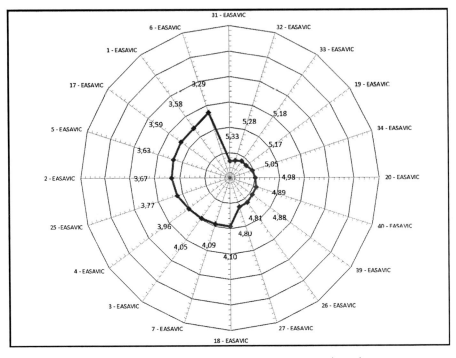

Fonte: elaborado pelo autor com base nos dados de SPSS - IBM (2020)

Introdução

O casamento é uma das maiores bênçãos que Deus nos deu, mas também pode se tornar um desafio caso não sigamos as orientações bíblicas Cristocêntricas.

Como casais cristãos, é importante lembrar que a Bíblia nos oferece orientação e sabedoria para lidar com os desafios que enfrentamos em nossos relacionamentos.

Um dos principais desafios que os casais enfrentam é a resolução de conflitos.

A Bíblia oferece-nos muitos versículos sobre como resolver conflitos de maneira saudável e amorosa. Por exemplo, em Mateus (18:15-17), Jesus ensina-nos a abordar diretamente aqueles que pecaram contra nós e buscar a reconciliação.

> Em (Efésios 4:31-32), somos instruídos a deixar de lado toda amargura, ira e raiva e sermos bondosos e compassivos uns com os outros, perdoando uns aos outros como Deus nos perdoou em Cristo (OPEN BIBLE, 2001, s/p).

Além da resolução de conflitos, a Bíblia também nos oferece orientação sobre outros aspectos importantes do casamento, como o relacionamento familiar, a tomada de decisões, a distribuição de responsabilidades e a situação financeira. É importante lembrar que Deus está sempre conosco e pronto para nos ajudar em todas as áreas de nossas vidas.

Este estudo bíblico explorará esses tópicos em mais detalhes e fornecerá orientação prática para casais cristãos que buscam fortalecer seus relacionamentos com base na palavra de Deus.

11.1a - A QUANTIDADE DE TEMPO LIVRE NO CASAMENTO

O casamento é uma graça divina, uma bênção maravilhosa, um presente de Deus, mas também pode ser exigente e desafiador caso o casal não observe as diretrizes bíblicas para um bom caminhar com o Senhor na vida a dois. É importante que os casais cristãos encontrem tempo para descansar e desfrutar de momentos de lazer juntos para se conhecerem melhor e terem hábitos salutares em família.

A Bíblia oferece-nos muitos versículos sobre a importância do descanso e do lazer. Jesus convida seus discípulos a irem para um lugar despovoado e descansarem um pouco, porquanto havia muita gente indo e vindo e eles nunca tinham período sequer para se alimentar. Jesus preocupava-se com o bem-estar dos seus discípulos, que estavam cansados e sobrecarregados com o trabalho de pregar o evangelho e curar os enfermos. Jesus levou-os para um lugar afastado, onde pudessem ter um tempo de descanso e comunhão com ele. Isso nos mostra que até mesmo Jesus reconheceu a importância de tirar um tempo para descansar e recarregar as energias.

> Havia muita gente indo e vindo, ao ponto de eles não terem tempo para comer. Jesus lhes disse: "Venham comigo para um lugar deserto e descansem um pouco. [32] Então eles se afastaram num barco para um lugar deserto. [33] Mas muitos dos que os

viram retirar-se, tendo-os reconhecido, correram a pé de todas as cidades e chegaram lá antes deles" (Marcos, 6.31-33).

Além disso, a Bíblia ensina-nos que Deus criou o sábado como um dia de descanso. Em Êxodo (20:8-10), somos instruídos a lembrar do sábado e santificá-lo, trabalhando seis dias e descansando no sétimo. Isso nos mostra que **Deus valoriza o descanso e quer que tiremos um tempo para nos afastarmos das nossas atividades diárias e nos concentrarmos Nele e em Sua criação.**

Como casais cristãos, é importante encontrar um **equilíbrio entre trabalho e lazer**. É importante tirar um tempo para **descansar, relaxar e desfrutar da companhia um do outro**. Isso pode incluir atividades como sair para jantar, fazer uma caminhada na natureza ou simplesmente passar uma tarde tranquila em casa.

Lembre-se de que o descanso e o lazer são importantes para o bem-estar físico, emocional e espiritual. Tire um tempo para descansar em Deus e desfrutar da companhia do seu cônjuge.

Aqui estão alguns versículos da Bíblia sobre o descanso:

- "Vinde a mim, todos os que estais cansados e sobrecarregados, e eu vos aliviarei. **29** Tomai sobre vós o meu jugo e aprendei de mim, porque sou manso e humilde de coração; e achareis descanso para a vossa alma. **30** Porque o meu jugo é suave, e o meu fardo é leve" (Mateus, 11.28-30).

- "Em paz me deito e logo pego no sono, porque, Senhor, só tu me fazes repousar seguro" (Salmo 4.8).

- "Portanto, resta um repouso para o povo de Deus. **10** Porque aquele que entrou no descanso de Deus, também ele mesmo descansou de suas obras, como Deus das suas" (Gênesis, 2:2).

- "Esforcemo-nos, pois, por entrar naquele descanso, a fim de que ninguém caia, segundo o mesmo exemplo de desobediência" (Hebreus 4.9-11).

- 2 "Inútil vos será levantar de madrugada, repousar tarde, comer o pão que penosamente granjeastes; aos seus amados ele o dá enquanto dormem" (Salmos, 127.2)

Esses versículos nos lembram da importância do descanso e nos encorajam a buscar alívio e renovação em Deus.

Equilibrar trabalho e lazer pode ser um desafio, mas é importante para o nosso bem-estar físico, emocional e espiritual. Aqui estão algumas dicas que podem ajudá-lo a encontrar um equilíbrio saudável entre trabalho e lazer:

1. **Comuniquem-se**: conversem sobre a importância do descanso e do tempo juntos e encontrem maneiras de priorizar esses momentos em suas agendas.

2. **Manifestem-se**: conversem sobre a importância do descanso e do tempo juntos e encontrem maneiras de priorizar esses momentos em suas agendas.

3. **Estabeleça limites**: defina limites claros entre o tempo de trabalho e o tempo de lazer. Isso pode incluir desligar o computador ou o telefone depois de um determinado horário ou reservar dias específicos da semana para atividades de lazer.

4. **Priorize o descanso**: lembre-se de que o descanso é importante e deve ser uma prioridade. Reserve um período para relaxar e repor as energias.

5. **Planeje atividades de lazer**: faça um plano para atividades de lazer que você goste e que lhe proporcionem relaxamento e rejuvenescimento. Isso pode incluir hobbies, exercícios físicos ou passar tempo com amigos e familiares.

6. **Seja flexível**: lembre-se de que a vida é imprevisível e às vezes pode ser necessário ajustar seus planos.

Seja flexível e disposto a fazer mudanças em sua programação para equilibrar trabalho e lazer.

Lembre-se de que equilibrar trabalho e lazer é importante para sua saúde e bem-estar geral. Encontre um equilíbrio que funcione para você e reserve um tempo para descansar e desfrutar da vida junto com o cônjuge e também com a família.

11.1b - A IMPORTÂNCIA DO TEMPO LIVRE DENTRO DO CASAMENTO

A importância do tempo livre dentro do casamento (Marcos, 6:30:31)

Introdução: Apesar deste texto não se referir ao casamento, mas sobre a necessidade de descanso que Jesus sentiu ser necessário para Ele e para os seus discípulos, algo que o próprio Deus Criador fez depois que criou todas as coisas... descansou no sétimo dia. "**Como utilizar bem o tempo livre dentro do casamento**" é um desafio, assim como Jesus sendo o próprio Deus encarnado sentiu a necessidade do descanso, visto a demanda que havia em seu ministério, os casais necessitam também de tempo livre e descanso para fortalecimento de seu relacionamento conjugal.

1. Tempo livre: descanso ou gasto desnecessário de tempo?

O tempo livre é importante para descanso das tarefas cotidianas, para mudança da rotina diária, é como se fizemos um *reset* e iniciássemos o dia em outro modo. Muitas vezes o tempo livre não será de descanso físico por serem praticadas atividades diferentes daquelas da rotina diária, mas de descanso das responsabilidades do "dia a dia".

Também não será um gasto de tempo, mas um investimento do tempo como se fosse uma aplicação financeira que renderá muitos frutos.

Na nossa cultura o ócio é muitas vezes visto como uma coisa errada, mas na verdade todos nós precisamos desse tempo que proporciona, além de repouso ou "mudança de ares", a possibilidade de ser criativo, de surgir ideias para a solução de problemas ou dificuldades.

No casamento, a oportunidade de lazer e um tempo de "conversa jogada fora" com nosso cônjuge, abre portas para infinitas possibilidades.

No Salmo 23, lemos sobre o relacionamento do pastor e de sua ovelha e o versículo 2 expressa momentos de tranquilidade proporcionadas pelo pastor:

*Ele me faz **deitar** em pastos verdejantes; guia-me por **águas tranquilas**.*

Os maridos, assim como o pastor (Salmo 23), devem proporcionar para suas esposas estes momentos de calma, de paz, de contemplação da natureza ou de um bom filme. Note que o Salmo 23 inicia com a afirmação que sendo o **Senhor o nosso pastor nada nos faltará**, englobando, além da proteção vista nos versículos 4 e 5, o deitar e o ser guiado por águas tranquilas, demonstrando que esta também é uma necessidade do ser humano e de um casamento saudável.

O salmista, ainda no Salmo 23:3, diz: *Renova a minha alma...* Em uma outra tradução encontramos em vez de **renova**, a palavra **restaura**, que significa tornar a alma como era originalmente, **como nova**.

Planejando o que fazer no tempo livre

Depois de ter falado sobre a razão de termos um tempo livre, creio ser importante pensar sobre o que fazer no tempo livre. O planejamento do que será feito é muito importante, apesar de que sair sem destino num final de semana é algo diferente e muitos casais gostam de fazer coisas sem planejamento.

Quando falo em planejamento, não penso em algo engessado, mas em uma ótima oportunidade de desenvolvermos outras atitudes muito importantes no casamento:

a. <u>A comunicação</u>: conversarmos com nosso cônjuge sobre o que ele ou ela gostaria de fazer naquele tempo livre, talvez o casal poderia decidir que haveria um rodízio, isto é, a cada vez o marido ou a esposa decidiriam o que fariam naquele tempo livre.

b. <u>Finanças</u>: nem sempre uso de tempo livre está associado à utilização de dinheiro, mas dentro do que o casal está planejando para o tempo livre, a análise do que será feito e do quanto será gasto é importante e necessária. Esta é uma oportunidade para o casal saber exatamente como estão as finanças. A maturidade no gasto financeiro é essencial para que aquele tempo livre não abra uma porta para uma crise financeira que poderá causar dificuldades no casamento. Jesus falou quando tratava da renúncia do discípulo a necessidade de se fazer orçamento:

> Pois qual de vós, pretendendo construir uma torre, não se assenta primeiro para calcular a despesa e verificar se tem os meios para a concluir? (Lucas, 14:28).

Poderemos nos divertir sem nenhum gasto utilizando aquilo que temos em casa ou dando uma volta em uma praça ou parque próximo de casa.

3. <u>Flexibilidade</u>: nem sempre o que dá prazer para o marido é o que a esposa gosta. Às vezes a esposa gosta de visita a museus ou

a exposições, mas o marido não gosta daquilo. O marido, por sua vez, gosta de pescar e a esposa torce o nariz ou de assistir um filme no cinema, mas a esposa não gosta tanto, porém o planejamento será uma ótima oportunidade de desenvolvermos a tolerância e aceitarmos as diferenças, sermos flexíveis.

4. **Boa atitude**: temos que ser maduros, nada de cara feia ou de irritação na atividade. Lembrem-nos que este tempo é de investimento no relacionamento conjugal, de relembrarmos o tempo de namoro, quando nosso objetivo era a conquista.

2. O que fazer no tempo livre

Creio que o casal deverá chegar às suas próprias decisões sobre como investir este tempo. Eu e minha esposa, como trabalhamos fora, no nosso tempo livre gostamos muito de ficar em casa, relaxando, assistindo um bom filme ou uma das nossas séries preferidas, de vez em quando vamos à praia andar de bicicleta, mas sei que há casais que gostam de sair, comer fora ou ir ao cinema, portanto, cada um deve seguir o que gosta de fazer. Sugiro caminhar juntos. Além de um bom exercício físico, será um bom tempo para conversar, falar dos sonhos, conhecer o que o outro pensa ou até o que o aflige.

O que não fazer no tempo livre:

- Não continue ligado à sua rotina diária.
- Não fale do seu trabalho, dos problemas com seus colegas ou com seu chefe.
- Deixe o celular desligado, algo muito desagradável é estar ao lado de uma pessoa que não para de ver o celular. Seu marido ou esposa é a pessoa mais importante neste tempo.
- Não fique silencioso demonstrando não estar contente com a atividade que decidiram realizar.
- Desenvolva um diálogo. Não monopolize este tempo.
- Neste tempo não discuta relação, mas invista no relacionamento, um pouco de romantismo sempre cai bem.

Conclusão: Tempo livre não é sinônimo de desperdício de tempo, mas um alto investimento no relacionamento conjugal, porventura da família. Os dividendos dessa aplicação serão altíssimos, os casais se redescobrirão, sensações novas virão e este jardim fechado que é o casamento será viçoso e com muitas flores.

"Apanhai-me as raposas, as raposinhas, que devastam os vinhedos, porque as nossas vinhas estão em flor" (Cantares, 2.15).

11.1c - O MODO COMO GERIMOS A NOSSA SITUAÇÃO FINANCEIRA

Aqui está um capítulo em forma de estudo bíblico para casais sobre "O modo como gerimos a nossa situação financeira".

Introdução

O dinheiro é uma fonte frequente de conflito no casamento. "Enquanto pode trazer grandes oportunidades, o casamento também pode trazer estresse e tensão se os casais não abordarem suas finanças e prioridades de maneira realista" (Beyond Today, 2011).

É importante entender que Deus tem um plano para nossas finanças e que a compreensão dos requisitos mínimos de Deus para o dinheiro é uma maneira de prosperar na vida conjugal (Bentley, 2015).

Deus é o dono de tudo

Crucial para a fidelidade financeira é reconhecer que Deus é o dono e nós somos simplesmente mordomos que um dia prestarão contas. Quando Deus criou a Terra, sua intenção era que a humanidade governasse sobre ela sob seu domínio. Usar seus recursos como se fossem apenas nossos, sempre levará à infidelidade. Por causa dessa mentalidade predominante entre os casais casados, há um uso constante incorreto das finanças, levando ao estresse financeiro (Brown, 2015).

Fidelidade financeira

Para ser fiel e colher as bênçãos de Deus, os casais devem entender e seguir o plano de Deus para suas finanças. Isso inclui usar sua riqueza para ganhar almas para Cristo (Brown, 2015). Além disso, os casais precisam começar a planejar escrevendo seus objetivos que devem incluir um orçamento equilibrado, e esses objetivos precisam ser revisados anualmente. "Um dos primeiros objetivos inclui evitar a escravidão financeira, ficando fora de dívidas adicionais e comprometendo-se a pagar dívidas existentes" (Brown, 2015).

Aqui estão algumas dicas sobre como lidar com o dinheiro no casamento

1. *Dividam as despesas*: para manter o equilíbrio no relacionamento e nas contas, é interessante dividir as despesas entre vocês de forma justa e até proporcional. Ter uma linha de pensamentos segundo os padrões financeiros que o casal possui mensalmente sem gastar mais do que ganham, pode trazer conforto e paz financeira no casamento. Gastem menos do que ganham.

2. *Priorizem a quitação de dívidas*: outro ponto importante é que as finanças no casamento devem ter foco na quitação de dívidas. "É indispensável garantir que o orçamento familiar esteja 'limpo', livre dos débitos e dos juros atrelados a eles" (Unicred Digital, 2020).

3. *Tenham uma reserva de segurança*: os imprevistos acontecem sem que haja qualquer controle. O maior problema é que eles afetam totalmente o orçamento e podem prejudicar todo o seu planejamento. Então, o ideal é criar uma reserva de segurança. "Ela serve como uma proteção extra e ajuda a cobrir gastos que surgem de maneira repentina (Unicred Digital, 2020).

4. *Abram o jogo sobre o dinheiro*: procurem conversar sobre as finanças o quanto antes, para se alinharem com os gastos e economias, se for o caso, cortem o cartão de crédito, revisem as possíveis dívidas e locais onde o dinheiro e as economias estão "fugindo", geralmente são gastos desnecessários que podem ser evitados.

5. *Vivam a individualidade financeira*: para levar o orçamento familiar adiante, é preciso levar em conta os hábitos do casal e colocar esses gastos como necessários dentro do planejamento, SIM, CANETA E PAPEL NA MESA PARA PLANEJAREM JUNTOS. Se for possível cortar ou diminuir os gastos, ótimo. Sendo necessário, recorram

ao hábito de terem em mente a necessidade de economizar para possíveis imprevistos como saúde, aquisições, lazer etc.

Aqui estão algumas dicas sobre como evitar conflitos financeiros no casamento:

1. Seja transparente e honesto consigo mesmo e com o seu cônjuge: nunca esconda os seus gastos ou endividamento do seu cônjuge. Isso faz com que o "clima" de desconfiança, descrédito ocupe o casamento com problemas não causados por esse problema.

2. *Conversar sobre finanças e planos para o futuro*: falar sobre dinheiro pode ser chato, mas não falar pode ser catastrófico e pode aumentar as possibilidades de falência em muitos sentidos. Faz-se necessário que o casal (os dois) se reúna para planejarem alvos e metas financeiras estrategicamente e enfrentar o problema juntos.

3. *Mantenha suas finanças em dia e sob controle*: se não houver um domínio próprio sobre você mesmo e as suas finanças, pode ocorrer de prejudicar o orçamento mensal da família, causando transtornos e problemas no casamento.

4. **Quando as finanças estiverem em dia**: reserve uma porcentagem para seu gasto pessoal e em família, juntos em tempo de lazer do casal e/ou familiar.

Conclusão

Ao continuarem com uma aproximação relevantemente bíblica para as questões financeiras no casamento, os casais podem descobrir habilidades duradouras com propósitos bíblicos para o engrandecimento do nome do nosso Senhor.

> Ao buscar primeiro o reino de Deus e sua justiça, os casais podem encontrar bênçãos e graça transbordante em seu casamento (Bentley, 2015, s/p).

11.1d - A FREQUÊNCIA DOS CONFLITOS QUE TEMOS NO CASAMENTO

O casamento é uma união íntima entre duas pessoas, superada apenas pela conexão com Deus. Às vezes, o casamento pode revelar o melhor ou o pior de cada indivíduo, pois eles lutam para se tornarem "**uma só** carne" (Mateus, 19:6; Marcos, 10:8), um desafio ou presente divino para a humanidade criada por Ele.

O egoísmo é frequentemente a raiz dos problemas conjugais.

Nenhum dos cônjuges pode viver como se fosse superior ao outro ou desprezando ao outro conforme muitos psicólogos ou coachs estoicos aconselham, mas temos que ser humildes e amar o nosso cônjuge como a nós mesmos segundo os mandamentos de Jesus!

Há versículos específicos que abordam o comportamento de maridos e esposas. Alguns desses são 1 Pedro (3:1-8), Colossenses (3:18-19) e Tito (2:3-5). Apesar de não abordar o casamento diretamente, Filipenses (2:3-13) é uma excelente receita para resolver problemas matrimoniais. Essa passagem nos exorta a adotar a **atitude que Cristo demonstrou quando deixou de lado os Seus direitos e privilégios como o Filho de Deus e veio à Terra como um humilde servo.**

Os versículos 3 e 4 dizem: "**Nada façais por partidarismo ou vanglória, mas por humildade, considerando cada um os outros superiores a si mesmo.** Não tenha cada um em vista o que é propriamente seu, senão também cada qual o que é dos outros". Quando essa exortação é aplicada ao casamento, quase qualquer obstáculo pode ser superado (Got Questions, 2023).

Certamente, buscar conselho de um pastor ou conselheiro Cristocêntrico matrimonial cristão é um ato bíblico a se fazer (Provérbios, 19:20). Conseguir aconselhamento é uma excelente maneira de esclarecer equívocos sobre os papéis do casamento, ver uma situação de um outro ponto de vista e distinguir entre os padrões de Deus e os do mundo (Got Questions, 2023). Ver qual a diferença entre a cosmovisão laica e a fonte real de toda cosmovisão que é a Bíblia Sagrada.

Efésios (5:21-33) orienta-nos para instruções específicas para maridos e esposas. Um marido deve amar sua esposa "**como também Cristo amou a igreja e a si mesmo se entregou por ela**" (Efésios, 5:25). Esse amor abnegado cria uma atmosfera na qual a esposa pode mais facilmente se submeter à liderança do marido.

Quando um marido está comprometido em demonstrar amor por sua esposa, e uma esposa está comprometida em permitir gentilmente que seu marido a conduza, o casamento funcionará. Ambos têm os seus papéis definidos biblicamente, basta para isso se submeterem ao que se encontra na palavra de Deus e aceitar as suas correções.

Também é importante prestar atenção aos versículos precedentes às instruções específicas do casamento. Efésios (5:18-21) diz: "18 E não vos embriagueis com vinho, no qual há dissolução, mas enchei-vos do Espírito, 19 falando entre vós com salmos, entoando e louvando de coração ao Senhor com hinos e cânticos espirituais, 20 dando sempre graças pôr tudo a nosso Deus e Pai, em nome de nosso Senhor Jesus Cristo" (Colossenses, 3:16-17), 21 "sujeitando-vos uns aos outros no temor de Cristo" (Efésios, 5.18-21).

11.1e - A DISTRIBUIÇÃO DE TAREFAS DOMÉSTICAS

A distribuição de tarefas domésticas é um assunto importante para muitos casais. É comum que um dos parceiros sintam que está fazendo mais do que sua parte justa, enquanto o outro pode não perceber o quanto está contribuindo. Isso pode levar a tensões e conflitos no relacionamento.

A Bíblia oferece muitos conselhos sábios sobre como lidar com essas questões. Em Colossenses (3:23-24), lemos: 23 "Tudo quanto fizerdes, fazei-o de todo o coração, como para o Senhor e não para homens, 24 cientes de que recebereis do Senhor a recompensa da herança". A Cristo, o Senhor, é que estais servindo. Não podemos esquecer que sempre devemos executar tudo com alegria e amor, não esquecendo da dedicação e honrando sempre a Deus com tudo o que fazemos, pois, acima de tudo, estamos servindo a Deus, depois aos outros.

Em Filipenses (2:3-4), o apóstolo Paulo nos traz um conselho: 3 "Nada façais por partidarismo ou vanglória, mas por humildade, considerando cada um os outros superiores a si mesmo. 4 Não tenha cada um em vista o que é propriamente seu, senão também cada qual o que é dos outros". Isso significa que devemos inserir as necessidades dos outros juntamente com as nossas próprias e estar dispostos a "socorrer" em amor e compaixão uns aos outros.

Um bom conselho para casais é sentar e discutir abertamente suas expectativas e responsabilidades em relação às tarefas domésticas.

É importante ouvir atentamente o ponto de vista do outro e tentar chegar a um acordo justo. Lembre-se de que o objetivo não é ganhar uma discussão ou provar quem está certo, mas sim trabalhar juntos para construir um relacionamento saudável e amoroso e único no Senhor.

Em Provérbios (31:10-31), encontramos uma descrição da mulher virtuosa que cuida de sua casa e família com amor e dedicação. Embora esse texto seja frequentemente interpretado como um modelo para as mulheres seguirem, ele também pode ser visto como um exemplo para todos nós seguirmos. Devemos nos esforçar para sermos diligentes e cuidadosos em nossas responsabilidades domésticas, fazendo tudo com amor e dedicação.

O casamento é uma parceria em que ambos os parceiros devem trabalhar juntos para construir um relacionamento saudável e amoroso. Isso inclui a distribuição justa de responsabilidades e tarefas.

A Bíblia oferece muitos conselhos sábios sobre como lidar com essas questões. Em Efésios (5:21-33), Paulo aconselha-nos a nos submetermos uns aos outros no temor de Cristo. Isso significa que devemos estar dispostos a colocar as necessidades dos outros antes das nossas próprias e trabalhar juntos para o bem comum.

Em 1 Coríntios (12:12-27), Paulo usa a metáfora do corpo humano para descrever como os membros da igreja devem trabalhar juntos. Cada parte do corpo tem uma função específica e todas são importantes para o funcionamento saudável do corpo como um todo. Da mesma forma, cada parceiro em um casamento tem habilidades e talentos únicos que podem ser usados para o bem do relacionamento.

Em Colossenses (3:14-17), Paulo aconselha-nos a nos revestirmos do amor, que é o elo perfeito. Ele também nos lembra de deixar que a paz de Cristo seja o juiz em nossos corações e de sermos gratos. Tudo o que fizermos, seja em palavra ou em ação, devemos fazê-lo em nome do Senhor Jesus.

Em resumo, a Bíblia oferece-nos muitos conselhos sábios sobre como lidar com a distribuição de tarefas domésticas em um relacionamento. É importante lembrar de fazer tudo com amor e dedicação, colocando as necessidades dos outros antes das nossas próprias e trabalhando juntos para construir um relacionamento saudável e amoroso.

11.1f - A FREQUÊNCIA COM QUE TEMOS RELAÇÕES SEXUAIS

Quando Deus criou o homem e lhe deu uma esposa que lhe auxiliasse em tudo em amor e alegria, Deus presenteou a sua criação com o sexo. **O sexo não é algo imoral, sujo, pecaminoso quando ocorrido dentro do casamento, o sexo é uma benção de Deus para que os casais vivam em união e amor.**

O sexo produz alguns benefícios na conjugabilidade do casal bem como para a saúde física, emocional e espiritual dos cônjuges, ao mesmo tempo, se for fora dos padrões bíblicos podem trazer dificuldades e afetar a vida sexual dos casais.

Encontramos na Bíblia alguns versos bíblicos que falam sobre o propósito e o valor do sexo no casamento:

- Também disse Deus: "Façamos o homem à nossa imagem, conforme a nossa semelhança; tenha ele domínio sobre os peixes do mar, sobre as aves dos céus, sobre os animais domésticos, sobre toda a terra e sobre todos os répteis que rastejam pela terra. Criou Deus, pois, o homem à sua imagem" (Genesis, 1:26-27).

- E Deus os abençoou e lhes disse: "**Sede fecundos, multiplicai-vos, enchei a terra** e sujeitai-a; dominai sobre os peixes do mar, sobre as aves dos céus e sobre todo animal que rasteja pela terra" (Gn 1:27–28). **Obs**: (Genesis, 2:24, Mateus,19:5; Marcos, 10:7–8; 1 Coríntios, 6:16; Efésio, 5:31). *Este verso destaca a dignidade e o profundo significado da união matrimonial.*

- "24Por isso, deixa o homem pai e mãe e se une à sua mulher, tornando-se os dois uma só carne." (Gênesis 2:24).

- "**e se une à sua mulher, tornando-se os dois uma só carne.** 25 Ora, um e outro, **o homem e sua mulher**, estavam nus e não se envergonhavam" (Gênesis 2:24–25).

- "não tendes lido que o Criador, desde o princípio, os fez homem e mulher" (Mateus 19:4-6).

- 5 "e que disse: Por esta causa deixará o homem pai e mãe e se unirá a sua mulher, tornando-se os dois uma só carne. 6 De modo que já não são mais dois, porém uma só carne. Portanto, o que Deus ajuntou não o separe o homem" (Gn 1:27; 5:2).

- 4 "Digno de honra entre todos seja o matrimônio, bem como o leito sem mácula; porque Deus julgará os impuros e adúlteros. 5 Seja a vossa vida sem avareza. Contentai-vos com as coisas que tendes; porque ele tem dito: De maneira alguma te deixarei, nunca jamais te abandonarei" (Hebreus13:4);

- 18 "Seja bendito o teu manancial, e alegra-te com a mulher da tua mocidade, 19 corça de amores e gazela graciosa. Saciem-te os seus seios em todo o tempo; e embriaga-te sempre com as suas carícias" (Provérbios 5.18–19).

Algumas perguntas comuns que os casais podem ter:

- Qual é a frequência ideal ou normal das relações sexuais no casamento cristão?
- Como lidar com as diferenças de desejo e necessidade sexual entre os cônjuges?
- Como conciliar as demandas do trabalho, da família, da igreja e da sociedade com o tempo e a qualidade do sexo conjugal?
- Como evitar a rotina, o tédio e a insatisfação sexual no casamento cristão?
- Como resolver os conflitos, as mágoas e as feridas que podem prejudicar o sexo conjugal?
- Como cultivar a intimidade, a comunicação e o respeito mútuo no sexo conjugal?

Alguns princípios bíblicos e conselhos práticos:

- O sexo conjugal deve ser uma expressão de amor, fidelidade e aliança entre os cônjuges, não uma obrigação, um direito ou uma barganha (1 Coríntios, 13:4-7; Efésios, 5:21-33).

- O Ato conjugal deve ser **mútuo e consensual**, respeitando as preferências, os limites e as necessidades de cada cônjuge, sem egoísmo, imposição ou violência (1 Coríntios, 7:3-5; Colossenses, 3:19; 1 Pedro, 3:7).

- O sexo conjugal deve ser **exclusivo e monogâmico**, evitando qualquer forma de infidelidade, adultério ou pornografia (Êxodo, 20:14; Mateus, 5:27-28; Hebreus, 13:4).

- O ato conjugal deve haver formas de surpreender, agradar e satisfazer o cônjuge, sem cair em práticas pecaminosas ou imorais (Romanos, 12:1-2; 1 Tessalonicenses, 4:3-8).

- O sexo conjugal deve ser **frequente e regular**, evitando longos períodos de abstinência ou negligência, exceto por mútuo consentimento e por tempo limitado para oração (1 Coríntios, 7:5; Provérbios, 5:18-19).

ORAÇÃO DA CONJUGABILIDADE (Orar juntos)

"Querido Deus, nós te agradecemos pelo dom maravilhoso do sexo conjugal, que nos permite expressar o nosso amor, a nossa fidelidade e a nossa aliança com o nosso cônjuge. Nós te pedimos que nos ajude a viver uma sexualidade saudável, santa e satisfatória, de acordo com a tua vontade e a tua Palavra.

Nós te pedimos que nos livre de qualquer tentação, pecado ou problema que possa prejudicar o nosso casamento e o nosso sexo conjugal. Nós te pedimos que nos dê sabedoria, comunicação e respeito mútuo para resolver as nossas diferenças e dificuldades.

Nós te pedimos que nos dê criatividade, prazer para surpreender, agradar e satisfazer o nosso cônjuge. Nós te pedimos que nos dê frequência, regularidade e intimidade para fortalecer a nossa união e a nossa felicidade. Nós te pedimos que abençoe, proteja e fortaleça o nosso casamento e o nosso sexo conjugal, para que sejamos uma só carne e um só espírito contigo.

Em nome de Jesus, amém".

Existem alguns versos na Bíblia que falam sobre uma só carne e um só espírito contigo. Um deles é Efésios (5:31-32), que cita o relato da criação do homem e da mulher em Gênesis (2:24). Nesse verso, Paulo explica que o casamento é um mistério que representa a união entre Cristo e a Igreja. Assim como o marido e a esposa se tornam uma só carne, os cristãos tornam-se um só espírito com Cristo.

Outro verso é 1 Coríntios (6:17), que contrasta a união com uma prostituta com a união com o Senhor. Paulo diz que quem se une ao Senhor é um espírito com ele, ou seja, tem comunhão e intimidade com ele. Esse verso também cita Gênesis (2:24), mostrando que a união sexual é uma expressão da união espiritual.

> Por essa razão, o homem deixará pai e mãe e se unirá à sua mulher, e os dois se tornarão uma só carne. Este é um mistério profundo; refiro-me, porém, a Cristo e à igreja (Efésios, 5:31-32).

12

O PAPEL DO CASAMENTO EM RELAÇÃO À DEPRESSÃO, À ANSIEDADE E AO ESTRESSE

Conforme os estudos científicos dos estudiosos (Whiteman; Petersen, 2013), no livro *O seu casamento e a internet*, o bem-estar psicológico é constantemente afetado, refletindo as consequências do divórcio.

O casamento é como um quadro, uma obra de arte, onde o pintor vai delineando os traços, cores, profundidade, até chegar ao ápice da sua criação, não se esquecendo que na trajetória o artista muitas vezes tem que recomeçar do zero tudo de novo, para que a obra fique mais bonita, original, semelhantemente é a que palavra de Deus nos direciona, sermos originais segundo o propósito de Deus, pois Ele também criou o casamento.

O casamento é bem semelhante a um quadro, uma de obra de arte, com seus altos e baixos, inquietações, esgotamentos e nervosismos esporádicos que permeiam o matrimônio. Em detrimento a isso, a depressão, ansiedade e o estresse rodeiam o casal como forças contrárias ao bom relacionamento conjugal.

Estudos globais indicam uma tendência ao desenvolvimento de depressão e sintomas associados em indivíduos após o divórcio. Esses sintomas podem incluir, mas não se limitam a, depressão, ansiedade e estresse dentro do contexto matrimonial. Observa-se um contraste entre as abordagens da psicologia contemporânea e da psicologia pastoral, que se fundamenta nos ensinamentos bíblicos.

> Cônjuges Infelizes que se divorciaram ou que se separaram, mostraram um número maior de sintomas depressivos, em comparação com cônjuges infelizes que permaneceram casados. [...]. A diferença dramática ocorreu no uso de álcool. Cônjuges infelizes que se divorciaram média de 7,33 dias de consumo por mês e também tomaram significativamente mais bebidas por dia (Waite *et al.*, 2002, p. 11).

CASAIS QUE SE DIVORCIAM PASSARAM A TER UM MAIOR CONSUMO ALCOÓLICO E MAIOR TENDÊNCIA DEPRESSIVA

O mais preocupante, contudo, é constatar que o mundo pós-moderno tenta mostrar o contrário às pesquisas de cunho científico, levando a imprensa subornada pelos seus globalistas patrocinadores, a divulgar ou criar fake news, novelas, filmes, desenhos animados cheios de falsidades e inverdades, totalmente contra as verdades bíblicas, não é à toa que grande parte dos artistas e produtores possui vários casamentos.

Não é exagero afirmar que os problemas do casamento são os mesmos já existentes anteriormente, antes de cada um se casar, pois se não haver uma cura pela palavra, os problemas seguirão com as pessoas por onde forem.

Concluiu-se que casais que permanecem casados, mesmo diante dos problemas do dia a dia, tendem a serem mais felizes e com mais autoestima.

Existem muitos casamentos felizes mesmo em meio aos ataques à família pela mídia ou pela psicologia pós-moderna, tentando demonstrar a decadência conjugal e familiar, sendo assim:

> Devemos nos lembrar de que o conflito matrimonial geralmente é sinal de alguma coisa mais profunda, como egoísmo, falta de amor, dificuldade de perdoar, raiva, amargura, problemas de comunicação, ansiedade, abuso sexual, embriaguez, sentimentos de inferioridade, pecado e rejeição deliberada à vontade de Deus. Todos esses fatores podem causar tensões conjugais, podem sofrer influência dos conflitos entre marido e mulher, são discutidos na Bíblia (Collins, G. R., 2004, p. 477).

Segundo o que lemos anteriormente, Garry R. Collins (2004, p. 480), "**À medida que os dois vão ficando mais velhos e os meses se transformam em anos, o casamento também precisa mudar e amadurecer para permanecer saudável**". Os problemas sempre existiram e vão continuar a existir, porém o divórcio não é a solução para eles, temos que lutar guerrear para que possamos obter famílias unidas.

Trata-se inegavelmente de atitudes que o casal necessita tomar para minimizar os atritos e transtornos, seria um erro, porém, atribuir a fatos não comprovados cientificamente que o divórcio é a melhor solução para os problemas. Assim, reveste-se de particular importância a conscientização de que o matrimônio é um processo de desenvolvimento humano para uma melhor convivência entre duas pessoas. Sob essa ótica, ganha particular relevância a necessidade de o casamento ser amadurecido reciprocamente para se fortalecer saudavelmente.

Podemos entender que quanto maior o tempo de casados, maiores são os níveis de desenvolvimento conjugal, por exemplo, **os matrimônios que perduram por mais tempo, são compostos por casais que se perdoam, reconhecedores de seus erros e abertos a perdoar e ao aconselhamento conjugal pastoral**.

Como bem nos assegura Garry R. Collins (2004, p. 477), "**Não é fácil ajudar um casal a resolver conflitos matrimoniais e construir um casamento melhor, mas esta pode ser uma das mais gratificantes experiências que um conselheiro pode ter**". Quando um casal deseja ter uma Satisfação Conjugal melhor, o mesmo precisa reconhecer a necessidade de buscar ajuda em meio às crises que surgem ao longo do tempo de casados e via de regra os conselheiros bíblicos Cristocêntricos são capazes de ajudar nesses momentos, caminhando e encaminhando-os a uma nova experiencia de vida com Jesus dentro do casamento, em todas as áreas da conjugabilidade.

Mesmo no meio de pastores e esposas, existem barreiras aos aconselhamentos, por alguns entenderem que é uma fraqueza de sua parte procurarem ajuda mútua. Muitos dos casos de separação, advêm da falta de aconselhamentos ligado às áreas de comunicação, tensões do tipo sexual, definições de papéis no casamento, reconhecimento do papel da palavra de Deus como base e princípio para a satisfação plena.

O problema da depressão, ansiedade e o estresse entre casais na atualidade, tem levado muitos a se divorciarem. Dessa forma, quanto mais o casal busca apoio na palavra de Deus e em seus ensinamentos, maiores serão as hipóteses de Satisfação Conjugal relacionadas aos transtornos citados.

> O casamento é o mais íntimo de todos os relacionamentos humanos. Quando este relacionamento é feliz, e vai se aperfeiçoando com o tempo, torna-se uma das maiores fontes de satisfação que temos na vida. Mas quando é triste, ou se transforma numa relação estagnada e rotineira, pode ser uma fonte de grande frustração e infelicidade. Deus, certamente, quer que os casamentos sejam felizes, um espelho do belo

relacionamento entre o Cristo e sua igreja (Collins, G. R., 2004, p. 491).

A palavra de Deus é a chave para o aprimoramento da Satisfação Conjugal em relação aos transtornos pós-modernos como a depressão, ansiedade e o estresse. A satisfação conjugal é uma relação de íntima afinidade entre casal e que, com o tempo, dependendo da base bíblica, torna-se maior a satisfação para ambos, porém, quando se vive longe dos preceitos bíblicos e de seus conselhos, a tristeza pode tornar a relação desgastada e sem propósito, trazendo serias frustrações. Parece óbvio que existe uma longa experiência de felicidade e a conjugabilidade bíblica, mas não sob a cosmovisão pós-moderno. Sob o ponto de vista midiático, o divórcio pode ser uma solução prática, comprovadamente sem base científica e muito menos bíblica para essa afirmação. Afinal, trata-se de influências para acabar com a Satisfação Conjugal e familiar, onde se tende a resolver velhos problemas da vida de solteiro com as mesmas práticas dentro do casamento.

Gráfico 42 – DIVÓRCIO, SEPARAÇÃO, GESTÃO. LÉXICO HEBRAICO

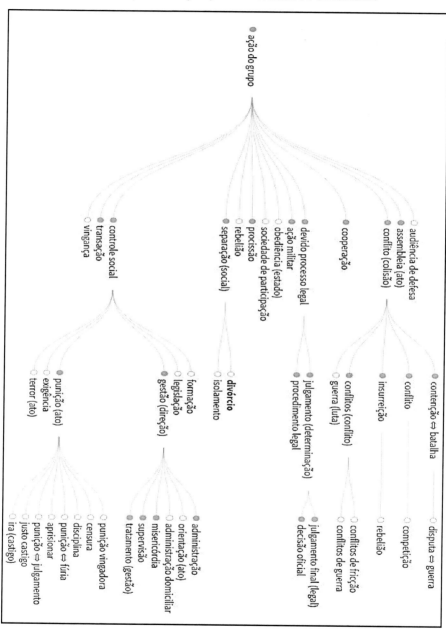

Fonte: Strong (2002)

DEPRESSÃO, ANSIEDADE, ESTRESSE E A BÍBLIA

Depressão, ansiedade e estresse são termos clínicos usados para alguns tipos de transtornos emocionais. A Bíblia não fala diretamente usando esses termos para defini-los como tal, porém, em vários casos, demonstra seus personagens na vida real com sérios problemas relacionados a esses transtornos.

A depressão, a ansiedade e o estresse são problemas que afetam muitas pessoas hoje em dia. Eles podem ter diversas causas, como traumas, perdas, frustrações, doenças, pecados ou ataques espirituais. Esses problemas podem gerar um grande sofrimento emocional e físico, prejudicando a qualidade de vida e a relação com Deus e com os outros.

A Bíblia não ignora a realidade da depressão, da ansiedade e do estresse. Ela mostra-nos que muitos personagens bíblicos passaram por esses problemas em algum momento de suas vidas, como Davi, Jó, Elias, Jeremias e até mesmo Jesus. Ela também nos oferece orientações, conselhos e promessas para lidarmos com esses problemas à luz da fé cristã.

Neste capítulo, vamos olhar alguns versos da Bíblia que nos ajudam a entender e a combater a depressão, a ansiedade e o estresse. Vamos ver como podemos encontrar esperança, paz e consolo em Deus e em sua Palavra. Vamos aprender como podemos orar, confiar e descansar em Deus em meio às nossas aflições. E vamos descobrir como podemos ser fortalecidos pela graça de Deus e pelo apoio da comunidade cristã e procurando também um conselheiro bíblico.

- **(Mateus, 11:28-30)**: "Venham a mim, todos os que estão cansados e sobrecarregados, e eu darei descanso a vocês. Tomem sobre vocês o meu jugo e aprendam de mim, pois sou manso e humilde de coração, e vocês encontrarão descanso para as suas almas. Pois o meu jugo é suave e o meu fardo é leve". **(Filipenses, 4:6-7)**: "Não andem ansiosos por coisa alguma, mas em tudo, pela oração e súplicas, e com ação de graças, apresentem seus pedidos a Deus. E a paz de Deus, que excede todo o entendimento, guardará o coração e a mente de vocês em Cristo Jesus". **(Naum, 1:7)**: "O Senhor é bom, um refúgio em tempos de angústia. Ele protege os que nele confiam". **(Isaías, 26:3):** "Tu, Senhor, guardarás em perfeita paz aquele cujo propósito está firme, porque em ti confia". **(João, 14:27):** "Deixo a paz a vocês; a minha paz dou a vocês. Não a dou como o mundo a dá. Não se perturbe o seu coração, nem tenham medo". **(Salmos, 34:17):** "Os justos clamam, o SENHOR os ouve e os livra de todas as suas tribulações. **18** O Senhor está perto dos que têm o coração quebrantado e salva os de espírito abatido" (NVI, 2019).

A Bíblia está repleta de personagens, profetas, apóstolos e mesmo o nosso Senhor Jesus, que por algum motivo, passou por transtornos relacionados à depressão, à ansiedade e ao estresse, cada um com alguma diferença entre o outro, porém o fato desses homens e mulheres de Deus terem passado por estas crises, leva-nos a procurar mais sobre o assunto e novos métodos de aconselhamento em crises de transtornos diversos. Alguns exemplos de personagens bíblicos que passaram por depressão e a ansiedade e o estresse são, "Moisés, Jó, Jeremias, Salomão, Davi, Jonas, Pedro, Paulo e próprio Jesus, quando orou no jardim de Getsêmani" (Sobrinho, 2019, p. 19-20).

> Depressão é um termo clínico que não é discutido na Bíblia, muito embora pareça ter sido um problema comum. Os Salmos 69, 88 e 102, por exemplo, são canções que falam de desespero, mas num contexto de esperança. No Salmo 43, Davi expressa tanto a depressão quanto o regozijo, ao escrever: Por que estás abatida, ó minha alma? Por que te perturbas dentro em mim? Espera em Deus, pois, ainda o louvarei, a ele, meu auxílio e Deus meu (Collins, G. R., 2005, p. 123).

Como podemos ver, Collins (2015) deixa claro que a Bíblia é um livro que trata do assunto de depressão, ansiedade e estresse em muitas de suas histórias. Fica claro que personagens bíblicos descritos também passaram por transtornos emocionais e encontraram refúgio em Deus para seus problemas. O mais preocupante, contudo, é constatar que mesmo com muitas passagens bíblicas sobre o assunto, ainda existem pessoas e até pastores que não creem na relação da Bíblia com a depressão, ansiedade e estresse, muitos dizem que são problemas espirituais e que o cristão verdadeiro não tem depressão. MENTIRA!

> A depressão é uma doença comprovada cientificamente e deve ser tratada (Lopes, 2018, p. 182).

Diferentemente do que se pensa, existem evidências científicas que mostram alterações químicas no cérebro do indivíduo deprimido.

Em outra parte de sua obra, Lopes (2018, p. 474) ressalta que, normalmente, a depressão é classificada em três graus:

1. **Leve;**

2. **Moderada;**

3. **Grave.**

A depressão é um transtorno mental que se caracteriza por um estado de humor triste, persistente e que interfere no funcionamento normal da pessoa. A depressão pode ter diversas causas, como fatores genéticos, biológicos, psicológicos e ambientais. A depressão pode se manifestar em diferentes graus de intensidade, que variam de acordo com o número, a frequência e a severidade dos sintomas. Segundo o Manual Diagnóstico e Estatístico de Transtornos Mentais (DSM-5), os principais sintomas da depressão são:

> Humor deprimido na maior parte do dia, quase todos os dias (Acacia, 2023,s/p).

- Perda de interesse ou prazer em todas ou quase todas as atividades;
- Alteração significativa no peso ou no apetite;
- Insônia ou hipersonia;
- Agitação ou lentidão psicomotora;
- Fadiga ou perda de energia;
- Sentimentos de inutilidade ou culpa excessiva ou inadequada;
- Dificuldade de concentração ou de tomar decisões;

> Pensamentos recorrentes de morte, ideação suicida ou tentativa de suicídio (Coryell, 2021, s/p).

Para o diagnóstico de depressão, é necessário que a pessoa apresente pelo menos cinco desses sintomas por pelo menos duas semanas, sendo que um deles deve ser o humor deprimido ou a perda de interesse ou prazer. Além disso, os sintomas devem causar sofrimento ou prejuízo significativo no funcionamento social, ocupacional ou em outras áreas importantes da vida da pessoa.

A depressão pode ser classificada em três graus: leve, moderada e grave. A diferença entre eles está na intensidade dos sintomas e no impacto que eles causam na vida da pessoa. Vejamos cada um deles:

- **Depressão leve**: é o grau mais brando da depressão, mas ainda assim causa algum impacto na vida da pessoa. A pessoa com depressão leve pode apresentar alguns dos sintomas mencionados anteriormente, mas em menor grau e frequência. Ela ainda consegue realizar suas atividades diárias, mas com mais dificuldade e menos satisfação. A depressão leve muitas vezes pode ser tratada somente com psicoterapia, mas em alguns casos, pode ser necessário o uso de medicamentos antidepressivos.

- **Depressão moderada**: é o grau intermediário da depressão, que causa um impacto significativo na vida da pessoa. A pessoa com depressão moderada apresenta mais sintomas e em maior intensidade do que a depressão leve. Ela tem mais dificuldade para realizar suas atividades diárias e pode se isolar socialmente. A depressão moderada geralmente requer o uso de medicamentos antidepressivos associados à psicoterapia.

- **Depressão grave**: é o grau mais severo da depressão, que torna quase impossível a pessoa enfrentar sua rotina diária. A pessoa com depressão grave apresenta todos ou quase todos os sintomas mencionados anteriormente, em um grau elevado e constante. Ela perde completamente o interesse pela vida e pode ter pensamentos suicidas frequentes. A depressão grave é uma emergência médica e psiquiátrica que requer tratamento imediato com medicamentos antidepressivos e outras intervenções, como a eletroconvulsoterapia ou a estimulação magnética transcraniana (American Psychiatric Association, 2013).

É importante ressaltar que a depressão é uma doença séria e que requer atenção profissional adequada. Se você ou alguém que você conhece apresenta sinais de depressão, procure ajuda médica o quanto antes. A depressão tem tratamento e pode ser superada com o apoio adequado.

É um problema médico que afeta milhões de pessoas, cristãs e não cristãs, no mundo todo. É uma das condições clínicas menos diagnosticadas e mais debilitantes em nossa sociedade. Quem nunca ouviu em algum lugar pessoas dizendo para largar todas as medicações sem terem o conhecimento de causa ou científico do assunto?

> Os remédios usados para o tratamento da depressão causam dependência física e psíquica. Somente o médico psiquiatra que fez a prescrição pode suspendê-los diminuindo a dosagem até tirá-los completamente (Lopes, 2018, p.474).

A Bíblia nos diz muito sobre a depressão. Certamente é um prognóstico clínico que não se fala com o termo *depressão* na Bíblia, porém a palavra de Deus traz esperança, alento, conforto, alegria mesmo na tristeza, regozijo em meio às tormentas, embora a Bíblia trate dos seus servos e cristãos em todo o mundo de uma maneira milagrosa e salutar. Pois quando colocamos a nossa esperança no Senhor e não em nossas forças humanas, certamente que o nosso bom Deus agirá em favor dos seus santos.

Os Salmos 69, 88, 102, 126 são exemplos claros de canções onde o autor trata desse tema com o olhar no futuro que vem da esperança no Senhor... canções que falam da esperança no Senhor, canções que contemplam a alegria no Senhor.

> "Quando o Senhor restaurou a sorte de Sião, ficamos como quem sonha. 2 Então, a nossa boca se encheu de riso, e a nossa língua, de júbilo; então, entre as nações se dizia: Grandes coisas o Senhor tem feito por eles. 3 Com efeito, grandes coisas fez o Senhor por nós; por isso, estamos alegres. 4 Restaura, Senhor, a nossa sorte, como as torrentes no Neguebe. 5 Os que com lágrimas semeiam com júbilo ceifarão. 6 Quem sai andando e chorando, enquanto semeia, voltará com júbilo, trazendo os seus feixes (Salmo 126).

1. A Alegria da Restauração de Sião (Salmo 126:1,2a)

Em 537 a.C., acorreu o decreto de Ciro e muitos dos exilados em Babilônia regressaram a Jerusalém. A alegria foi contagiante, pois depois de um grande período de tristeza e exílio longe de seu país, o povo de Israel retornava à sua casa e a alegria era tão grande que de longe se ouvia os brados de júbilo (Esdras, 3:13).

Deus havia levantado a Ciro para esse exato propósito (Isaías, 44:24), e através dele efetuou o regresso do povo. "A referência a sonhos pode descrever o êxtase do povo no que acontecera, ou, mais provavelmente, à sua condição enquanto ainda em Babilônia. Sonhavam com o regresso, estimulados por antigas profecias relativas à tal prospecto e por aquelas de seu companheiro de exílio, Ezequiel" (Ezequiel, 36:24; 37:1-14). O efeito foi que a tristeza e as sombras do exílio foram substituídas por riso e cânticos. Isto está em conformidade com as descrições proféticas de como a restauração ocorreria (Isaías, 49:8-13; 52:8-10) (Harman, 2011, p. 432-433) . No Salmo 43, por exemplo, Davi manifesta o que estava se passando com sua alma, e tanto a depressão quanto o regozijo foram manifestados ao escrever:

> Por que estás abatida, ó minha alma? Por que te perturbas dentro em mim? Espera em Deus, pois ainda o louvarei, a ele, meu auxílio e Deus meu (Salmo 43:5).

O livro de lamentações inteiro foi escrito pelo profeta Jeremias. O poder miraculoso de Deus se manifestou na vida de Elias no Monte Carmelo, porém, quando Jezabel ameaçou matá-lo, ele fugiu para o deserto e mergulhou no desânimo e possivelmente ficou depressivo.

A Bíblia relata que ele queria morrer, desistir da vida, porém o poder de Deus se manifestou e Elias teve um tratamento diretamente de Deus, que enviou um anjo para lhe servir. O próprio mestre Jesus, em sua humanidade, esteve angustiado no Getsêmani.

> Aí ele começou a sentir uma grande tristeza e aflição e disse a eles: A tristeza que estou sentindo é tão grande, que é capaz de me matar" (Adams, 1982, s/p).

Então chegou Jesus com eles a um lugar chamado Getsêmani, e disse a seus discípulos: "Assentai-vos aqui, enquanto vou além orar" (Mateus, 26:36b). E, levando consigo Pedro e os dois filhos de Zebedeu, começou a entristecer-se e a angustiar-se muito.

> Então lhes disse: "A minha alma está cheia de tristeza até a morte; ficai aqui, e velai comigo" (Mateus, 26:36-38).

Jesus passou pela aflição e a tristeza de morte, porém Ele sabia a esperança e em quem confiava. Numerosos trechos da Bíblia tratam de tristeza, dor e, às vezes, desespero. O desespero verdadeiro é colocado em contraste com a certa esperança viva, a mesma palavra de Deus traz o refúgio, alívio, conforto, sustentabilidade em meio ao caos. A Bíblia mostra que alguns homens de Deus, como Jó (Jó, 3.5-25), Davi (Salmo 69.1-30) e Elias (1 Reis, 19.1-25)

> [...] viveram momentos de conflitos, dúvidas, estresse e enfrentaram a depressão. Por isso, eles questionaram seu Senhor e a sua justiça. Apesar de tudo, eles superaram esses

momentos cruciais quando compreenderam os propósitos de Deus (Lopes, 2018, p. 152).

A palavra de Deus tem o seu foco na experiência de vida e ao mesmo tempo o foco na esperança e direcionamento para o encontro com a felicidade verdadeira que só Jesus Cristo pode dar.

"Ora o **Deus de esperança** vos encha de todo o gozo e paz em crença, para que abundeis em esperança pela virtude do Espírito Santo" (Romanos, 15:13).

"Assim são as veredas de todos quantos se esquecem de Deus; e a esperança do hipócrita perecerá" (Jó, 8:13).

"Ó minha alma, espera somente em Deus, porque dele vem a minha esperança" (Salmo, 62:5).

"Para que pusessem em Deus a sua esperança, e se não esquecessem das obras de Deus, mas guardassem os seus mandamentos" (Salmo, 78:7).

"Aguardando a bem-aventurada esperança e o aparecimento da glória do grande Deus e nosso Senhor Jesus Cristo" (Tito, 2:13).

"Porventura não é o teu temor de Deus a tua confiança, e a tua esperança a integridade dos teus caminhos" (Jó, 4:6).

"Bem-aventurado aquele que tem o Deus de Jacó por seu auxílio, e cuja esperança está posta no Senhor seu Deus" (Salmo 146:5).

"E por ele credes em Deus, que o ressuscitou dentre os mortos, e lhe deu glória, para que a vossa fé e esperança estivessem em Deus" (1 Pedro, 1:21).

"Na esperança de que também a mesma criatura será libertada da servidão deste mundo corrupto, para a liberdade da glória dos filhos de Deus" (Romanos, 8:21).

"Em esperança da vida eterna, a qual Deus, que não pode mentir, prometeu antes dos tempos dos séculos" (Tito, 1:2).

"Paulo, apóstolo de Jesus Cristo, segundo o mandato de Deus, nosso Salvador, e do Senhor Jesus Cristo, esperança nossa" (1 Timoteo, 1:1).

"E agora pela esperança da promessa que por Deus foi feita a nossos pais estou aqui e sou julgado" (Atos, 26:6).

"Pois tu és a minha esperança, Senhor DEUS; tu és a minha confiança desde a minha mocidade" (Salmo, 71:5). "(Pois a lei nenhuma coisa aperfeiçoou) e desta sorte é introduzida uma melhor esperança, pela qual chegamos a Deus"; (Hebreus, 7:19).

"Pelo qual também temos entrada pela fé a esta graça, na qual estamos firmes, e nos gloriamos na esperança da glória de Deus" (Romanos, 5:2).

"E o próprio nosso Senhor Jesus Cristo e nosso Deus e Pai, que nos amou, e em graça nos deu uma eterna consolação e boa esperança" (2 Tessalonicenses, 2:16).

"E a esperança não traz confusão, porquanto o amor de Deus está derramado em nossos corações pelo Espírito Santo que nos foi dado" (Romanos, 5:5).

"Tendo esperança em Deus, como estes mesmos também esperam, de que há de haver ressurreição de mortos, assim dos justos como dos injustos" (Atos, 24:15).

"Que naquele tempo estáveis sem Cristo, separados da comunidade de Israel, e estranhos às alianças da promessa, não tendo esperança, e sem Deus no mundo" (Efésios, 2:12)

"Lembrando-nos sem cessar da obra da vossa fé, do trabalho do amor, e da paciência da esperança em nosso Senhor Jesus Cristo, diante de nosso Deus e Pai" (1 Tessalonicenses, 1:3).

"Aos quais Deus quis fazer conhecer quais são as riquezas da glória deste mistério entre os gentios, que é Cristo em vós, esperança da glória" (Colossenses, 1:27).

"Com coisas tremendas em justiça nos responderás, ó Deus da nossa salvação; tu és a esperança de todas as extremidades da terra, e daqueles que estão longe sobre o mar" (Salmos, 65:5).

Geralmente a depressão vem seguida por um estresse longo ou teve origem nele.

A depressão (antigamente denominada "melancolia") tem sido reconhecida como um problema comum há mais de 3 mil anos. "Ela é um fenômeno que ocorre no mundo inteiro e afeta indivíduos de todas as idades (inclusive crianças)" (Collins, G. R., 2004, p. 122). Um dos casos mais conhecidos na Bíblia, relata o caso do profeta Elias, que teve medo e fugiu para se salvar:

> Por isso Jezabel mandou um mensageiro a Elias para dizer-lhe: "Que os deuses me castiguem com todo o rigor, se amanhã nesta hora eu não fizer com a sua vida o que você fez com a deles". Elias teve medo e fugiu para salvar a vida. Em Berseba de Judá ele deixou o seu servo e entrou no deserto, caminhando um dia. Chegou a um pé de giesta, sentou-se debaixo dele e orou, pedindo a morte: "Já tive o bastante, Senhor. Tira a

minha vida; não sou melhor do que os meus antepassados". Depois se deitou debaixo da árvore e dormiu. De repente um anjo tocou nele e disse: "Levante-se e coma" (1 Reis, 19.2-5).

Como cristãos, não podemos negar que a Bíblia, há milhares de anos, já apresentava as respostas e conselhos para os mais diversos tipos de transtornos, seja depressão, ansiedade ou estresse. Trata-se inegavelmente de uma palavra inspirada por Deus, onde Ele é revelado, seria um erro, porém, atribuir a este século os problemas emocionais e espirituais relacionados anteriormente.

Assim, reveste-se de particular importância a necessidade de estarmos preparados biblicamente como experientemente para o Aconselhamento Cristocêntrico na Satisfação Conjugal relacionada à depressão, à ansiedade e ao estresse, sendo conscientes de que existem casos em que uma junta médica/conselheira ajuda a minimizar e curar esses transtornos.

Sob esse olhar compassivo, ganha particular relevância as palavras de Jesus Cristo:

> Indo, Jesus juntamente com seus seguidores para o lugar chamado Getsêmani falou-lhes: Vamos sentar para orar. Logo depois Jesus começou a entristecer-se e ficar angustiado, temeroso. Dizendo: A minha alma está profundamente triste, sinto uma tristeza de morte. [...]: Meu Pai, se for possível, afasta de mim este cálice; contudo, não seja como eu quero, mas sim como tu queres (Mateus, 26:36-39).

Pode-se dizer que a constatação real e milenar da existência dos problemas de transtornos encontrados na Bíblia, abre um grande leque de oportunidades para se aprofundar ainda mais nos estudos de aconselhamento nos casos citados anteriormente.

Nesse contexto, por exemplo, quando Jesus foi ao Getsêmani, onde passou por aflições, angústias e temores. Não é exagero afirmar que outros personagens bíblicos também passaram por essas aflições, como em um dos salmos de Davi.

> Estou ardendo em febre; todo o meu corpo está doente. 8 Sinto-me muito fraco e totalmente esmagado; meu coração geme de angústia. 9 Senhor, diante de ti estão todos os meus anseios; o meu suspiro não te é oculto. Meu coração palpita, as forças me faltam; até a luz dos meus olhos se foi (Salmo 38.7-10).

Em vista desses fatos, podemos constatar que ao usarmos a Bíblia como base para o aconselhamento Cristocêntrico, **estamos formando o caráter de Deus na vida dos aconselhados, por Sua própria palavra.** Caso contrário, poderemos ocorrer no engano da autossuficiência no direcionamento dos conselhos. Não faz sentido orientarmos uma pessoa ou casal para um caminho desconhecido, já que a Bíblia nos ensina o caminho que devemos trilhar, lamentavelmente, ainda existem grupos de pessoas que não acreditam no sucesso comprovado do Aconselhamento Cristocêntrico como forma de auxiliar o próximo e sanar suas mazelas dos transtornos pessoais. É importante considerar que a palavra de Deus, por si só, prova-se e os seus ensinamentos são poderosos para transformar o mundo:

> O lugar para começar a edificar uma abordagem cristã ao aconselhamento é a Bíblia, e não pode haver ponto de partida mais crucial do que a Grande Comissão dada pelo próprio Jesus. Esta é a planta para a edificação da igreja, e forma a base sobre a qual se edificam vidas e relacionamentos interpessoais, ao ajudar as pessoas mediante o aconselhamento (Collins, G. R., 2005, p. 20).

Existe uma conscientização de fato, que a melhor ferramenta para se usar no decorrer dos aconselhamentos é a própria Bíblia Sagrada, mas não apenas citando alguns de seus versos sem se aprofundar no contexto e cosmovisão do aconselhado, mas ensinando a cosmovisão bíblica do aconselhamento.

Gráfico 43 – Visão da Cosmovisão Bíblica do Aconselhamento.
Deus com o homem verticalmente e o conselheiro segundo a palavra de Deus para aconselhar

Fonte: elaborado pelo autor com base nos dados (Power Point), 2013

Poderemos utilizar o aconselhamento como forma de concilia-ção, discipulado e recomendações diárias a serem feitas em particular ou em grupo.

Sob o ponto de vista espiritual, esse método traz paz e possibilita uma verdadeira libertação das pessoas que se submetem aos conselhos do criador, trata-se do manual do criador para a sua criatura, essas questões são, contudo, obviamente focadas no direcionamento dos transtornos a serem solucionados.

Gráfico 44 – SENTIMENTO, EMOÇÃO, MEDO, TRISTEZA. LÉXICO HEBRAICO

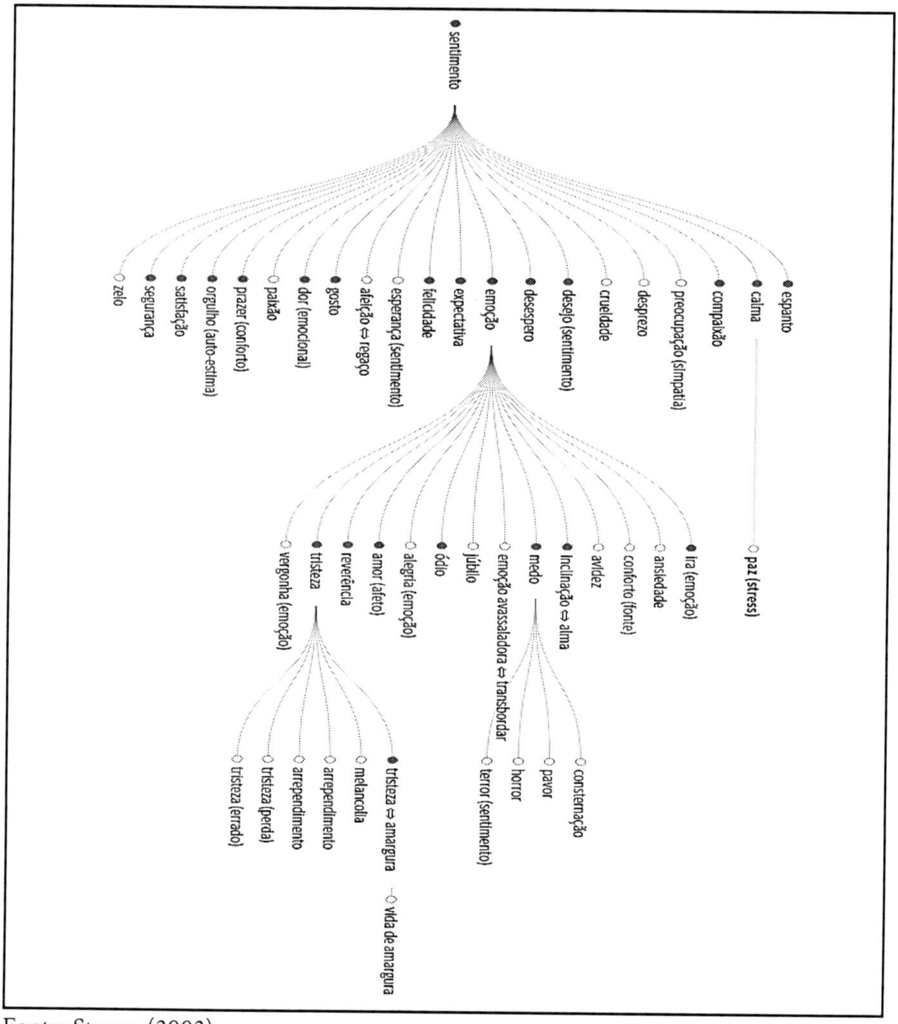

Fonte: Strong (2002)

14

O CASAMENTO E A DEPRESSÃO

Segundo Whiteman e Petersen (2013, p. 159), geralmente as mesmas reações relacionadas ao transtorno, ocorrem em estágios diferentes e são bem parecidas, e se relacionando com a depressão, **quando se aceita o problema, fica mais fácil a maneira de se aconselhar.**

A maioria dos casos de depressão nos casamentos, geralmente é causada por motivos antecedentes aos propriamente ditos da depressão, precedidos por **negação, ira, falta de perdão ou mágoa e barganhas.**

> Entretanto, quanto mais cedo você sair da negação, mais cedo poderá tratar do problema real (Whiteman; Petersen, 2013, p. 195).

Muitos casos também podem estar relacionados a problemas fisiológicos. Os motivos do transtorno depressivo podem variar, porém o conselheiro se torna parte fundamental para o caminho da libertação.

> A depressão pode ter diversas causas. Geralmente, várias delas atuam juntas e, se você puder descobrir, compreender e ajudar o aconselhando a lidar com cada uma delas, seu aconselhamento terá mais chances de sucesso. A tarefa do conselheiro cristão é dificultada por uma série de mitos a respeito da depressão que são largamente aceitos e, às vezes, até pregados (Collins, G. R., 2004, p. 122).

Barreiras culturais e mitos dificultam a busca por terapia de casal. Conforme citado anteriormente, pessoas com sinais ou depressão, passam por várias fases até se conscientizarem de que necessitam de um aconselhamento para a depressão. Casais que se conscientizam e falam a verdade consigo mesmos, têm maiores possibilidades de alcançar libertação e Satisfação Conjugal do que aqueles que negam a existência de um problema.

A Bíblia não fala diretamente sobre a depressão relacionada ao pecado, mas a correlaciona a pecados não confessados:

> Como é feliz aquele que tem suas transgressões perdoadas e seus pecados apagados! Como é feliz [...]. Enquanto escondi os meus pecados, o meu corpo definhava de tanto gemer. [...]; minha força foi se esgotando como em tempo de seca. Então reconheci diante de ti o meu pecado e não encobri as minhas culpas. Eu disse: Confessarei as minhas transgressões ao Senhor, e tu perdoaste a culpa do meu pecado (Salmos, 32:1-5) (NVI, 2019).

Nem sempre a depressão tem relacionamento com o pecado, porém está enfaticamente ligada à falta de confissão, ao reconhecimento de um caminho e a decisões erradas durante o percurso da vida.

Trata-se inegavelmente de uma afirmação categórica entre todos os autores citados sobre a **correlação da depressão e o pecado não confessado**, a negação e a não confissão do mesmo para a libertação do transtorno não traz resultados efetivos e com certeza quando o aconselhando ou casal aconselhado reconhece e confessar o erro e se arrepende do mesmo, uma grande "luz" brilhará no decorrer da caminhada de aconselhamento Cristocêntrico.

A ciência prova que a falta do perdão adoece e corpo:

> Nossas emoções adoecem o nosso corpo físico. A raiva, a mágoa, o ressentimento, a culpa que se materializam na falta de perdão – causam, comprovadamente, uma série de males à nossa saúde física como o infarto e até mesmo, segundo alguns indícios, o câncer (Santana; Lopez, 2012, s/p).

As causas possíveis da depressão incluem uma combinação de origens biológicas, psicológicas e sociais de angústia. Existem os casos de depressão que ocorrem por desencadeamento de fatores sociais, fisiológicos ou mesmo espirituais, os quais devem ser tratados também com a ajuda de um corpo clínico especializado no assunto, bem como o acompanhamento do conselheiro bíblico Cristocêntrico.

A falta do perdão ou do reconhecimento do erro também podem levar à depressão e a outras doenças:

> A capacidade de perdoar a nós mesmos, aos outros e nossa capacidade de reconhecer nossas falhas e pedirmos perdão está em nós. Ela precisa ser exercitada até que faça parte da nossa personalidade. E toda vez que alguém te disser que

> precisamos nos basear em ciência, esteja muito tranquilo
> que é apenas por meio da ciência que nós trabalhamos e se
> engana quem pensa que a ciência não se despertou para a
> subjetividade humana (Santana; Lopez, 2012, p. 32).

Assim, reveste-se de particular importância, para se alcançar uma Satisfação Conjugal de vida plena, **reconhecer quando se erra e confessá-lo**, para que seja perdoado e continue a caminhar em liberdade. Sob essa ótima, ganham particular relevância os termos bíblicos segundo Tiago (5:16), quando confessamos os nossos erros, reconhecemos e concordamos para nos aliviarmos das nossas cargas, declaramos, propomos um acerto, para trazer boas notícias. "A saúde física contrastada com a podridão dos ossos, mostra que a última expressão se refere aos efeitos psicossomáticos de distúrbios internos sobre o corpo" (Adams, 1982, p. 182).

A questão da confissão de pecados se faz muito necessária, pois se encontra em um estado de letargia espiritual, um momento particular errôneo da vida, o problema de estar em um estado de ofensa e afastamento de Deus lutando em aspectos físicos em distinção da alma imaterial; geralmente compreendida como sede do pecado e rebelião contra Deus. São palavras duras, mas reais para quem realmente quer um tratamento eficaz e prudente biblicamente falando.

Sendo assim, pode-se dizer que, o aconselhamento segundo os padrões bíblicos relacionados à Satisfação Conjugal e sua relação com a depressão, tem uma forte ligação com a confissão dos erros ou pecados uns para os outros. Nesse contexto, fica claro que a Bíblia como referencial se enquadra exatamente no centro do aconselhamento Cristocêntrico prático com a experiência milenar da palavra de Deus e seu criador. O mais preocupante, contudo, é constatar que ainda existam linhas de pensamentos que divergem da supremacia e supra culturalidade da palavra de Deus para o aconselhamento da Satisfação nas Áreas da Vida Conjugal e suas correlações.

Para todas as circunstâncias ou transtornos emocionais, ou psicossociais, existe uma explicação de aconselhamento bíblica e Cristocêntrica. É de suma importância que o conselheiro seja preparado, embasado no manuseio da palavra de Deus e apto para aconselhar em todas as circunstâncias da Satisfação Conjugal como um todo. Muitas pessoas não estão preparadas para o aconselhamento, sem a visão de graça do Pai que há em Cristo, e querem exercer esta função de conselheiro bíblico. Por exemplo, uma pessoa sem o conhecimento de causa ou que não tenha se preparado para aconselhar, querer aconselhar um casal em conflito. Conforme escreveu o apóstolo Paulo, "15 **Procura apresentar-te a Deus aprovado, como obreiro que não tem de que se envergonhar, que maneja bem a palavra da verdade**". (2 Timóteo, 2.15).

A falta do conhecimento bíblico bem como clínico emocional, faz com que muitos casais não se entreguem para serem aconselhados. A visão destorcida sobre o aconselhamento, comparado às técnicas filosóficas antigas, tais como o estoicismo, gnosticismo, epicurismo e humanismos pós-moderno, tem deixado uma grande parte dos casais sem a oportunidade de melhorar seus relacionamentos e consequentemente uma maior possibilidade de não resolverem o transtorno da depressão.

> Dessa forma, não podemos, em nome do cristianismo, negar a existência dos problemas de ordem emocional. Há uma infinidade de doenças pesquisadas que afligem muitas pessoas, tais como: fobias, transtorno obsessiva-compulsivo (TOC), depressão, neuroses, psicoses, esquizofrenia, etc. Estudos científicos comprovam a existência das doenças psíquicas. Há uma interligação entre mente e corpo. Muitas doenças físicas têm sua origem em fatores emocionais. Negar isso é generalizar os problemas humanos e colocá-los todos na esfera espiritual (Lopes, 2018, p. 17).

Existe em geral uma falta de compreensão por parte de pessoas ou casais que não se sentem à vontade, ou são bem fechados quanto a receberem aconselhamento, não apenas fora das igrejas onde se imagina que a necessidade é maior, mas também entre os pastores e suas esposas, cristãos "normais" e mesmo os cristãos mais experientes, por se acharem talvez não necessitados de uma boa conversa ou confrontação bíblica entre amigos e conselheiros.

Como cristãos normais, temos que olhar para cada situação de transtorno, seja qual for com o mesmo olhar que Cristo teve pela multidão, graça, compaixão, misericórdia e amor.

Segundo Lopes (2018), "a ignorância faz com que algumas pessoas vejam a depressão como algo relacionado ao comportamento, sendo consequência de algo que está acontecendo no íntimo do indivíduo, seja esta de causa biológica ou emocional". Como já vimos, uma grande parte imagina ser a depressão uma consequência espiritual sem qualquer ligação fisiológica. Não podemos julgar ninguém, mas como Cristo, devemos amar, aconselhar, caminhar a segunda milha juntos para celebrarmos a libertação alcançada pela palavra Cristocêntrica.

ALGUNS SINTOMAS DA DEPRESSÃO NA ATUALIDADE

Muitos fatores, correlacionados ou não, podem determinar algum dos tipos de depressão, e alguns sintomas também podem ser definidos clinicamente ou apontamentos para cada caso. "A sensação persistente de tristeza ou perda de interesse que caracteriza a depressão pode levar a uma variedade de sintomas físicos e comportamentais" (Hospital Israelita, 2021, s/p).

Estes podem incluir alterações no sono, apetite, nível de energia, concentração, comportamento diário ou autoestima. Segundo a Organização Pan-americana de Saúde (OPAS), a Organização Mundial de Saúde (OMS, 2021), em estudo divulgado em fevereiro de 2017, existem 264 milhões de pessoas no mundo com diagnóstico de transtorno de ansiedade, o que corresponde a uma média de 3,6% da população mundial.

Além disso, estima-se que até 2030, a depressão será a doença mais comum, acometendo mais pessoas do que qualquer outro problema de saúde. Além disso, para o ano de 2017, a OMS lançou o lema *"Let's Talk"* ("Vamos Conversar") que visava discutir a depressão a fim de buscar medidas preventivas e de tratamento para esse transtorno. Pela grande incidência das alterações psíquicas nos pacientes, é fundamental entendermos os transtornos mais comuns encontrados na população.

Sendo assim, nem sempre os sintomas da depressão são somente tristeza, falta de apetite ou desânimo, por vezes podem incluir perda ou ganho de peso, sentimento de culpa, irritabilidade e falta de esperança.

Quando uma pessoa próxima conta que está deprimida, muitas vezes nossa reação pode ser de pensar quantas vezes nós a vimos chorando ou desanimada, e se esse não for o caso, questionar se é mesmo verdade. No entanto, estar deprimido é mais do que estar triste e chorar o tempo todo. "Às vezes, quem sofre de depressão mostra sintomas que, de acordo com o senso comum, não estão associados à condição, como perda de peso ou insônia" (Alan E. Kazdin, 2000, p. s/p).

Procure observar no casal ou pessoa que você está aconselhando alguns desses sintomas ou sinais a maior parte do dia, quase todos os dias, durante pelo menos duas semanas. Seguindo essas orientações, será possível não categoricamente observar se a pessoa está sofrendo de depressão:

> Humor triste, ansioso ou "vazio" persistente; Sentimentos de desesperança, luto ou pessimismo Irritabilidade. Sentimento de culpa, inutilidade ou desamparo. Perda de interesse ou prazer pela vida, hobbies e atividades. Diminuição da energia ou fadiga. Mover ou falar mais devagar. Sentir-se inquieto ou ter problemas para ficar sentado. Dificuldade de concentração, lembrança ou tomada de decisões. Dificuldade para dormir, despertar de manhã cedo ou dormir demais. Apetite ou alterações de peso. Pensamentos de morte ou suicídio, ou tentativas de suicídio. Dores, dores de cabeça, cólicas ou problemas digestivos sem uma causa física clara ou que não se aliviam mesmo com o tratamento (Vittude Blog, 2017, s/p).

Alguns conselhos práticos surgem na hora de aconselhar pessoas ou casais que passam por esse tipo de transtorno:

- ✓ Escute atentamente o que o aconselhando estiver falando, não apenas em palavras, mas em seus gestos e maneira de entonação de voz.

- ✓ Fique atento aos sinais em que o corpo transmita raiva, mágoa, pensamentos negativos, baixa autoestima e culpa, pois esses aspectos poderão ser discutidos posteriormente, e levar a uma confissão e mesmo ao perdão, caso a caso.

- ✓ Seja imparcial. Como Jesus, temos que ter a postura santa, acolhedora, e atenciosa, entendendo a fala e aproveitando cada pensamento para posterior acompanhamento.

- ✓ Não menospreze os sentimentos do aconselhado, mesmo que ele(a) não pareça interessado(a) em falar ou se "abrir", lembre-se que pessoas com transtornos necessitam ser atendidas com especial atenção, compaixão e graça.

- ✓ Evite de todas as formas fazer com que o aconselhado se torne codependente ou dependa eternamente do aconselhamento. Aconselhe-os de forma que em um futuro breve, ele(a) também venha ajudar a aconselhar outras pessoas.

- ✓ Sempre que possível, "receite" tarefas bíblicas que o Senhor trazer a sua memória que venham de encontro às necessidades do aconselhado.

- ✓ Evite sufocar demais o aconselhado com perguntas ou afazeres dos quais ele venha ficar dependente de você, isso pode fazer com que o depressivo se torne ainda mais depressivo em virtude de não conseguir fazer as coisas como tem que ser feitas.

- ✓ **<u>CUIDADO AO LIDAR COM O DEPRESSIVO</u>**: nem sempre a depressão é um fator emocional. A fisiologia humana também pode trazer transtornos depressivos em cerca de 40% dos casos de depressão. Estima-se que 40% dos casos de depressão sejam resultado direto de uma doença física, sendo que algumas podem não ser diagnosticadas (Carlton, 1987).

- ✓ Se os sintomas físicos não desaparecerem, ou se a depressão não ceder com a estratégia de aconselhamento adotada inicialmente, é importante encaminhar o aconselhando a um médico nutrólogo, para que se faça os exames necessários para tentar detectar o que está faltando no organismo. Um conselheiro que não tem formação em medicina não está apto a decidir se os sintomas do paciente são psicossomáticos ou não. "Além disso, ele também não tem condições de afirmar com segurança se um determinado caso de depressão tem causas físicas ou não" (Collins, G. R., 2005, p. 130).

- ✓ Observe o histórico familiar, tente encontrar em suas conversas se na família do aconselhado também existem casos de depressão. Medidas socioeducativas familiares podem ajudar em muito. Caso seja reconhecido o problema familiar, tentar ajudar os outros membros da família, realizar encontros, acolher mutuamente uns aos outros, realizar afazeres juntos etc.

- ✓ Aconselhar o atendido a meditar na palavra de Deus, nas escrituras onde se encontram fé, amor, esperança, alegria, vitória sobre o inimigo. Filipenses (4.8): "Tudo o que é verdadeiro, [...] respeitável, [...] justo, [...] puro, [...] amável, [...] admirável, se alguma virtude há e se algum louvor existe, seja isso o que ocupe o vosso pensamento" entre outros versos e passagens bíblicas etc.

✓ Observar com o passar do tempo nos aconselhamentos, as obras da carne que porventura estejam influenciando o aconselhado. "Porque as obras da carne são manifestas, as quais são: adultério, fornicação, impureza, lascívia" (Gálatas, 5:19). "Confia ao Senhor as tuas obras, e teus pensamentos serão estabelecidos" (Provérbios, 16:3; Gálatas, 5:19-21). "Ora, as obras da carne são conhecidas e são: prostituição, impureza, lascívia, idolatria, feitiçarias, inimizades, porfias, ciúmes, iras, discórdias, dissensões, facções, invejas, bebedices, glutonarias e coisas semelhantes a estas, a respeito das quais eu vos declaro, como já, outrora, vos preveni, que não herdarão o reino de Deus os que tais coisas praticam" (Gálatas, 5:19).

✓ Levar o aconselhado a reconhecer tais obras da carne e orar pedindo perdão, perdoando e reconhecendo erros.

✓ Do ponto de vista bíblico, todos carecemos de conselhos e acompanhamento emocional em todas as circunstâncias das fases da vida e principalmente no caso da satisfação conjugal. Afinal, trata-se de um tratamento de aconselhamento bíblico nas áreas de ordens emocionais, que levam ao crescimento em todas as áreas da vida. Essas questões são obviamente particulares de casais para casais, mas, nesse caso, o que estaria acontecendo, na verdade, seria uma falta de maturidade espiritual relacionada ao aconselhamento de transtornos emocionais depressivos.

A própria palavra de Deus trata dos assuntos emocionais, existe também uma relação entre a mente e o corpo, e negar isso seria generalizar ou colocar a vida somente na esfera espiritual, esquecendo-se do cotidiano normal da humanidade. Veja o significado das palavras dor, angústia no **Gráfico 45.**

Gráfico 45 – DOR, ANGÚSTIA, AFLIÇÃO, DEPRESSÃO. LÉXICO HEBRAICO

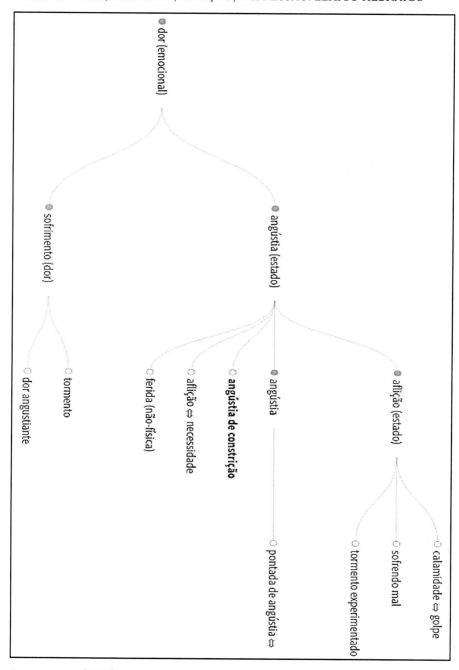

Fonte: Strong (2002)

16

CONSELHOS INICIAIS PARA AJUDAR A PESSOA COM DEPRESSÃO

1. Definição simples

"Um problema médico grave e altamente prevalente na população em geral que afeta a capacidade de uma pessoa de trabalhar, dormir, estudar, comer e aproveitar a vida. É caracterizada por um humor depressivo, perda de interesse ou prazer, sentimento de culpa ou baixa autoestima, distúrbios do sono ou do apetite, sensação de cansaço e falta de concentração" (BRASIL. MINISTÉRIO DA SAÚDE. DEPRESSÃO, 2020, p. s/p).

2. A natureza humana

A visão holística: "E o mesmo Deus de paz vos santifique em tudo; e todo o vosso **espírito, e alma, e corpo**, sejam plenamente irrepreensíveis para a vinda de nosso Senhor Jesus Cristo" (1 Tessalonicenses, 5:23).

3. A questão da origem: NATUREZA X SUSTENTO X SEGURANÇA.

4. Modelo bíblico de lidar com a depressão.

A ênfase das Escrituras consiste no pensamento correto que conduz a sentimentos e comportamentos.

Em Romanos (8), a Bíblia fala a respeito de duas mentes:

1. **A mente espiritual;** *e*

2. **A mente carnal.**

Em Tiago (1:8) encontramos uma passagem que diz que o homem de dupla mente é instável em todos os seus caminhos. Existe outro tipo de dualismo com o qual precisamos nos ocupar:

O Idealismo X Realismo, *ou*

Fantasia X Fato.

O idealista tende a ser uma pessoa passiva e não emotiva, com comportamento e alvos superficiais. A psicose espiritual ou o cristianismo idealístico é uma condição que cruza apatia com depressão e que, por sua vez, produz má percepção da realidade e modo de pensar errôneo.

A depressão é uma adversidade que transtorna milhões de pessoas ao redor da face da Terra. Ela pode causar tristeza profunda, falta de ânimo, desesperança, culpa, isolamento e até pensamentos suicidas.

A depressão não é uma fraqueza de caráter ou uma falta de fé.

Ela é uma doença que precisa de tratamento adequado, que pode envolver Aconselhamento Cristocêntrico, terapias contextualizadas, apoio espiritual e até medicamentos, caso seja comprovada por um corpo médico capacitado.

A Bíblia fala sobre as emoções humanas, no entanto, nunca usa a palavra depressão, trazendo versos que descrevem abatimento, consternação profunda ou de propensão à morte:

> Tristezas de morte me cercaram, e torrentes de impiedade me assombraram (Salmo 18:4).
>
> A minha alma consome-se de tristeza; fortalece-me segundo a tua palavra (Salmo 119:28).

Muitos personagens bíblicos passaram por momentos de depressão, como Jó, Davi, Elias, Jeremias e Paulo. Eles expressaram seus sentimentos de agonia, lamentação e desânimo defronte a Deus e aos homens. Eles também buscaram a ajuda de Deus e de outras pessoas para superar suas crises. **Eles não perderam a fé em Deus, mas reconheceram sua dependência dele e sua necessidade de graça.**

Se você está sofrendo de depressão ou conhece alguém que está passando por isso, saiba que Deus se importa com você e quer lhe dar esperança e consolo.

Ele não o abandona nem o condena por estar deprimido.

Ele o ama e quer lhe curar.

Ele também quer usar outras pessoas para lhe apoiar e lhe encorajar.

Aqui estão alguns conselhos iniciais para ajudar a pessoa com depressão

- Reconheça o problema e busque ajuda profissional. Não tenha vergonha ou medo de admitir que está deprimido e que precisa de tratamento.

- A depressão não é um pecado nem uma maldição. É uma doença que pode ser tratada com aconselhamento bíblico, terapia, apoio espiritual e, se for o caso, com medicamentos. Procure um médico especializado que possa lhe orientar sobre o melhor tratamento para o seu caso. Não se automedique nem ignore os sintomas da depressão.

- Ore a Deus e confie nele. Deus é o seu Criador e o seu Pai celestial. Ele sabe tudo o que você está passando e quer lhe ajudar. Ele é o seu refúgio e a sua fortaleza. Ele é o seu consolador e o seu salvador. Ele é fiel e misericordioso, compassivo e sabe o que se passa com você. Ele pode lhe dar paz e alegria. Ore a ele com sinceridade e humildade, expressando seus sentimentos, suas dúvidas, seus medos e seus pedidos. Peça-lhe perdão pelos seus pecados e graça para vencer a depressão. Agradeça-lhe pelas suas bênçãos e promessas. Louve-o pelo seu amor e poder.

- Medite na Palavra de Deus e alimente sua fé. A Bíblia é a manifestação de Deus para a mundo. Ela é a verdade eterna que pode transformar sua vida. Ela igualmente contém histórias de pessoas que passaram por situações difíceis e encontraram em Deus a resolução para seus problemas. Ela também contém promessas de Deus para os seus filhos que podem lhe dar esperança e ânimo. Medite na Palavra de Deus diariamente, buscando entender o seu significado e aplicá-lo à sua vida. Memorize versículos que falem sobre o amor de Deus.

- Procure se prevenir contra a depressão, tomando algumas atitudes que lhe farão bem no decorrer da prática de esportes, reeducação alimentar saudável, compartilhe suas dificuldades com seus amigos de confiança, procure conselhos de profissionais da área.

UTILIZE OS VERSÍCULOS:

(Lucas, 9:44) – Jesus está dizendo aos seus discípulos para deixarem que suas palavras penetrem bem profundamente até ao nível da realidade no entendimento. Os versos subsequentes mostram que eles se encontravam "idealisticamente" envolvidos na missão de Cristo. (João 14:1) – "Não se turbe o vosso coração; credes em Deus, crede também em mim" (Salmo 120:1; Salmo 55:16-17; 86:7; 34:18; Salmo 107:28; Salmo 119:143; Romanos, 8:35-37; 2 Coríntios, 2:10; Hebreus, 11:1; 1 João, 1).

O CASAMENTO E A ANSIEDADE

Segundo Lopes (2018), a ansiedade é um tipo de distúrbio neurótico que produz reações orgânicas físicas e psicológicas, tratando de um tipo de transtorno psicológico com o surgimento de patologias do tipo **inquietações, grande dificuldade em se concentrar, irritabilidade, falta de ar ou estafamento, constante estado de aborrecimento**, que variavelmente conduzem a pessoa a um estado de desconforto psicofísico, como se estar diante de uma calamidade antecipada, como se nada fosso ser resolvido.

A vida conjugal pode proporcionar felicidades se o casal estiver disposto a fazer o outro feliz, porém, quando isso se torna uma obsessão, a ansiedade tende a se tornar frequente, atrapalhando o relacionamento.

"A ansiedade pode levar a pessoa a temer, estar ansioso, estar preocupado, estar com medo, ser cuidadoso, um estado de descrença, sem a devida graça de estar debaixo das asas do Pai" (Strong, 2002, s/p). "Ele o cobrirá com as suas penas, e sob as suas asas você encontrará refúgio; a fidelidade dele será o seu escudo protetor" (Salmos, 91;4).

O quadro clínico da pessoa com o transtorno de ansiedade, pode se agravar se não for direcionado corretamente:

> O transtorno psicológico deixa a pessoa em estado de alerta o tempo todo, afetando o sono. Os sintomas podem evoluir para uma crise de angústia ou de pânico de outra duração ou de maior intensidade. Fisicamente, surgem sintomas como vertigens, tonturas, náuseas, aperto na garganta, peso na cabeça, respiração ofegante, palpitações cardíacas, alterações de pressão, dispneia, suor, tremores pelo corpo, expressão de terror no rosto, complicações gástricas, etc. (Lopes, 2018, p. 90).

Devido à dificuldade para se ficar em tranquilidade, sem aborrecimentos ou preocupações, pode-se dizer que a ansiedade acaba se tornando um verdadeiro transtorno emocional que pode resultar em outros problemas psíquicos, emocionais ou de cunho fisiológico.

Segundo Araújo e Neto (2014), os **transtornos mentais** são definidos como uma alteração de tipo intelectual, emocional e/ou comportamental, que pode dificultar a interação da pessoa no meio em que cresce e se desenvolve, tais como:

1. "**Neurose de Ansiedade**, que produz sintomas físicos e psíquicos. Sendo um transtorno psicológico caracterizado por inquietação, dificuldade de concentração, irritação, fadiga, mau humor e que leva a pessoa a sentir-se como se estivesse prestes a enfrentar uma catástrofe.

2. **Neuroses fóbicas** são quadros caracterizados pelo medo de determinados lugares, objetos ou situações, que determinam uma série de condutas de evitação e outras de segurança.

3. **Acrofobia**: o mesmo que "larofobia", é o medo irracional de lugares altos.

4. **Agorafobia**: é o medo de estar em espaços abertos ou no meio de uma multidão.

5. **Aracnofobia**: é o medo (ou fobia) de aranhas.

6. **Catsaridafobia**: é o medo de baratas. É uma das fobias mais comuns no mundo, especialmente entre as mulheres. Muitas chegam a ter ataques diante desses animais inofensivos.

7. **Claustrofobia**: medo de permanecer em ambientes fechados, podendo ter um ataque de pânico dentro de elevadores, aviões, salas lotadas ou áreas restritas.

8. **Glossofobia**: medo de falar em público. Muitas pessoas apenas possuem essa fobia, enquanto outras podem também possuir a sociofobia, ou a fobia social que leva estas a isolarem-se em casa, evitando o contato com pessoas.

9. **Hematofobia**: também designada como hemafobia ou hemofobia, é uma patologia psicológica caracterizada pelo medo exagerado ou irracional de ver sangue.

10. **Hidrofobia**: medo doentio de água ou líquidos. Sua causa pode ser psiquiátrica ou virótica. Quando ocorre na forma virótica, é também conhecida como raiva (doença).

11. **Nictofobia**: medo do escuro ou da noite. Comum em crianças e um pouco mais raro em adultos.

12. **Ablutofobia**: é um medo patológico de lavar-se, de tomar banho, ou mesmo de limpeza.

13. **Alectorofobia**: medo patológico de galos e galinhas e de outras criaturas emplumadas e de seus respectivos ovos.

14. **Androfobia**: medo anormal dos homens ou de qualquer pessoa do sexo masculino.

15. **Automatonofobia**: caracteriza-se pela fobia (ou medo) de bonecos, ventríloquos, estátuas de cera e criaturas animadas. Tudo o que imite um ser vivo.

16. **Catagelofobia**: é o medo de parecer ridículo e/ou estúpido; a pessoa com essa fobia teme o que os outros possam comentar sobre ela.

17. **Coulrofobia**: é o termo usado para aqueles que têm medo de palhaços. É comum entre crianças e, às vezes, também ocorre com adolescentes e adultos.

18. **Eclesiofobia**: é a aversão ou medo mórbido de igrejas.

19. **Pogonofobia**: essa fobia é caracterizada por um pavor irracional de barbas.

20. **Xenofobi**a: significa aversão a pessoas ou coisas estrangeiras" (Araújo; Neto, 2014, p. s/p).

Quando uma pessoa está em estado de transtorno, seja qual for, e no caso especificamente o de ansiedade, acaba por prejudicar o andamento salutar pessoal ou matrimonial e a satisfação das áreas da vida conjugal desejada por ambos. O mais preocupante, contudo, é verificar que muitos dos sintomas podem levar a consequências mais profundas relacionadas a outros transtornos, abrindo caminho para outros problemas além dos conjugais.

A palavra de Deus é o refúgio seguro para todo aquele que passa por ansiedade e precisa de descanso:

> [...] lançando sobre ele toda a vossa ansiedade, porque ele tem cuidado de vós. Sede sóbrios e vigilantes. O diabo, vosso adversário, anda em derredor, como leão que ruge procu-

> rando alguém para devorar; resisti-lhe firmes na fé, certos de que sofrimentos iguais aos vossos estão-se cumprindo na vossa irmandade espalhada pelo mundo. Ora, o Deus de toda a graça, que em Cristo vos chamou à sua eterna glória, depois de terdes sofrido por um pouco, ele mesmo vos há de aperfeiçoar, firmar, fortificar e fundamentar; (1 Pedro 5.7-11).

O apóstolo Paulo, em Filipenses (4:6) e Nvi (2019), escreve que não devemos andar ou ficar ansiosos, preocupados com o que vamos fazer ou quanto ao nosso futuro, mas em todas as circunstâncias devemos orar e clamar a Deus por socorro com alegria e confiança em seus feitos. Refere-se inegavelmente ao ato de confiar a nossas vidas aos conselhos do nosso criador, levar a Satisfação Conjugal segundo os seus preceitos eternos, que comprovadamente funcionam. Temos que confiar na palavra de Deus, confiando que o Senhor nos trará paz, segurança e alegria através da oração e ações de graças. Assim, reveste-se de particular importância sermos praticantes das verdades contidas na Bíblia e seus ensinamentos, descansar no Senhor, como particularidade de cada pessoa ou casal.

O desenvolvimento desses métodos científicos e bíblicos de aconselhamentos Cristocêntricos para o direcionamento da ansiedade na satisfação conjugal, deve ter acompanhamento que possibilite os melhores resultados baseados na palavra de Deus. Como bem nos assegura Gary R. Collins (2005, p. 19), "No aconselhamento, Deus entra em um relacionamento e usa o conselheiro como Seu instrumento para levar a efeito, mudanças na vida do aconselhando", por exemplo, sempre quando se aconselha, o conselheiro orienta o seu aconselhado em referências bíblicas sistematizadas para uma melhor compreensão intencional discipuladora.

É de suprema aplicabilidade os ensinamentos da palavra de Deus, pois a sua eficácia e instrumentalidade, oferece caminhos de verdade, graça e paz, não encontrado em nenhuma outra fonte humana existente. Há de se compreender que o melhor caminho para o ser humano, é o caminho do seu próprio criador. Dessa forma, podemos constatar que nem todas as pessoas se submetem ao Aconselhamento Cristocêntrico, ou reagem alegremente a um convite de Aconselhamento Cristocêntrico relacionado à ansiedade. Caso contrário, não haveria tantas discordâncias e até separações entre os mesmos.

Não se trata de julgar ou desmerecer os que não querem receber aconselhamento, mas de humildemente atender aos fatos bíblicos e extra-bíblicos sobre satisfação conjugal.

> Um aconselhamento pautado nas Escrituras tem um efeito extraordinário. Exemplos como o de Elias, um homem de Deus cujos sofrimentos foram a ansiedade e a depressão como elos no seu colapso espiritual, físico e emocional, registrado nos capítulos 18 e 19 de 1 Reis, [...]. O apóstolo Paulo, [...]. Quando escreveu a carta aos Filipenses, Paulo aguardava a resposta [...]. Paulo teria uma das duas respostas: ou seria morto, ou seria rasgado por chicotadas (Lopes, 2018, p. 531).

É necessário realizar Aconselhamento Cristocêntrico para solucionar o problema do comportamento neurótico como a ansiedade, para que haja uma melhor satisfação na vida e nas áreas conjugais no casamento. Os aconselhamentos pautados nos ensinamentos da Bíblia trazem maiores e melhores resultados. Certamente há um outro nível de manifestação da graça de Deus quando se obedece às escrituras, mas não podemos deixar de olhar o aconselhado como uma pessoa que busca somente uma melhor Satisfação Conjugal. Afinal, trata-se de um ser em busca da felicidade e alegria inabalável que vêm somente de Jesus Cristo, que nos ensinou a confiar tão somente nele.

> A ansiedade já foi chamada de "emoção oficial da nossa época", base de todas as neuroses e "o fenômeno mais penetrante de nossa época". Ela é tão antiga quanto a existência do homem, mas as complexidades e o ritmo da vida moderna nos alertaram para a sua presença e, provavelmente, aumentaram a sua influência (Collins, G. R., 2004, p. 90).

Para se chegar a um ajustamento conjugal ou pessoal relacionado à ansiedade, devemos ter a consciência de que temos que **tomar atitudes realísticas**, não fantasiosas e que estejam segundo os padrões bíblicos. Temos que trazer a realidade da vida cotidiana, e prestarmos atenção em alguns aspectos no modo de vida que temos que viver.

17.1 - ESTUDOS BÍBLICOS - DEIXANDO DE LADO A FANTASIA: PADRÕES DIRECIONADOS PELA VIVÊNCIA DA REALIDADE DA VIDA

✓ **Aceitar as dificuldades da vida e possíveis obstáculos temporais;**

✓ **Trabalhar para o desenvolvimento em disseminar os obstáculos da vida;**

- ✓ Executar os afazeres da vida, de acordo com o padrão de vida real e não imaginário ou fantasioso;

- ✓ **Refazer ou repetir quantas vezes forem necessárias as tarefas planejadas para que se acerte o alvo proposto ou planejado, desistir jamais!**

- ✓ **Ajustamento dos pensamentos excessivos (obsessões) que levam a comportamentos repetitivos (compulsões)** (Hospital Israelita, 2021);

- ✓ O alvo original ou real assume segundo plano diante do alvo imediato de eliminar a ansiedade presente;

- ✓ Levar a pessoa a um nível relacional com a palavra de Deus para que a mesma encontre paz e segurança, lançando toda ansiedade no Senhor. Livrando-se do medo e do mal;

- ✓ Lutar conta o ritualismo compulsivo, acumulativos, agitação excessiva e impulsiva, confrontar o medo social ou o descontentamento geral pela palavra de Deus;

- ✓ Viver uma vida dentro da realidade bíblica, centrada na palavra de Deus, lutando contra o temor não realístico (Fobia). Um temor irracional. Pode ser que a pessoa seja capaz de perceber sua irracionalidade e, no entanto, ser incapaz de livrar-se dela, criada pelo deslocamento de uma ansiedade de seu objetivo real para um substituto. Quando uma pessoa evita o objeto fóbico, está também evitando o objetivo inconsciente real de sua ansiedade;

- ✓ Viver centrada em uma vida consciente, longe da obstinação psicótica, livrar-se do pensamento inconsciente. Ideia ou pensamento persistente que o indivíduo reconhece como irracional, mas parece não poder eliminá-lo. Pensamento indesejado que repetida e insistentemente penetra no consciente. Temos que nos esforçar para evitar um fluxo de conflitos inconscientes e sua resultante ansiedade.

Como filhos de Deus, temos que ver na palavra de Deus, a fonte inesgotável de alegria inabalável e suprema do poder. N'Ele encontramos forças para continuar, porque Ele tem cuidado de nós.

Seguem alguns versos da Bíblia que poderão auxilia-lo em referências para se tratar da ansiedade. Referências Cruzadas:

- "Guarda-me como à menina do olho, esconde-me à sombra das tuas asas" (Salmo 17:8).

- "Como a águia desperta o seu ninho, se move sobre os seus filhos, estende as suas asas, toma-os e os leva sobre as suas asas" (Deuteronômio, 32:11).

- "Tem misericórdia de mim, ó Deus, tem misericórdia de mim, porque a minha alma confia em ti; e à sombra das tuas asas me abrigo, até que passem as calamidades" (Salmo 57:1; Gênesis, 15:1; Rute, 2:12; Salmos, 61:4; (Isaías, 43:1-2; Salmo 127:2; Provérbios, 15.13; Mateus, 6:27; Marcos, 13:31; Tito, 1:2; Hebreus, 6:17-18; Salmo 89:23-24).

"Não andeis ansiosos de coisa alguma; em tudo, porém, sejam conhecidas, diante de Deus, as vossas petições, pela oração e pela súplica, com ações de graças. E a paz de Deus, que excede todo o entendimento, guardará o vosso coração e a vossa mente em Cristo Jesus" (Filipenses, 4.6-7). O apóstolo Paulo era um homem sujeito a todas as concepções da carne, era um homem normal humanamente falando, mas ele tinha um diferencial, ele decidiu confiar e esperar no Senhor de todo o coração:

> Não andem ansiosos por coisa alguma, mas em tudo, pela oração e súplicas, e com ação de graças, apresentem seus pedidos a Deus. E a paz de Deus, que excede todo o entendimento, guardará o coração e a mente de vocês em Cristo Jesus (Filipenses, 4.6-7) (Bíblia On-line, 2020).

Jesus Cristo, em sua humanidade, também foi sujeito às tentações da carne, porém venceu o pecado na própria carne e em seus sermões, palavras e parábolas, nos incentivava pelo poder de Deus a confiar na esperança vindoura, dizendo:

> Não se preocupem com sua própria vida, quanto ao que comer ou beber; nem com seu próprio corpo, quanto ao que vestir. [...] Observem as aves do céu: não semeiam nem colhem nem armazenam em celeiros; contudo, o Pai celestial as alimenta. [...]. Busquem, pois, em primeiro lugar o Reino de Deus e a sua justiça, e todas essas coisas lhes serão acrescentadas. Portanto, não se preocupem com o amanhã, pois o amanhã trará as suas próprias preocupações. Basta a cada dia o seu próprio mal (Mateus, 6.25-32,34).

Gráfico 46 - Sentimento, ANSIEDADE. LÉXICO HEBRAICO

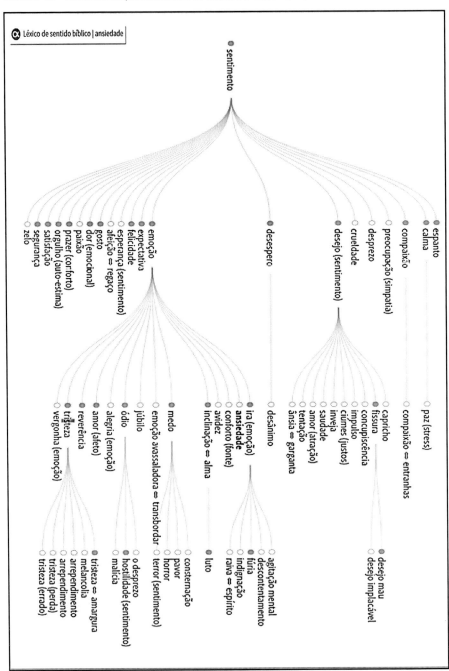

Fonte: Strong (2002)

Os transtornos de ansiedade são muito mais comuns do que imaginamos e podem acontecer com qualquer pessoa que não respeita os limites diários de uma boa saúde, e estão presentes em cerca de uma a cada quatro pessoas que vão ao médico. Os sintomas são característicos como:

✓ Sensação de desconforto;

✓ Tensão;

✓ Medo ou mau pressentimento;

✓ Medo do futuro;

✓ Desejo de controle sobre tudo e são muito desagradáveis; e

✓ Costumam ser provocados pela antecipação de um perigo ou algo desconhecido que nunca vai acontecer.

Segundo Ramirez (2021), existem diferentes tipos de ansiedades, sendo as mais frequentes a ansiedade generalizada, a síndrome do pânico e as fobias. Esses transtornos causam diversos prejuízos para a pessoa, tanto no aspecto social e emocional, quanto no físico, pois geram sintomas como alterações cardíacas, sudorese, tremores, dificuldade respiratória entre outros. Além disso, a ansiedade aumenta a chance de desenvolver depressão ou dependência de álcool e medicamentos.

As formas mais comuns de ansiedade são a ansiedade generalizada, a síndrome do pânico e as fobias, e são muito prejudiciais tanto por afetar a vida social e emocional da pessoa, como por provocar sintomas desconfortáveis, como palpitação, suor frio, tremores, falta de ar, sensação de sufocamento, formigamentos ou calafrios, por exemplo, e por aumentar o risco de desenvolver depressão ou vícios pelo álcool e medicamentos.

Muitas vezes os afazeres e a cobrança excessiva pela perfeição, têm levado pessoas a criarem seus filhos de modo quase desumano, cobrando sempre o máximo, ou o melhor, se o filho tira 9 na escola, logo pergunta por que não tirou 10; se o filho tirou 10, logo lhe responde: "não fez mais que a sua obrigação" e assim por diante. O grande pregador Charles Spurgeon, em seu livro *A maior luta do mundo*, escreve:

> Às vezes, nossas responsabilidades corriqueiras nos fazem ficar ansiosos e pressionados. A ansiedade por um bom desempenho nos massacra. Pequenas coisas parecem gigantes. Uma pessoa pode sentir que deveria fazer algo tão bem que,

por esse mesmo motivo, não chegue a fazer o que poderia ter sido feito. Um excessivo senso de responsabilidade pode levar à estagnação (Spurgeon, 2006, p. 11)

São palavras claras a respeito da autocobrança ou da falta de confiança no Senhor que nos criou. Quando colocamos a nossa confiança e esperança no Senhor, todas as coisas em oração vão se solucionando. Lembro-me em uma tarde de verão na Albânia, por onde nossa família serviu ao Senhor como missionários por 15 anos pela JMM (Junta de Missões Mundiais) da CBB. Nossa filha, Emanuelle, estava cursando o Seminário Palavra da Vida na Hungria em uma pequena cidadezinha nos arredores de Budapeste. Nessa tarde, ela havia pegado um voo de Budapeste para Tirana e fomos até o aeroporto "Rinas" Nanë Teresa de Calcutá, para esperá-la e recepcioná-la em suas férias, e desde a saída do voo até a chegada, um jovem de uma das igrejas que plantamos naquele lindo país, enviava-me informações do voo, "cada subida ou descida", cada passo do vôo...

Isso me trouxe uma ansiedade extrema, um calafrio e suor extremos me ocorreram, a respiração parecia não ser suficiente e havia a preocupação com a chegada etc. Resolvi falar sobre o que estava se passando com Deus como sempre faço, em oração e crendo na Sua presença naquele local, e aos poucos o coração começou a bater normalmente, o suor acabou e a respiração se normalizou e uma sensação de paz e alegria inabalável invadiu o meu ser. Hoje, sempre que me vejo em alguma situação de ansiedade extrema, logo falo com o nosso Senhor e coloco minhas preocupações n'Ele... Pois Ele tem cuidado de nós.

18

O CASAMENTO E O ESTRESSE

O estresse é o nome que damos para a forma como o organismo responde a situações que requerem mudança ou adaptação. **O estresse pode ser positivo ou negativo**, dependendo da forma como a pessoa interpreta e enfrenta os desafios da vida.

Do ponto de vista teológico, o estresse pode ser visto como uma oportunidade de crescimento espiritual, de confiança em Deus e de testemunho da sua graça. Porém o estresse também pode ser prejudicial para a saúde física, mental e espiritual da pessoa, quando ultrapassa os limites da sua capacidade de resistência e de equilíbrio. Nesse caso, o estresse pode levar a sintomas como **ansiedade, depressão, irritabilidade, insônia, fadiga, dores entre outros. O estresse também pode afetar a relação da pessoa com Deus, com os outros e consigo mesma, gerando culpa, medo, dúvida, isolamento, conflito e pecado.**

Portanto, temos que buscar compreender as causas e as consequências do estresse na vida humana, à luz da revelação bíblica e da fé cristã. Também temos que buscar oferecer recursos para prevenir e enfrentar o estresse de forma saudável e cristã, **como a oração, a meditação, a leitura bíblica, a comunhão com os irmãos, o descanso sabático, a gratidão, a esperança e o amor.**

Segundo Lopes (2018, p. 154),

> [...] o termo estresse (do inglês "stress") foi usado inicialmente pela física para traduzir o grau de comprometimento de um material que sofre uma carga excessiva de tensão. Posteriormente, o médico Hans Selye, pioneiro no estudo do estresse humano, usou esse mesmo termo para indicar o estado de uma pessoa que está sobre pressão e o esforço de adaptação do organismo para enfrentar essa situação.

Neste mundo pós-moderno, as pessoas estão passando por grandes mudanças de hábitos, que exigem cada dia mais e mais de seus esforços em todas as áreas nas fases de desenvolvimento humano. Podemos dizer que uma das palavras mais ouvidas é o estresse ou seus derivados.

O estresse é um transtorno que, se não for trabalhado com atenção, pode nos trazer consequências perigosas:

> Muitas vezes, damos conselhos aos outros, mas nós mesmos não os seguimos. Percebemos num instante a hipocrisia de alguns líderes cristãos, mas não notamos a nossa vida dupla. Com que facilidade dizemos aos outros para repousar, fazer exercícios, evitar os excessos na alimentação e a sobrecarga de trabalho, mas, apesar dos propósitos nobres, não seguimos nossos próprios programas de redução do estresse e depois ficamos nos perguntando por que entramos em colapso (Collins, G. R., 2005, p. 698).

Às vezes, aconselhamos as pessoas a fazerem o que é correto em relação ao estresse pessoal ou conjugal. Porém, em muitos casos, há muita teoria e pouca prática dos conselhos relacionados à satisfação conjugal e ao estresse. O que mais preocupa é verificar que nem sempre os conselheiros seguem seus próprios conselhos. Não é exagero afirmar que os líderes devem ser exemplos para seus liderados. Como foi citado anteriormente, se não seguirmos os conselhos que damos, não podemos ter uma vida de conselheiros. Geralmente, o estresse em um determinado nível, pode ser visto como positivo, porém ele é uma ameaça pós-moderna para a Satisfação nas Áreas da Vida Conjugal:

> O stress é uma resposta fisiológica e comportamental normal a algo que aconteceu ou está para acontecer [...], de alguma forma, perturba o nosso equilíbrio. [...], num processo automático conhecido como reação de luta ou fuga, ou de congelamento, é a resposta ao stress. Inicialmente, o stress pode ser positivo, [...], a alterar o humor, a produtividade, os relacionamentos e a qualidade de vida, em geral (Saúde Bem Estar, 2020, p. 1).

Conforme apresentado, segundo o site de repositório de saúde *Bem--estar* (2020), o estresse é um sinal dado pelo corpo inconscientemente. Trata-se inegavelmente de um sinal que o nosso organismo está passando do sinal vermelho da saúde psíquica. Seria um erro, porém, atribuir somente lados negativos ao estresse, pois ele pode ser benéfico para defesa, medo ou atenção. Assim, reveste-se de particular importância atentar-se para os sinais perigosos que ele pode dar ao nosso corpo.

Sob essa ótima, ganha particular relevância observar a Satisfação Conjugal e suas relações com o estresse. A relação do estresse e a satisfação conjugal, tem que ser medida segundo os padrões de vida que o casal está vivendo, seja através de tempo de qualidade um com o outro, vida social, sexual, filhos, trabalho e outros sistemas relacionais holísticos. É importante observar que nem sempre se encontra a Satisfação Conjugal nos afazeres fora do ambiente conjugal e familiar. Por exemplo, há casais que trabalham fora e não têm tempo para os filhos ou lazer, e só pensam em ganhar mais dinheiro, como se ele fosse a solução para tudo.

Pode-se dizer que, para se obter uma Satisfação Conjugal de qualidade, o casal necessita observar vários pontos do cotidiano para direcionar seus projetos de vida. Nesse contexto, fica claro que o estresse, se não for levado a sério, poderá abalar as estruturas matrimoniais. O mais preocupante, contudo, é constatar que não se trata de abandonar tudo e se dedicar somente à satisfação conjugal, lamentavelmente, isso pode se tornar uma obsessão.

Não é exagero afirmar que devemos considerar que a Bíblia está cheia de conselhos sobre o assunto, seja porque precisamos viver com mais calma, seja, nesse caso, retirar o pé do acelerador, é importante que o casal queira ajudar o outro a se cuidar do modo ou estilo de vida que está levando, por exemplo, "para evitar este esgotamento, precisamos, em primeiro lugar, da força espiritual que vem através de longos períodos de oração e meditação nas Escrituras" (Collins, G. R., 2005, p. 39).

Dessa forma, a Satisfação Conjugal relacionada ao estresse, necessita de muitos cuidados de conselheiros que tenham experiências nessa área de trabalho. Caso contrário, o resultado do aconselhamento não terá frutos saudáveis. Não se trata de aventurar-se em busca de casamentos que estão passando por crises de estresse, lamentavelmente, o que mais se encontra são casais estressados por falta de tempo e vida relacional em parceria comum.

É importante considerar que:

> Precisamos do apoio de pessoas cujo amor por nós não dependa de nossas realizações. Todos nós precisamos ter pelo menos uma pessoa amorosa e compreensiva com quem chorar de vez em quando; alguém que conheça nossas fraquezas, mas que nunca seria capaz de usar isso contra nós (Collins, G. R., 2005, p. 39).

A Satisfação Conjugal somente poderá ser preenchida se buscarmos os Aconselhamentos Pastorais Cristocêntricos. **A pós-modernidade tem colocado os casais cada dia mais distantes uns dos outros, privando-os de afazeres que trazem prazer e alegria familiar.**

A busca pela independência financeira e o prazer acima de qualquer coisa, têm transformado casais cheios de vida, porém estressados, sem comunicação ou entendimento familiar.

Não basta se satisfazerem em seus egocentrismos, fechados em si mesmos, onde o passar tempo com a esposa, os filhos, o tempo de descanso em família e amigos e familiares não são prioridades. **Deus criou a família com o propósito de sermos felizes**, porém, se no meio da caminhada o casal buscar mais a satisfação em coisas e não na Bíblia e na própria família, poderá se deparar com a depressão, ansiedade e o estresse. Precisamos buscar forças que vêm do alto, através das escrituras sagradas e de pessoas que transmitam amor acima de nossas possibilidades.

Gráfico 47 – CONDIÇÃO FÍSICA, EXCITAÇÃO, IRA. LÉXICO HEBRAICO

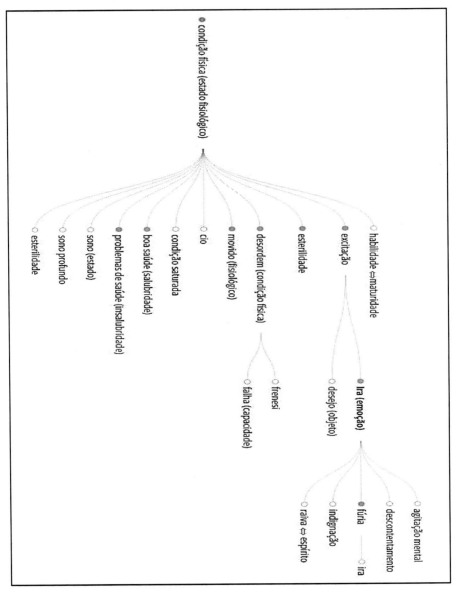

Fonte: Strong (2002)

Gráfico 48 – ESTRESSE, EXPLOSÃO, QUEBRAR. LÉXICO HEBRAICO

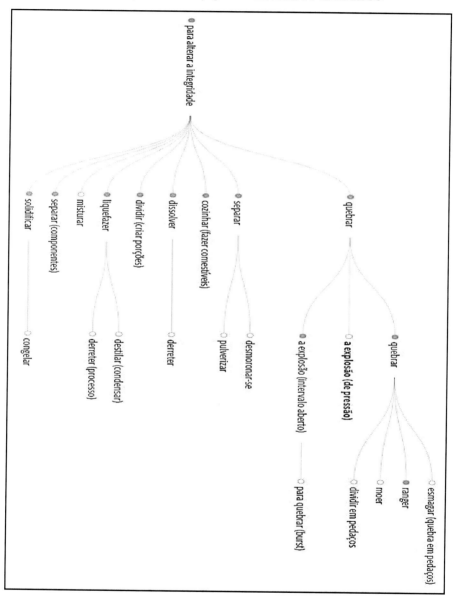

Fonte: Strong (2002)

COMPREENDENDO A DEPRESSÃO A ANSIEDADE E O ESTRESSE NESTA PESQUISA

Para o desenvolvimento desta obra, para ajudar a auxiliar os líderes, pastores e Conselheiros Cristocêntricos a tratar os transtornos de depressão, ansiedade e o estresse de uma forma real e comprovadamente correta, utilizamos a Escala DASS-21 (Apóstolo; Mendes; Azeredo, 2007), que é uma ferramenta de mensuração de autorrespostas com 21 itens, delimitados em três subescalas com conteúdos semelhantes que quantificam os seguintes aspectos:

1. **Disforia**: *disforia é uma palavra que vem do grego "dysphoros", que significa "difícil de suportar". É um sentimento de desconforto, tristeza, angústia ou frustração que pode afetar a cosmovisão (forma como alguém se vê e se relaciona com o mundo) de uma pessoa. A disforia refere-se a um humor geral desagradável e é frequentemente associada a doenças e condições mentais, incluindo mania, depressão, transtorno bipolar, transtorno de ansiedade geral e transtornos de personalidade. É uma experiência muito séria que leva a maiores problemas de ansiedade/depressão, despersonalização, pensamentos de suicídio, retraimento social, autoagressão etc. (Portal São Francisco, 2023).*

2. **Desesperança**: *desalento, desengano, desespero, desânimo, desconsolação, descrença, desesperação, desilusão, desperança, exasperação (Sinônimos, 2023).*

3. **Desvalorização da vida**: *desvalorização da vida é uma expressão que significa não reconhecer o valor intrínseco e a dignidade de cada ser humano, independentemente de sua idade, saúde, condição social ou capacidade. É uma atitude que pode levar a tratar as pessoas como objetos, como meios para fins, como problemas ou como fardos (A Mente é Maravilhosa, 2023).*

4. **Autodepreciação**: *autodepreciação é uma palavra que significa falar mal de si mesmo, diminuir suas qualidades, suas capacidades,*

sua imagem. É um comportamento que pode ser prejudicial para a autoestima, a confiança e a motivação (Silva, 2022).

5. **Falta de interesse ou envolvimento:** *falta de interesse ou envolvimento é uma expressão que significa não se sentir atraído, estimulado ou comprometido com alguma atividade, objeto ou pessoa. É um estado de apatia, indiferença ou desânimo que pode afetar a forma como alguém aprende, trabalha, relaciona-se ou diverte-se.*

6. **Anedonia e inércia:** *anedonia é a perda da capacidade de sentir prazer em atividades que antes eram consideradas agradáveis. É um sintoma comum em pessoas com diminuição na produção de dopamina, um hormônio importante relacionado à sensação de prazer. Além disso, a presença de transtornos psicológicos como depressão ou esquizofrenia, assim como o consumo de algumas substâncias, também podem estar na origem da anedonia (Ramirez, 2021).*

Inércia, no contexto da saúde mental, pode se referir a um estado de falta de energia ou motivação para realizar atividades.

O presente resultado, apresenta através da aplicação do Coeficiente Alfa de Cronbach que segundo Cortina, 1993, o Coeficiente Alfa de Cronbach é com certeza um dos instrumentos de estatísticas mais relevantes e usados em pesquisas científicas abrangendo o levantamento de provas e seus resultados. Em uma citação revisada do *Social Sciences Citations IndÊxodo* para a literatura divulgada no período de 1966 e 1990, divulgou que o artigo de Cronbach (1951) foi referido cerca de 60 vezes por ano, fazendo um total de 278 jornais publicados diferentemente. O Coeficiente Alfa foi descrito em 1951 por Lee e é um método que usa números confiáveis para verificar se uma escala é confiável e segura, medindo também se os itens da escala são importantes e se eles estão relacionados entre si (Cortina, 1993).

Nenhum dos 282 itens pesquisados foi excluído da lista, com base em todas as variáveis no procedimento. A escala DASS-21 apresentou um **alto nível de consistência interna**, determinada por um alfa de Cronbach de α = .96 e teste-reteste α = .96. O que constitui **um excelente nível de consistência interna**, onde todos os valores recomendados sejam maiores que 0,7 (>0,7) ou mais (Kline, 2011). É utilizada principalmente para medir e determinar quantos itens em uma escala estão medindo a mesma dimensão subjacente (Laerd, 2015).

Quadro 23 – Alfa de Cronbach de α = .96 e teste-reteste α = .96. Consistência interna DASS-21

Estáticas de confiabilidade		
Alfa de Cronbach	Alfa de Cronbac com base em itens padronizados	N. de itens
.96	.96	21

Fonte: elaborado pelo autor com base nos dados de SPSS - IBM (2020)

Os mesmos testes de dimensões foram aplicados no mesmo formulário Escala DASS-21 em cada uma das suas subescalas obtendo excelentes notas de comprovação.

A **Subescala de Depressão**, composta por 7 itens correlacionados entre si, apresentou um alto nível de consistência interna, conforme determinado pelo alfa de Cronbach de α = .90.

A **Subescala de Ansiedade**, composta por 7 itens correlacionados entre si, apresentou um alto nível de consistência interna, conforme determinado pelo alfa de Cronbach de α = .89.

A **Subescala de Estresse**, composta por 7 itens correlacionados entre si, apresentou um alto nível de consistência interna, conforme determinado pelo alfa de Cronbach de α = .89.

Foi realizada uma **análise de estatística descritiva de frequência nas três subescalas de Depressão, Ansiedade e Estresse**, para se obter o resultado médio, mediano, mínimo e máximo do total dos pesquisados, indicando as áreas de Depressão, Ansiedade e Estresse dos inquiridos.

A média em Depressão foi $\mu=8,55$, em Ansiedade foi de $\mu=7,71$, e em Estresse foi de $\mu=13,74$. A mediana em Depressão foi $Md=6,00$, em Ansiedade foi $Md=4,00$, e em Estresse foi de $Md=12,00$.

A pontuação mínima em Depressão foi .00, em Ansiedade foi .00, e em Estresse foi .00. A máxima em Depressão foi 42.00, em Ansiedade foi 42.00, e em Estresse foi 42.00.

Quadro 24 – Medidas de centralidade média, mediana, mínimo e máximo nas sub escalas de Depressão, Ansiedade e Estresse

		Dass_Depressx2	Dass_Ansiedx2	Dass_Estresx2
N	Válido	282	282	282
	Omisso	0	0	0
Média		8.55	7.71	13.74
Mediana		6.00	4.00	12.00
Mínimo		.00	.00	.00
Máximo		42.00	42.00	42.00

Fonte: elaborado pelo autor com base nos dados de SPSS - IBM (2020)

Na interpretação dos dados, os resultados foram multiplicados por dois, seguindo a recomendação do Scoring de medidas da escala DASS-21 (Lovibond; Lovibond, 1995), e comparados com a tabela DASS Severity Ratings (Quadro 25).

Quadro 25 – Classificações da Gravidade nas subescalas de Depressão, Ansiedade e Estresse, relacionadas ao grau de severidade

Severidade	Depressão	Ansiedade	Estresse
NORMAL	0-9	0-7	0-14
MÉDIO	10-13	8-9	15-15
MODERADO	14-20	10-14	19-25
SEVERO	21-27	15-19	26-33
EXTREMANETE SEVERO	28+	20+	34+

Fonte: DASS-21 (Lovibond, 1995)

O Quadro 25 demonstra que dos inquiridos entrevistados, a média relacionada à Depressão estava dentro da normalidade, a média relacionada à **Ansiedade estava acima da normalidade** e a média relacionada ao Estresse estava dentro da normalidade com a mediana normal. **Concluindo que a média dos entrevistados estava ansiosa acima da média normal.**

Gráfico 49 – Depressão, distribuição Assimétrica a Direita ou Positiva, média 8,55, mediana 6,00

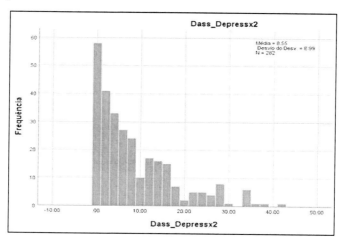

Fonte: elaborado pelo autor com base nos dados de SPSS - IBM (2020)

Gráfico 50 – Ansiedade, distribuição Assimétrica à Direita ou Positiva, média 7,71, mediana 4,00

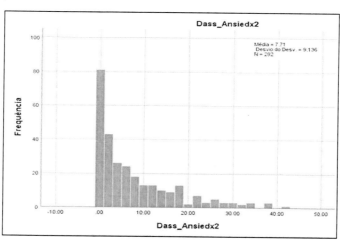

Fonte: elaborado pelo autor com base nos dados de SPSS - IBM (2020).

Gráfico 51 – Estresse, distribuição Assimétrica à Direita ou Positiva, média 7,71, mediana 4,00

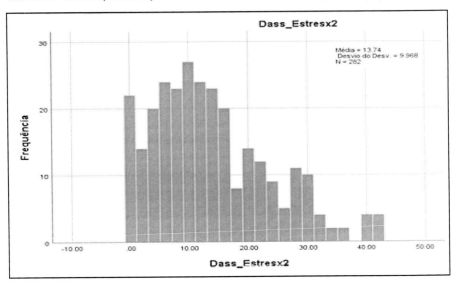

Fonte: elaborado pelo autor com base nos dados de SPSS - IBM (2020).

Foi realizado um resumo de processamento de casos relacionados em tabulações cruzadas, todos os formulários foram preenchidos em 100% das questões, referente à relação da depressão, ansiedade e estresse nas subescalas dos seus formulários e sua relação quanto ao **tempo de casado** com suas **faixas de anos de casamento,** onde se recodificou cada uma das escalas por categorias distintas para esse fim, tornando-as em **até 10 anos** de casados, **de 11 a 20, de 21 a 30 e 31 anos de casados acima.** Na tabulação cruzada **Tempo de Casados por faixa etária Geral, relacionada à Depressão,** constatou-se, segundo o Gráfico 52 e o Quadro 26: n=183, 64.9%, normal, n=27, 9.6%, média, n=40, 14.2%, moderada, n=14, 5.0%, severa e n=18, 6.4%, extremante severa.

Quadro 26 – Tabulação cruzada Tempo Casado * Subescala Depressão

			Subescala Depressão					
			Normal	Média	Moderada	Severa	Extr. Severa	Total
Tempo Casado	Até 10 anos	Contagem	22	8	7	2	2	41
		% T. Casado	53.7%	19.5%	17.1%	4.9%	4.9%	100%
		% Depressão	12.0%	29.6%	17.5%	14.3%	11.1%	14.5%
		% do Total	7.8%	2.8%	2.5%	0.7%	0.7%	14.5%
	11 a 20 anos	Contagem	38	5	11	3	3	60
		% T. Casado	63.3%	8.3%	18.3%	5.0%	5.0%	100%
		% Depressão	20.8%	18.5%	27.5%	21.4%	16.7%	21.3%
		% do Total	13.5%	1.8%	3.9%	1.1%	1.1%	21.3%
	21 a 30 anos	Contagem	72	6	10	6	7	101
		% T. Casado	71.3%	5.9%	9.9%	5.9%	6.9%	100%
		% Depressão	39.3%	22.2%	25.0%	42.9%	38.9%	35.8%
		% do Total	25.5%	2.1%	3.5%	2.1%	2.5%	35.8%
	31 acima	Contagem	51	8	12	3	6	80
		% T. Casado	63.8%	10.0%	15.0%	3.8%	7.5%	100%
		% Depressão	27.9%	29.6%	30.0%	21.4%	33.3%	28.4%
		% do Total	18.1%	2.8%	4.3%	1.1%	2.1%	28.4%
Total		Contagem	183	27	40	14	18	282
		% T. Casado	64.9%	9.6%	14.2%	5.0%	6.4%	100%
		% Depressão	100%	100%	100%	100%	100%	100%
		% do Total	64.9%	9.6%	14.2%	5.0%	6.4%	100%

Fonte: elaborado pelo autor com base nos dados de SPSS - IBM (2020)

Gráfico 52 – Subescalas de Depressão, relacionadas à faixa etária geral entre os casados
Dados arredondados

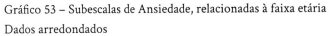

Fonte: elaborado pelo autor com base nos dados de SPSS - IBM (2020) (Excel, 2013)

Na tabulação cruzada Tempo de Casados por faixa etária Geral, **relacionada à Ansiedade,** constatou-se, segundo o **Gráfico 53**: n=174, 61,7%, normal, n=18, 6,4%, média, n=36, 12,8%, moderada, n= 22, 7,8%, severo e n=32, 11,3%, extremante severa.

Gráfico 53 – Subescalas de Ansiedade, relacionadas à faixa etária
Dados arredondados

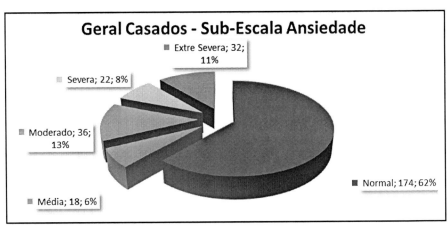

Fonte: elaborado pelo autor com base nos dados de SPSS - IBM (2020) (Excel, 2013)

DEPRESSÃO, ANSIEDADE E ESTRESSE E SUAS RELAÇÕES NAS ÁREAS DA VIDA CONJUGAL

Separados em faixas etárias específicas dentro da subescalas **Ansiedade**, foi verificado na faixa etária até 10 anos de casados: n=16, 5,7%, normal; n= 6, 2,1%, média; n=9, 3,2%, moderada; n=4, 1,4%, severo; e n=6, 2,1%, extremante severa. Na faixa etária de 11 a 20 anos de casados: n=41, 14,5,% normal; n=2, 0,7%, média; n=10, 3,5%, moderada; n=4, 1,4%, severa; e n=3, 1,1%, extremante severa. Na faixa etária de 21 a 30 anos de casados: n=62, 22,0%, normal; n= 8, 2,8%, média; n=10, 3,5%, moderada, n=7, 2,5%, severa; e n=14, 5,0%, extremante severa. Na faixa etária de 31 anos acima de casados: n=55, 19,5%, normal; n= 2, 0,7%, média; n=7, 2,5%, moderada; n=7, 2,51%, severa; e n=9, 3%, extremante severa. Sumarizando todas as faixas etárias: n=174, 61,7%, normal; n= 18, 6,4%, média; n=36, 12,8%, moderada; n=22, 7,8%, severa; e n=32, 11,3%, extremante severa (Quadro 27).

Quadro 27 – Tabulação cruzada Tempo Casado * Subescala Ansiedade, relacionadas a Tempo de Casado

			Subescala Ansiedade					
			Normal	Média	Mode rado	Severa	Extre Severa	Total
Tempo Casado	Até 10 anos	Contagem	16	6	9	4	6	41
		Tempo Casado	39.0%	14.6%	22.0%	9.8%	14.6%	100%
		% Ansiedade	9.2%	33.3%	25.0%	18.2%	18.8%	14.5%
		% do Total	5.7%	2.1%	3.2%	1.4%	2.1%	14.5%
	11 a 20 anos	Contagem	41	2	10	4	3	60
		Tempo Casado	68.3%	3.3%	16.7%	6.7%	5.0%	100%
		% Ansiedade	23.6%	11.1%	27.8%	18.2%	9.4%	21.3%
		% do Total	14.5%	0.7%	3.5%	1.4%	1.1%	21.3%
	21 a 30 anos	Contagem	62	8	10	7	14	101
		Tempo Casado	61.4%	7.9%	9.9%	6.9%	13.9%	100%
		% Ansiedade	35.6%	44.4%	27.8%	31.8%	43.8%	35.8%
		% do Total	22.0%	2.8%	3.5%	2.5%	5.0%	35.8%
	31 acima	Contagem	55	2	7	7	9	80
		Tempo Casado	68.8%	2.5%	8.8%	8.8%	11.3%	100%
		% Ansiedade	31.6%	11.1%	19.4%	31.8%	28.1%	28.4%
		% do Total	19.5%	0.7%	2.5%	2.5%	3.2%	28.4%
Total		Contagem	174	18	36	22	32	282
		Tempo Casado	61.7%	6.4%	12.8%	7.8%	11.3%	100%
		% Ansiedade	100%	100%	100%	100%	100%	100%
		% do Total	61.7%	6.4%	12.8%	7.8%	11.3%	100%

Fonte: elaborado pelo autor com base nos dados de SPSS - IBM (2020) (Excel, 2013)

DEPRESSÃO, ANSIEDADE E ESTRESSE E SUAS RELAÇÕES NAS ÁREAS DA VIDA CONJUGAL

Na tabulação cruzada Tempo de Casados por faixa etária Geral, **relacionada à Estresse**, constatou-se, segundo o **Gráfico 54**: n=177, 62,8%, normal, n=28, 9,94%, média, n=356, 12,4%, moderada, n= 30, 10,6%, severa e n=12, 4,3%, extremante severa.

Gráfico 54 – Subescalas de Estresse, relacionadas a tempo de casados. Dados arredondados

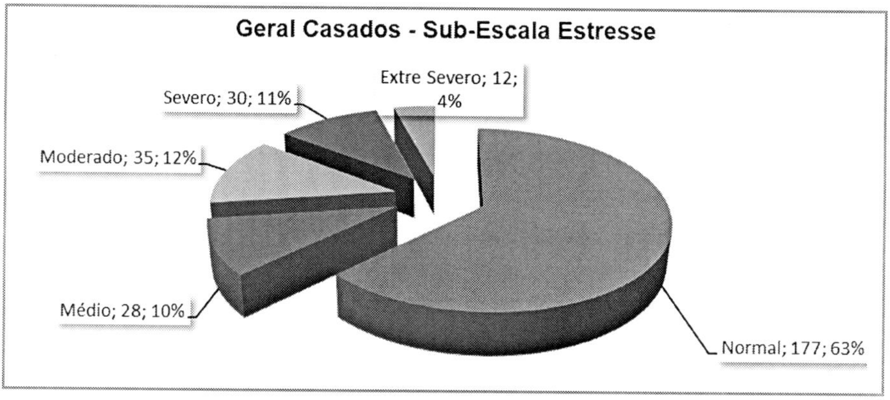

Fonte: elaborado pelo autor com base nos dados de SPSS - IBM (2020) (Excel, 2013)

Separados em faixas etárias específicas dentro da subescalas Estresse, foi verificado que na faixa etária por tempo de casados até 10 anos de casados: n=17, 6,0%, normal; n= 6, 2,1%, médio; n=6, 2,1%, moderado; n=10, 3,5%, severo; e n=2, 0,7%, extremante severo. Na faixa etária de 11 a 20 anos de casados: n=36, 12,8%, normal; n=7, 2,5%, médio; n=9, 3,2%, moderado; n=7, 2,54%, severo; e n=1, 0,4%, extremante severo. Na faixa etária de 21 a 30 anos de casados: n=69, 24,1%, normal; n= 8, 2,8%, médio; n=12, 4,3%, moderado; n=7, 2,5%, severo; e n=6, 2,1%, extremante severo. Na faixa etária de 31 anos acima de casados: n=56, 19,9%, normal; n= 7, 2,5%, médio; n=8, 2,8%, moderado; n=6, 2,1%, severo; e n=3, 1,1%, extremante severo. Sumarizando todas as faixas etárias por tempo de casados: n=177, 62,8%, normal; n= 28, 9,9%, médio; n=35, 12,4%, moderado; n=30, 10,6%, severo; e n=12, 4,3%, extremante severo (Quadro 28).

Quadro 28 – Tabulação cruzada Tempo Casado * Subescala Estresse, relacionadas à faixa etária. Dados não arredondados

			Subescala Estresse					Total
			Normal	Médio	Mode-rado	Severo	Extre. Severo	
Tempo Casado	Até 10 anos	Contagem	17	6	6	10	2	41
		%Tempo Casado	41.5%	14.6%	14.6%	24.4%	4.9%	100%
		% Estresse	9.6%	21.4%	17.1%	33.3%	16.7%	14.5%
		% do Total	6.0%	2.1%	2.1%	3.5%	0.7%	14.5%
	11 a 20 anos	Contagem	36	7	9	7	1	60
		%Tempo Casado	60.0%	11.7%	15.0%	11.7%	1.7%	100%
		% Estresse	20.3%	25.0%	25.7%	23.3%	8.3%	21.3%
		% do Total	12.8%	2.5%	3.2%	2.5%	0.4%	21.3%
	21 a 30 anos	Contagem	68	8	12	7	6	101
		%Tempo Casado	67.3%	7.9%	11.9%	6.9%	5.9%	100%
		% Estresse	38.4%	28.6%	34.3%	23.3%	50.0%	35.8%
		% do Total	24.1%	2.8%	4.3%	2.5%	2.1%	35.8%
	31 acima	Contagem	56	7	8	6	3	80
		%Tempo Casado	70.0%	8.8%	10.0%	7.5%	3.8%	100%
		% Estresse	31.6%	25.0%	22.9%	20.0%	25.0%	28.4%
		% do Total	19.9%	2.5%	2.8%	2.1%	1.1%	28.4%

		Subescala Estresse					Total
		Normal	Médio	Moderado	Severo	Extre. Severo	
Total	Contagem	177	28	35	30	12	282
	%Tempo Casado	62.8%	9.9%	12.4%	10.6%	4.3%	100%
	% Estresse	100%	100%	100%	100%	100%	100%
	% do Total	62.8%	9.9%	12.4%	10.6%	4.3%	100%

Fonte: elaborado pelo autor com base nos dados de SPSS - IBM (2020)

Na tabulação cruzada por faixa etária de anos de vida individual **Geral, relacionada à Depressão,** constatou-se, segundo o **Gráfico 55:** n=183, 64,9%, normal, n=27, 9,6%, média, n=40, 14,2%, moderada, n=14, 5,0%, severa e n=18, 6,4%, extremante severa.

Gráfico 55 – Subescalas de Depressão, relacionadas à faixa etária individual. Dados arredondados

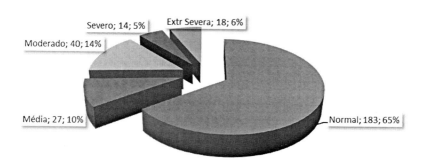

Fonte: elaborado pelo autor com base nos dados de SPSS - IBM (2020) (Excel, 2013)

Separados em faixas etárias específicas dentro da **subescalas Depressão,** foi verificado na faixa etária até 40 anos de idade: n=27, 9,6%, normal; n= 8, 2,8% média; n=10, 3,5%, moderada; n=2, 0,7%, severa; e n=2, 0,7%, extremante severa. Na faixa etária de 41 a 60 anos de idade: n=122, 43,3%, normal; n=12, 4,3%, média; n=28, 9,9%, moderada; n=12, 4,3%, severa; e n=13, 4,6%, extremante severa. Na faixa etária acima de 60 anos de idade: n=34, 12,1%, normal; n= 7, 2,5%, média; n=2, 0,7%, moderada; n=0, 0,0%, severa; e n=3, 12,1%, extremante severa. Sumarizando todas as faixas etárias individuais: n=183, 64,9%, normal; n=27, 9,6%, média; n=40, 14,2%, moderada; n=14, 5,0%, severa; e n=18, 6,4%, extremante severa (Quadro 29).

Quadro 29 – Tabulação cruzada Faixa Etária individual * Subescala Depressão, relacionadas à faixa etária. Dados não arredondados

			Subescala Depressão					
			Normal	Média	Moderada	Severa	Extr Severa	Total
Faixa Etária	Até 40	Contagem	27	8	10	2	2	49
		% em Faixa Etária	55.1%	16.3%	20.4%	4.1%	4.1%	100%
		Depressão	14.8%	29.6%	25.0%	14.3%	11.1%	17.4%
		% do Total	9.6%	2.8%	3.5%	0.7%	0.7%	17.4%
	41 a 60	Contagem	122	12	28	12	13	187
		Faixa Etária	65.2%	6.4%	15.0%	6.4%	7.0%	100%
		Depressão	66.7%	44.4%	70.0%	85.7%	72.2%	66.3%
		% do Total	43.3%	4.3%	9.9%	4.3%	4.6%	66.3%
	61 acima	Contagem	34	7	2	0	3	42826
		Faixa Etária	73.9%	15.2%	4.3%	0.0%	6.5%	100%
		% Depressão	18.6%	25.9%	5.0%	0.0%	16.7%	16.3%
		% do Total	12.1%	2.5%	0.7%	0.0%	1.1%	16.3%

		Subescala Depressão					
		Normal	Média	Moderada	Severa	Extr Severa	Total
Total	Contagem	183	27	40	14	18	282
	Faixa Etária	64.9%	9.6%	14.2%	5.0%	6.4%	100%
	% Depressão	100%	100%	100%	100%	100%	100%
	% do Total	64.9%	9.6%	14.2%	5.0%	6.4%	100%

Fonte: elaborado pelo autor com base nos dados de SPSS - IBM (2020)

Gráfico 56 – Subescalas de Ansiedade, relacionadas à faixa etária individual. Dados arredondados

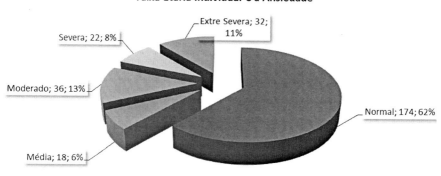

Fonte: elaborado pelo autor com base nos dados de SPSS - IBM (2020) (Excel, 2013)

Separados em faixas etárias individuais específicas dentro da **subescalas Ansiedade**, foi verificado na faixa etária até 40 anos de idade: n=26, 9,20%, normal; n=5, 1,8%, média; n=10, 3,5%, moderada; n=4, 1,4%, severa; e n=4, 1,4%, extremante severa. Na faixa etária de 41 a 60 anos de idade: n=111, 39,4%, normal; n=13, 4,6%, média; n=23, 8,2%, moderada; n=15, 5,3%, severa; e n=25, 8,9%, extremante severa. Na faixa etária de 61 anos de idade acima: n=37, 13,1%, normal; n= 0, 0%, média; n=3, 1,1%, moderada; n=3, 1,1%, severa; e n=3, 1,1%, extremante severa (Quadro 30).

Quadro 30 – Tabulação cruzada Sexo * Subescala Depressão, relacionadas ao tipo de sexo

			Subescala Ansiedade					
			Normal	Média	Mode-rada	Severa	Extre Severa	Total
Faixa Etária	Até 40	Contagem	26	5	10	4	4	49
		Faixa Etária	53.1%	10.2%	20.4%	8.2%	8.2%	100%
		% Ansiedade	14.9%	27.8%	27.8%	18.2%	12.5%	17.4%
		% do Total	9.2%	1.8%	3.5%	1.4%	1.4%	17.4%
	41 a 60	Contagem	111	13	23	15	25	187
		Faixa Etária	59.4%	7.0%	12.3%	8.0%	13.4%	100%
		% Ansiedade	63.8%	72.2%	63.9%	68.2%	78.1%	66.3%
		% do Total	39.4%	4.6%	8.2%	5.3%	8.9%	66.3%
	61 acima	Contagem	37	0	3	3	3	46
		Faixa Etária	80.4%	0.0%	6.5%	6.5%	6.5%	100%
		% Ansiedade	21.3%	0.0%	8.3%	13.6%	9.4%	16.3%
		% do Total	13.1%	0.0%	1.1%	1.1%	1.1%	16.3%
Total		Contagem	174	18	36	22	32	282
		% em Faixa Etária	61.7%	6.4%	12.8%	7.8%	11.3%	100%
		% Ansiedade	100%	100%	100%	100%	100%	100%
		% do Total	61.7%	6.4%	12.8%	7.8%	11.3%	100%

Fonte: elaborado pelo autor com base nos dados de SPSS - IBM (2020)

Na tabulação cruzada por faixa etária de anos de vida individual Geral, **relacionada ao Estresse**, constatou-se, segundo o **Gráfico 57**: n=177, 62,8%, normal, n=28, 9,9%, médio, n=35, 12,4%, moderado, n=30, 10,6%, severo e n=12, 4,3%, extremante severo.

Gráfico 57 – Subescalas de Estresse, relacionadas à faixa etária individual. Dados arredondados

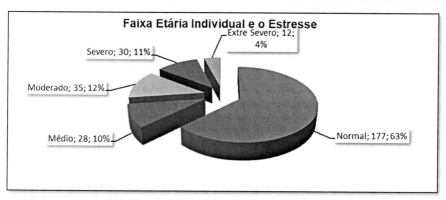

Fonte: elaborado pelo autor com base nos dados de SPSS - IBM (2020) (Excel, 2013)

Separados em faixas etárias individuais específicas dentro da **subescalas Estresse**, foi verificado na faixa etária até 40 anos de idade: n=23, 8,2%, normal; n= 7, 2,5%, médio; n=10, 3,5%, moderado; n=7, 2,5%, severo; e n=2, 0,7%, extremante severo. Na faixa etária de 41 a 60 anos de idade: n=118, 41,8%, normal; n=17, 6,06%, médio; n=20, 7,1%, moderado; n=22, 7,8%, severo; e n=10, 3,5%, extremante severa. Na faixa etária de 61 anos de idade acima: n=36, 12,8%, normal; n=4, 1,4%, médio; n=5, 1,8%, moderado; n=1, 0,4%, severo; e n=0, 0%, extremante severo (Quadro 31).

Quadro 31 – Tabulação cruzada Faixa Etária * Subescala Estresse

Dados não arredondados

			Subescala Estresse					
			Normal	Médio	Mode-rado	Severo	Extre Severo	Total
Faixa Etária	Até 40	Contagem	23	7	10	7	2	49
		Faixa Etária	46.9%	14.3%	20.4%	14.3%	4.1%	100%
		% Estresse	13.0%	25.0%	28.6%	23.3%	16.7%	17.4%
		% do Total	8.2%	2.5%	3.5%	2.5%	0.7%	17.4%
	41 a 60	Contagem	118	17	20	22	10	187
		Faixa Etária	63.1%	9.1%	10.7%	11.8%	5.3%	100%
		% Estresse	66.7%	60.7%	57.1%	73.3%	83.3%	66.3%
		% do Total	41.8%	6.0%	7.1%	7.8%	3.5%	66.3%
	61 acima	Contagem	36	4	5	1	0	46
		Faixa Etária	78.3%	8.7%	10.9%	2.2%	0.0%	100%
		% Estresse	20.3%	14.3%	14.3%	3.3%	0.0%	16.3%
		% do Total	12.8%	1.4%	1.8%	0.4%	0.0%	16.3%
Total		Contagem	177	28	35	30	12	282
		Faixa Etária	62.8%	9.9%	12.4%	10.6%	4.3%	100%
		% Estresse	100%	100%	100%	100%	100%	100%
		% do Total	62.8%	9.9%	12.4%	10.6%	4.3%	100%

Fonte: elaborado pelo autor com base nos dados de SPSS - IBM (2020)

Após o cruzamento e o empilhamento de dados relacionados às Subescalas de Depressão, Ansiedade e Estresse entre os casos de **Tempo de Casados** categorizados de até 10 anos de casados, de 11 a 20 anos de casados, de 21 a 30 anos de casados e de 31 anos acima de casados e relacionados com a Faixa Etária de Vida, categorizados com faixa etária até 40 anos de idade, de 41 a 60 anos de idade e de 61 anos de idade acima dos entrevistados relacionados aos dados de pesquisa sociodemográficos, constatou-se a existência de tendências de diferenças significativas nas classificações **normais, média, moderada, severa e extremamente severa** na Subescala de depressão.

No geral, a correlação de **tempo de casados com a faixa etária**; a faixa etária dos **41 a 60 anos**, possui uma **maioria geral tendente à normalidade e média de normalidade em relação à depressão**, seguida pela faixa etária de **até 40 anos** e consequentemente a faixa etária de **61 anos acima**. Constatou-se novamente que, no geral, a faixa etária dos **41 a 60 anos, possui uma maioria geral tendente a moderado**, severo e extremamente severo, seguido pela faixa etária de até 40 anos e consequentemente a faixa etária de 61 anos acima **relacionadas à depressão**.

O tempo de casado mais **tendente à normalidade é o de 21 a 30 anos** de casados na faixa etária de 41 a 60 anos de idade, seguido pelo tempo de casado de 41 anos de casados acima na faixa etária de 61 anos de idade, depois, de 11 a 20 anos de casados e faixa etária de 41 a 60 anos de idade e consequentemente até 10 anos de casados na faixa etária de até 40 anos de idade relacionados à depressão.

Gráfico 58 – Cruzamento de Fonte

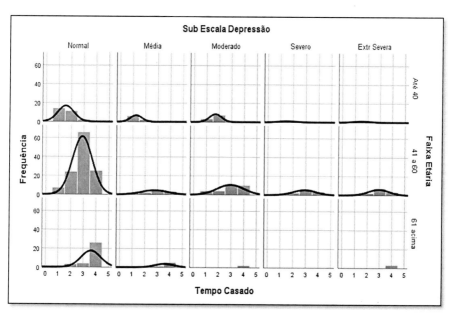

Fonte: elaborado pelo autor com base nos dados de SPSS - IBM (2020)

Foi observado no cruzamento de dados relacionados ao **tempo de casado com a faixa etária e a ansiedade**, conforme o **Gráfico 59**, que, no geral, a relação de tempo de casados com a faixa etária (dos 41 a 60 anos), possui uma maioria geral tendente à normalidade e média normalidade em relação à ansiedade, seguida pela faixa etária de até 40 anos e a faixa etária de 61 anos acima.

Constatou-se novamente que, no geral, a faixa etária dos 41 a 60 anos, possui uma maioria geral tendente a moderado, severo e extremamente severo, seguida pela faixa etária de até 40 anos e a faixa etária de 61 anos acima, relacionadas à ansiedade.

O tempo de casado mais tendente à normalidade é o de 21 a 30 anos de casados na faixa etária de 41 a 60 anos de idade, seguida pelo tempo de casado de 41 anos acima, empatados tecnicamente pelas faixas etárias de até 40 e 61 anos de idade, seguidas de 11 a 20 anos de casados e faixa etária de 41 a 60 anos de idade e até 10 anos de casados na faixa etária de até 40 anos de idade relacionados à ansiedade.

Gráfico 59 – Cruzamento de dados relacionados Tempo de Casados x Faixa Etária x Subescalas de Ansiedade

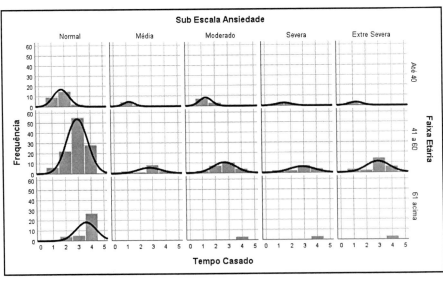

Fonte: elaborado pelo autor com base nos dados de SPSS - IBM (2020)

Foi observado no cruzamento de dados relacionados ao **tempo de casado com a faixa etária e as subescalas de estresse, conforme o Gráfico 60**, que, no geral, a relação de tempo de casados com a faixa etária dos 41 a 60 anos possui uma maioria geral tendente à normalidade e à média normalidade em relação ao estresse, seguida pela faixa etária de até 40 anos e consequentemente a faixa etária de 61 anos acima. Constatou-se novamente que, no geral, a faixa etária dos 41 a 60 anos possui uma maioria geral tendente a moderado, severo e extremamente severo seguida pela faixa etária de até 40 anos e consequentemente a faixa etária de 61 anos acima, relacionadas ao estresse.

O tempo de casado mais tendente à normalidade é o de 21 a 30 anos de casados na faixa etária de 41 há 60 anos de idade, seguido pelo tempo de casado de 41 anos de casados acima, empatados tecnicamente pelas faixas etárias de até 40 e 61 anos de idade, seguido de 11 a 20 anos de casados e faixa etária de 41 há 60 anos de idade e consequentemente até 10 anos de casados na faixa etária de até 40 anos de idade relacionadas à depressão.

Gráfico 60 – Cruzamento de dados relacionados Tempo de Casados x Faixa Etária x Subescalas de estresse

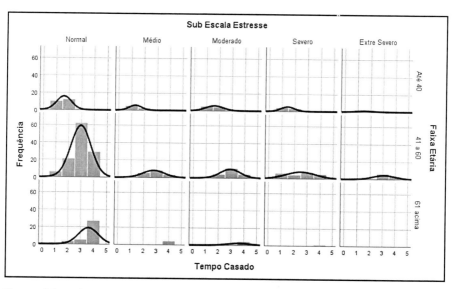

Fonte: elaborado pelo autor com base nos dados de SPSS - IBM (2020)

Na tabulação cruzada por sexo no geral, relacionado à Depressão, constatou-se, segundo o **Quadro 32 e o Gráfico 61**: n=183, 64,9%, normal, n=27, 9,6%, média, n=40, 14,2%, moderada, n=14, 5,0%, severa e n=18, 6,4%, extremante severa.

Gráfico 61 – Subescalas de Depressão, relacionadas ao sexo dos pesquisados. Dados arredondados

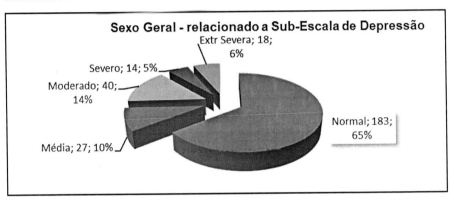

Fonte: elaborado pelo autor com base nos dados de SPSS - IBM (2020) (Excel, 2013)

Após a conclusão dos cruzamentos de dados dos entrevistados relacionados à Escala de Depressão, Ansiedade e Estresse, constatou-se que a relação do sexo feminino com a Depressão nas **Subescalas de Depressão**, segundo o **Quadro 32 e o Gráfico 62**: n=76, 60,8%, norma; n=11, 8,8%, média; n=21, 16,8%, moderada; n=10, 8,0%, severa; e n=7, 5,6%, extremamente severa.

Quadro 32 – Tabulação cruzada Sexo * Subescala Depressão, relacionadas ao tipo de sexo. Dados não arredondados

			Subescala Depressão					
			Normal	Média	Mode-rado	Severa	Extr Severa	Total
Sexo	Feminino	Contagem	76	11	21	10	7	125
		% em Sexo	60.8%	8.8%	16.8%	8.0%	5.6%	100%
		% em Depressão	41.5%	40.7%	52.5%	71.4%	38.9%	44.3%
		% do Total	27.0%	3.9%	7.4%	3.5%	2.5%	44.3%
	Masculino	Contagem	107	16	19	4	11	157
		% em Sexo	68.2%	10.2%	12.1%	2.5%	7.0%	100%
		% em Depressão	58.5%	59.3%	47.5%	28.6%	61.1%	55.7%
		% do Total	37.9%	5.7%	6.7%	1.4%	3.9%	55.7%
Total		Contagem	183	27	40	14	18	282
		% em Sexo	64.9%	9.6%	14.2%	5.0%	6.4%	100%
		% em Depressão	100%	100%	100%	100%	100%	100%
		% do Total	64.9%	9.6%	14.2%	5.0%	6.4%	100%

Fonte: elaborado pelo autor com base nos dados de SPSS - IBM (2020).

Gráfico 62 – Subescalas de depressão, relacionadas ao sexo feminino dos pesquisados. Dados arredondados

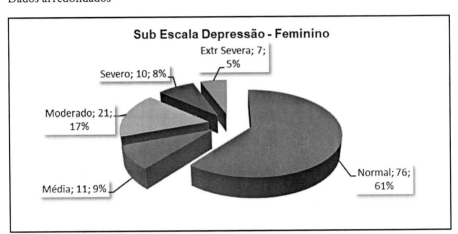

Fonte: elaborado pelo autor com base nos dados de SPSS - IBM (2020) (Excel, 2013)

Após a conclusão dos cruzamentos de dados dos entrevistados relacionados à Escala de Depressão, Ansiedade e Estresse, constatou-se que a relação do sexo masculino com a **Depressão**, segundo o **Gráfico 63**, foi: n=107, 68,2%, normal, n=16, 10,2%, média, n=19, 12,1%, moderada, n=4, 2,50%, severa e n=11, 7,0%, extremamente severa.

Gráfico 63 – Subescalas de Depressão, relacionadas ao sexo masculino dos pesquisados. Dados arredondados

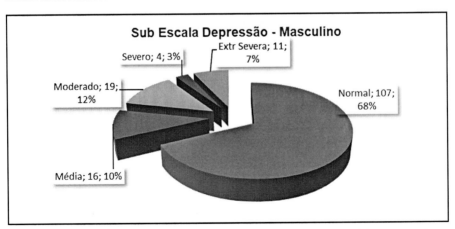

Fonte: elaborado pelo autor com base nos dados de SPSS - IBM (2020) (Excel, 2013)

Reunidos em um único gráfico de inclinação em linhas, verificou-se a tendência dos casos observados por sexo masculino e feminino, relacionados à depressão, segundo os **Gráficos 64 e 65**. A pesquisa revelou que o sexo masculino apresenta uma tendência mais acentuada à normalidade, severidade e extrema severidade na depressão, representando 9,5% dos pesquisados. Por outro lado, o sexo feminino mostrou uma menor inclinação à normalidade e uma maior prevalência de casos severos e extremamente severos de depressão, correspondendo a 13,6% dos pesquisados.

Gráfico 64 – Gráfico Empilhamento Dados Cruzados - Sexo x Tempo de Casados x Casos x

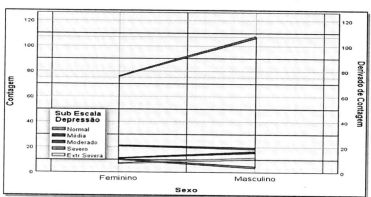

Fonte: elaborado pelo autor com base nos dados de SPSS - IBM (2020)

Gráfico 65 – Gráfico comparativo relacionado a Sexo x Depressão

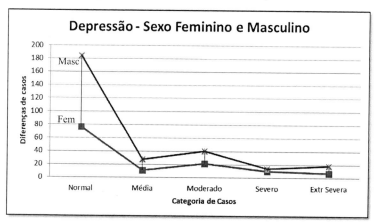

Fonte: elaborado pelo autor com base nos dados de SPSS - IBM (2020)

Na tabulação cruzada por sexo no geral, relacionada à **Ansiedade**, constatou-se, segundo o **Gráfico 66 e o Quadro 33**: n=174, 61,7%, normal, n=18, 6,4%, média, n=36, 12,8%, moderada, n=22, 7,8%, severa e n=32, 11,3%, extremante severa.

Gráfico 66 – Subescalas de Ansiedade, relacionadas ao sexo no geral dos pesquisados. Dados arredondados

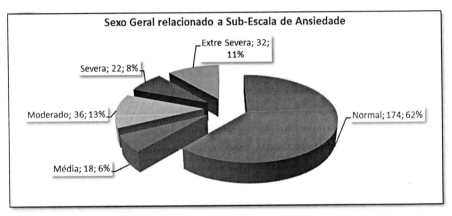

Fonte: elaborado pelo autor com base nos dados de SPSS - IBM (2020) (Excel, 2013)

Separados por tipo de sexo específicos dentro da **subescalas Ansiedade**, foi verificado no sexo feminino relacionado à Ansiedade: n=70, 56,0%, normal; n= 11, 8,8%, média; n=15, 12,0%, moderada; n=10, 8,0%, severa; e n=19, 15,2%, extremante severa. No sexo masculino: n=104, 66,2%, normal; n=7, 4,5%, média; n=21, 13,4%, moderada; n=12, 7,6%, severa; e n=13, 8,3%, extremante severa.

Quadro 33 – Tabulação cruzada Geral Sexo * Subescala Ansiedade, relacionada ao tipo de sexo

			Subescala Ansiedade					
			Normal	Média	Mode-rada	Severa	Extre Severa	Total
Sexo	Feminino	Contagem	70	11	15	10	19	125
		% em Sexo	56.0%	8.8%	12.0%	8.0%	15.2%	100%
		% em Ansiedade	40.2%	61.1%	41.7%	45.5%	59.4%	44.3%
		% do Total	24.8%	3.9%	5.3%	3.5%	6.7%	44.3%
	Masculino	Contagem	104	7	21	12	13	157
		% em Sexo	66.2%	4.5%	13.4%	7.6%	8.3%	100%
		% em Ansiedade	59.8%	38.9%	58.3%	54.5%	40.6%	55.7%
		% do Total	36.9%	2.5%	7.4%	4.3%	4.6%	55.7%
Total		Contagem	174	18	36	22	32	282
		% em Sexo	61.7%	6.4%	12.8%	7.8%	11.3%	100%
		% em Ansiedade	100%	100%	100%	100%	100%	100%
		% do Total	61.7%	6.4%	12.8%	7.8%	11.3%	100%

Fonte: elaborado pelo autor com base nos dados de SPSS - IBM (2020)

Após a conclusão dos cruzamentos de dados dos entrevistados relacionados à Escala de Depressão, Ansiedade e Estresse, constatou-se que a relação do sexo feminino com a Ansiedade, segundo o **Gráfico 67**, foi: n=70, 56,0%, normal, n=11, 8,8%, média, n=15, 12,0%, moderada, n=10, 8,0%, severa e n=19, 15,2% extremamente severa.

Gráfico 67 – Subescalas de Ansiedade relacionadas ao sexo feminino dos pesquisados. Dados arredondados

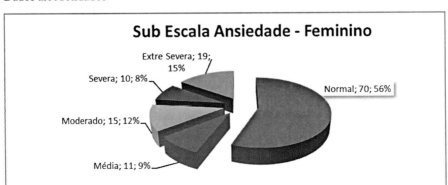

Fonte: elaborado pelo autor com base nos dados de SPSS - IBM (2020) (Excel, 2013)

Após a conclusão dos cruzamentos de dados dos entrevistados relacionados à Escala de Depressão, Ansiedade e Estresse correlacionados às suas subescalas categorizadas, constatou-se que a relação do sexo masculino com a Ansiedade na Subescala de Ansiedade, segundo o **Gráfico 68**, foi: n=104, 66,2%, normal, n=7, 4,5%, média, n=21, 13,4%, moderada, n=12, 7,6%, severa e n=13, 8,36%, extremamente severa.

Gráfico 68 – Subescalas de Ansiedade relacionadas ao sexo feminino dos pesquisados. Dados arredondados

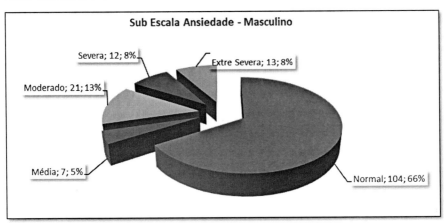

Fonte: elaborado pelo autor com base nos dados de SPSS - IBM (2020) (Excel, 2013)

Reunidos em um único gráfico de inclinação em linhas, verificou-se a tendência dos casos observados por sexo masculino e feminino, relacionados à ansiedade, segundo os **Gráficos 69 e 70**. A análise revelou que 15,9% dos participantes do sexo masculino tendem mais à normalidade na ansiedade, mesmo em casos severos extremamente severos. Em contraste, o sexo feminino, apesar de ter uma menor tendência à normalidade na ansiedade, apresentou uma maior proporção de casos severos e extremamente severos, representando 23,2% dos pesquisados.

Gráfico 69 – Empilhamento Dados Cruzados - Sexo x Tempo de Casados x Contagem de Casos x Ansiedade

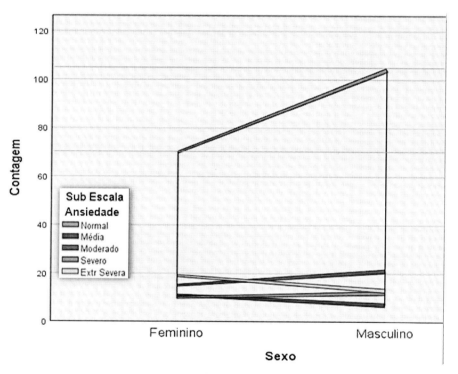

Fonte: elaborado pelo autor com base nos dados de SPSS - IBM (2020)

Gráfico 70 – Comparativo relacionado a Sexo x Ansiedade

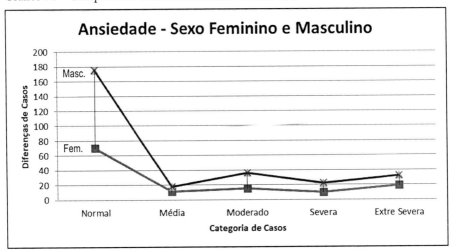

Fonte: elaborado pelo autor com base nos dados de SPSS - IBM (2020)

Na tabulação cruzada por sexo no geral, relacionada ao Estresse, constatou-se, segundo o **Gráfico 71**: n=177, 62,8%, normal, n=28, 9,9%, médio, n=35, 12,48%, moderado, n=30, 10,6%, severo e n=12, 4,3%, extremante severo.

Gráfico 71 – Subescalas de Estresse, relacionadas ao sexo em geral dos pesquisados. Dados arredondados

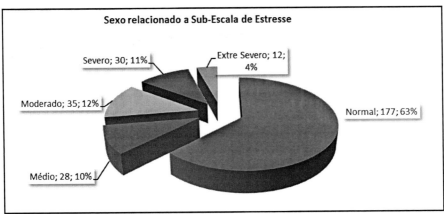

Fonte: elaborado pelo autor com base nos dados de SPSS - IBM (2020),(Excel, 2013)

Separados por tipo de sexo específicos dentro da subescalas Estresse, foi verificado no sexo feminino relacionado ao estresse: n=76, 60,8%, normal; n= 12, 9,6%, médio, n=15, 12,0%, moderado; n=13, 10,4%, severo; e n=9, 7,2% extremante severo. No sexo masculino: n=101, 64,3%, normal; n=16, 10,2%, médio; n=20, 12,7%, moderado; n=17, 10,8%, severo; e n=3, 1,9%, extremante severo.

Quadro 34 – Tabulação cruzada Sexo * Subescala Estresse, relacionadas ao tipo de sexo

			Sexo Subescala Estresse					
			Normal	Médio	Moderado	Severo	Extre Severo	Total
Sexo	Feminino	Contagem	76	12	15	13	9	125
		% em Sexo	60.8%	9.6%	12.0%	10.4%	7.2%	100%
		% em Estresse	42.9%	42.9%	42.9%	43.3%	75.0%	44.3%
		% do Total	27.0%	4.3%	5.3%	4.6%	3.2%	44.3%
	Masc	Contagem	101	16	20	17	3	157
		% em Sexo	64.3%	10.2%	12.7%	10.8%	1.9%	100%
		% em Estresse	57.1%	57.1%	57.1%	56.7%	25.0%	55.7%
		% do Total	35.8%	5.7%	7.1%	6.0%	1.1%	55.7%
Total		Contagem	177	28	35	30	12	282
		% em Sexo	62.8%	9.9%	12.4%	10.6%	4.3%	100%
		% em Estresse	100%	100%	100%	100%	100%	100%
		% do Total	62.8%	9.9%	12.4%	10.6%	4.3%	100%

Fonte: elaborado pelo autor com base nos dados de SPSS - IBM (2020)

Após a conclusão dos cruzamentos de dados dos entrevistados relacionados à Escala de Depressão, Ansiedade e Estresse correlacionados às suas subescalas categorizadas, constatou-se que a relação do sexo feminino com o Estresse na subescala de Estresse, foi: n=76, 60,8,0%, normal, n=12, 9,6%, médio, n=15, 12%, moderado, n=13, 10,4%, severo e n=9, 7,2% extremamente severo.

Gráfico 72 – Subescalas de Estresse relacionadas ao sexo feminino dos pesquisados. Dados arredondados

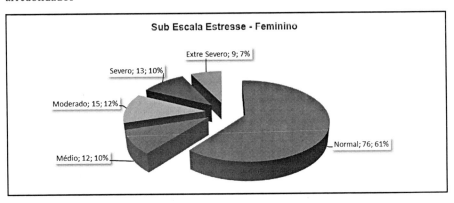

Fonte: elaborado pelo autor com base nos dados de SPSS - IBM (2020) (Excel, 2013)

Constatou-se que a relação do sexo masculino com o Estresse nas Subescalas de Estresse, foi: n=101, 64,3%, normal, n=16, 10,2%, médio, n=20, 12,7%, moderado, n=17, 10,8%, severo e n=3, 1,9%, extremamente severo.

Gráfico 73 – Subescalas de Estresse, relacionadas ao sexo masculino dos pesquisados. Dados arredondados

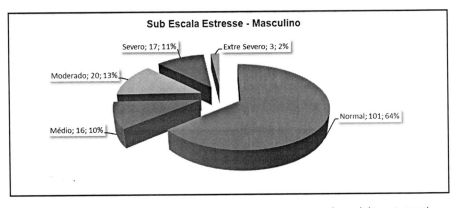

Fonte: elaborado pelo autor com base nos dados de SPSS - IBM (2020) (Excel, 2013)

Reunidos em um único gráfico de inclinação em linhas, verificou-se a tendência dos casos observados por sexo masculino e feminino, relacionados ao estresse, segundo os **Gráficos 74 e 75 e o Quadro 34**. Constatou-se maior tendência do sexo masculino relacionado à normalidade, a severo e extremamente severo, constatou-se 12,7% dos pesquisados. Enquanto o sexo feminino com menor tendência à normalidade ao estresse, severo e extremamente severo, constatou-se 17,6% dos pesquisados.

Gráfico 74 – Empilhamento Dados Cruzados - Sexo x Tempo de Casados x Contagem de Casos x Estresse

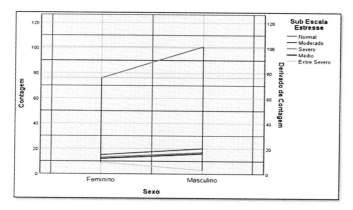

Fonte: elaborado pelo autor com base nos dados de SPSS - IBM (2020)

Gráfico 75 – Comparativo relacionado a Sexo x Estresse

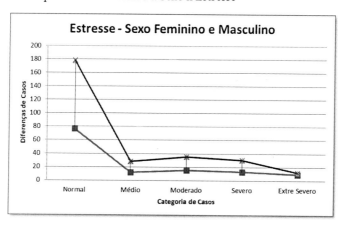

Fonte: elaborado pelo autor com base nos dados de SPSS - IBM (2020)

Foram utilizados, na maioria dos casos, gráficos de inclinação e de linhas, pois os mesmos são melhores para familiarizar a visualização de dois grupos ou tempos formatados por dois pontos de encontros pontuais ou *on-time* x *meet up*.

Segundo Tufte (1997), são gráficos que mensuram quantitativamente valores contínuos por tempo ou espaço. O caso a seguir demonstra a hierarquia relacionada a sexo masculino e feminino, onde os números se inclinam de acordo com o tempo de casados, comparados aos tipos de percepções relacionadas aos transtornos estudados nesta pesquisa, comparadas entre si, demonstrando as diferenças entre os pesquisados em diferentes áreas da vida comportamental.

No cruzamento de dados relacionados às Subescalas de Depressão, relacionadas ao **sexo com o tempo de casados por faixas etárias,** foi observado, conforme a Análise de Variância ou Anova, que é um procedimento usado para comparar a distribuição de três ou mais grupos em amostras independentes. **No Quadro 35 e nos Gráficos 76 e 77,** no relacionamento à **tendência entre o tempo de casado o sexo e a depressão,** observou-se entre o sexo masculino e feminino, a existência de diferenças significativas nas classificações normais, média, moderada, severa e extremamente severa. "Na escala de Depressão, Ansiedade e Estresse, quanto menor a soma dos valores, melhor classificação entre a escala" (Lovibond, 1995, s/p).

Em média, o sexo masculino demonstra um melhor nível de normalidade dentro dos atributos da classificação normal do que o sexo feminino em todas as faixas etárias de casados, o mesmo ocorre com alguns casos isolados na média e extremamente severa de depressão (Quadro 35).

Quadro 35 – Análise de Variância ou Anova

Cruzamento de dados entre o Sexo x Tempo de casados x Subescala de Depressão

Sexo	Tempo Casado	Média	Teste Padrão	N
Feminino[a]	Até 10 anos	2.11	1.05	17
	11 a 20 anos	1.90	1.30	21
	21 a 30 anos	1.84	1.31	52
	31 acima	1.82	1.29	35
	Total	1.88	1.26	125
Masculino[b]	Até 10 anos	1.70	1.23	24
	11 a 20 anos	1.74	1.16	39
	21 a 30 anos	1.57	1.20	49
	31 acima	1.80	1.25	45
	Total	1.70	1.20	157
Total	Até 10 anos	1.87	1.16	41
	11 a 20 anos	1.80	1.20	60
	21 a 30 anos	1.71	1.26	101
	31 acima	1.81	1.26	80
	Total	1.78	1.23	282

Testa a hipótese nula de que a variância do erro da variável dependente é igual entre grupos.[a,b]

a. Variável dependente: Subescala Depressão - b. Design: Intercepto + Sexo + Casamento + Sexo * Casamento

Fonte: elaborado pelo autor com base nos dados de SPSS - IBM (2020)

Gráfico 76 – Perfil, média x Sexo x Tempo de casados por faixas etárias de casados

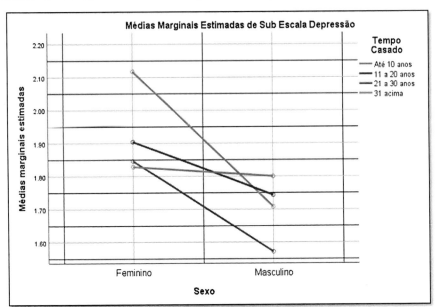

Fonte: elaborado pelo autor com base nos dados de SPSS - IBM (2020)

Gráfico 77 – Gráfico de perfil, média x Tempo de casados x Sexo. Subescalas de Depressão

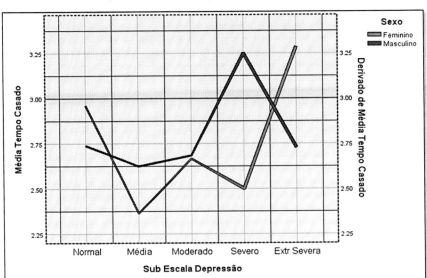

Fonte: elaborado pelo autor com base nos dados de SPSS - IBM (2020)

De acordo com o **Quadro 35 e o Gráfico de perfil 78**, a amostra revelou certas tendências. Nas subescalas de depressão, notamos que os homens, em geral, apresentam níveis mais normais de depressão em quase todas as faixas etárias, considerando o tempo de casamento. Esta normalidade é mais acentuada entre aqueles que estão casados há 21 a 30 anos. Por outro lado, as mulheres mostram uma tendência mais normal de depressão na faixa etária de 31 anos ou mais.

Gráfico 78 – Perfil, média x Sexo x Tempo de casados por faixas etárias de casados Subescalas de Depressão

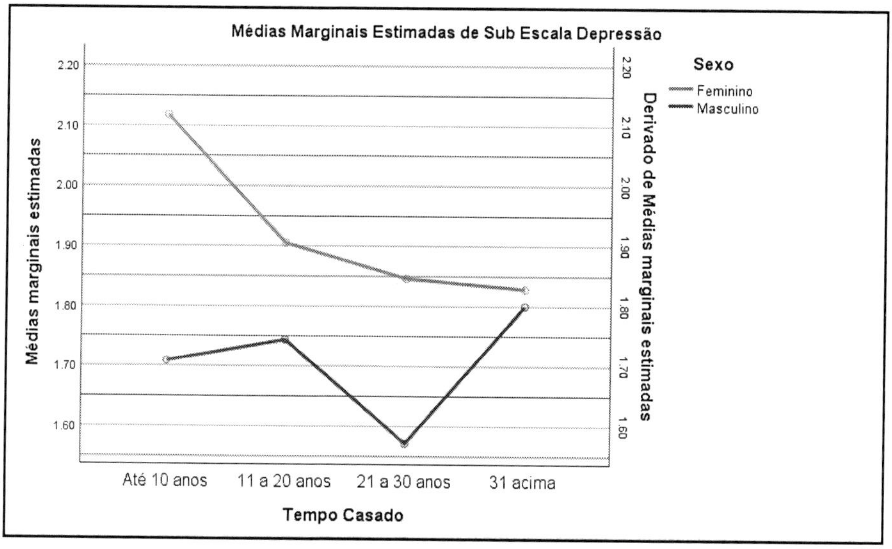

Fonte: elaborado pelo autor com base nos dados de SPSS - IBM (2020)

No cruzamento de dados relacionados a subescalas de ansiedade, relacionadas ao sexo com o tempo de casados e faixas etárias, foi observado, conforme a Análise de Variância ou Anova, no **Quadro 36 e no Gráfico 79**, a relação à tendência entre o tempo de casado, o sexo e a Ansiedade, observou-se entre o sexo masculino e feminino, a existência de diferenças significativas nas classificações normais, média, moderada, severa e extremamente severa.

Em média, o sexo masculino demonstra um melhor nível de normalidade dentro dos atributos da classificação normal relacionada à Ansiedade, do que o sexo feminino em quase todas as faixas etárias de

casados, exceto na faixa etária de 31 anos acima. O mesmo ocorre com alguns casos isolados na média e extremamente severa à ansiedade. **A faixa etária de até 10 anos de casados é onde existe a maior tendência de ansiedade no sexo feminino, e de 31 anos acima de casados no sexo masculino.**

Quadro 36 – Análise de Variância ou Anova. Cruzamento de dados Sexo x Tempo de casados x e a Subescala de Ansiedade

Sexo	Tempo Casado	Média	teste Padrão	N
Feminino	Até 10 anos	3.11	1.45	17
	11 a 20 anos	1.85	1.38	21
	21 a 30 anos	2.21	1.56	52
	31 acima	1.85	1.47	35
	Total	2.17	1.53	125
Masculino	Até 10 anos	2.00	1.31	24
	11 a 20 anos	1.71	1.16	39
	21 a 30 anos	1.85	1.42	49
	31 acima	1.95	1.47	45
	Total	1.87	1.35	157
Total	Até 10 anos	2.46	1.46	41
	11 a 20 anos	1.76	1.24	60
	21 a 30 anos	2.03	1.50	101
	31 acima	1.91	1.46	80
	Total	2.00	1.44	282
Testa a hipótese nula de que a variância do erro da variável dependente é igual entre grupos.[a,b]				
a. Variável dependente: Subescala Ansiedade				
b. Design: Intercepto + Sexo + Casamento + Sexo * Casamento				

Fonte: elaborado pelo autor com base nos dados de SPSS - IBM (2020).

Gráfico 79 – Perfil, média x Sexo x Tempo de casados por faixas etárias de casados

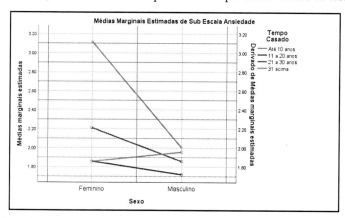

Fonte: elaborado pelo autor com base nos dados de SPSS - IBM (2020).

Na observação da subescala de ansiedade, em uma Análise de Variância ou Anova entre o sexo masculino e feminino, com fatores entre os sujeitos em uma estatística descritiva. A amostra obteve tendências conforme o **Gráfico de perfil 80**. Observou-se que a tendência da subescalas de ansiedade no **sexo masculino é predominantemente dentro da normalidade em quase todas as faixas etárias por tempo de casados, com predominância maior na faixa etária de 11 a 20 anos de casados, e o sexo feminino possui uma tendência predominantemente mais normal na faixa etária dos 31 anos acima de casados.**

Gráfico 80 – Perfil, média x Sexo x Tempo de casados por faixas etárias de casados

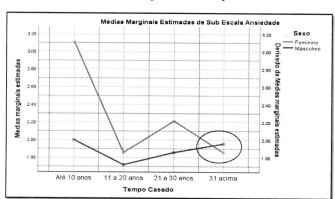

Fonte: elaborado pelo autor com base nos dados de SPSS - IBM (2020).

No cruzamento de dados relacionados a Subescalas de Estresse, referentes ao sexo com o tempo de casados e faixas etárias, foi observado, conforme a Análise de Variância ou Anova, no **Gráfico 81 e no Quadro 37**, a tendência entre o tempo de casado, sexo e o Estresse, observou-se entre o sexo masculino e feminino, a existência de diferenças significativas nas classificações normais, média, moderada, severa e extremamente severa, relacionadas a subescalas de estresse. **A tendência do sexo masculino relacionada ao estresse, com maior normalidade na faixa etária até 10 anos de casado e 21 a 30 anos de casados. A tendência do sexo feminino relacionada ao estresse, com maior normalidade na faixa etária até 11 a 20 anos e 31 anos acima de casados.**

Quadro 37 – Tabela de Análise de Variância ou Anova com Estatística do teste. Cruzamento de dados entre o Sexo x Tempo de casados x Subescala de Estresse

Sexo	Tempo Casado	Média	teste Padrão	N
Feminino	Até 10 anos	2.7	1.31	17
	11 a 20 anos	1.8	1.16	21
	21 a 30 anos	1.96	1.413	52
	31 acima	1.60	1.241	35
	Total	1.93	1.342	125
Masculino	Até 10 anos	2.12	1.392	24
	11 a 20 anos	1.84	1.181	39
	21 a 30 anos	1.55	1.021	49
	31 acima	1.71	1.100	45
	Total	1.75	1.151	157
Total	Até 10 anos	2.36	1.373	41
	11 a 20 anos	1.83	1.166	60
	21 a 30 anos	1.76	1.250	101
	31 acima	1.66	1.157	80
	Total	1.83	1.240	282

Testa a hipótese nula de que a variância do erro da variável dependente é igual entre grupos.[a,b]
a. Variável dependente: Subescala Estresse
b. Design: Intercepto + Sexo + Casamento + Sexo * Casamento

Fonte: elaborado pelo autor com base nos dados de SPSS - IBM (2020)

Gráfico 81 – Gráfico de perfil, média x Sexo x Tempo de casados por faixas etárias de casados

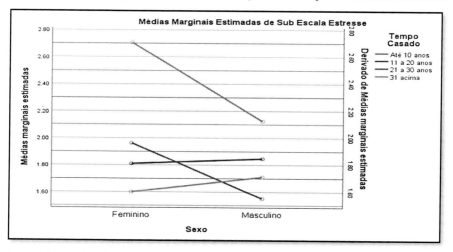

Fonte: elaborado pelo autor com base nos dados de SPSS - IBM (2020)

Na observação das Subescalas de Estresse, em uma Análise de Variância ou Anova entre o sexo masculino e feminino, com fatores entre os sujeitos em uma estatística descritiva. A amostra obteve tendências conforme o **Gráfico de perfil 82**. Observou-se a maior diferença entre os sexos por tempo de casados, variando entre as faixas etárias por tempo de casados, com tendências diversificadas respectivamente.

A tendência do sexo masculino relacionada ao estresse e ao tempo de casados com maior normalidade na faixa etária de 21 a 30 anos de casados e, em seguida, com 31 anos acima de casados. A tendência do sexo feminino relacionada ao estresse e ao tempo de casados, com maior normalidade na faixa etária de 11 a 20 anos de casados e 31 anos acima.

Gráfico 82 – Perfil, média x Sexo x Tempo de casados por faixas etárias de casados

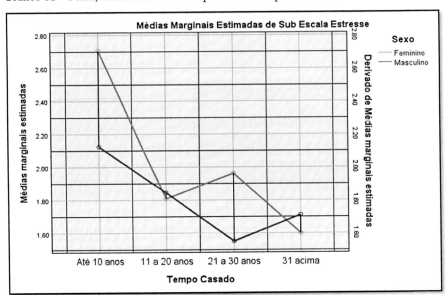

Fonte: elaborado pelo autor com base nos dados de SPSS - IBM (2020)

20

CRUZAMENTO E EMPILHAMENTO DE DADOS DAS ESCALAS DE DEPRESSÃO, ANSIEDADE E ESTRESSE (DASS-21) E ESCALA DE AVALIAÇÃO DA SATISFAÇÃO EM ÁREAS DA VIDA CONJUGAL (EASAVIC)

Este trabalho também teve como objetivo analisar a relação entre a satisfação conjugal e os níveis de depressão, ansiedade e estresse na amostra dos casais entrevistados. **Para isso, foram utilizadas as escalas de Depressão, Ansiedade e Estresse e a Escala da Satisfação Conjugal nas Áreas do Outro, de Si Próprio e do Casal.** Os dados foram cruzados e empilhados de acordo com o sexo dos participantes e **as subescalas de depressão e de foco no outro.** Os resultados mostraram que ambos os sexos tendem a estar satisfeitos e muito satisfeitos com o foco no outro, dentro da normalidade e com média na subescala de depressão. No entanto, também foram encontrados casos de severidade e extrema severidade relacionados à depressão em ambos os sexos, sendo mais frequentes no sexo masculino. Além disso, observou-se que o sexo masculino apresenta uma maior tendência a estar completamente satisfeito com o foco no outro, mesmo com níveis elevados de depressão. O **Gráfico estatístico 83** ilustra esses achados.

Gráfico 83 – Empilhamento Dados Cruzados x sexo x subescala de depressão x correlação com a subescala de Áreas do Outro

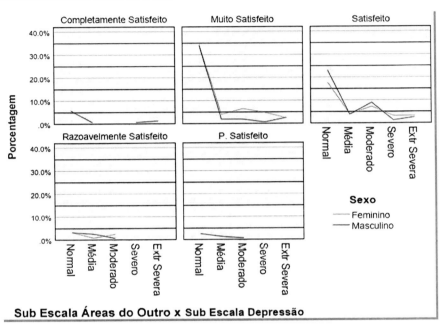

Fonte: elaborado pelo autor com base nos dados de SPSS - IBM (2020)

Foram utilizadas as escalas de Depressão, Ansiedade e Estresse e a Escala da Satisfação Conjugal nas Áreas do Outro, de Si Próprio e do Casal. Os dados foram cruzados e empilhados de acordo com o sexo dos participantes e as subescalas de depressão em si próprio. Os resultados mostraram que ambos os sexos tendem a estar muito satisfeitos ou satisfeitos com o foco em si próprio, dentro da normalidade e com média na subescala de depressão. No entanto, também foram encontrados casos de severidade e extrema severidade relacionados à depressão em ambos os sexos, sendo mais frequentes no sexo masculino. Além disso, observou-se que o sexo feminino apresenta uma maior tendência a estar razoavelmente satisfeito com o foco em si próprio, mesmo com níveis elevados de depressão, enquanto o sexo masculino apresenta uma maior tendência a estar pouco satisfeito em si próprio, também com níveis elevados de depressão. **Veja o Gráfico 84.**

Gráfico 84 – Empilhamento Dados Cruzados - Relacionado sexo x subescala de depressão x subescala de Si Próprio

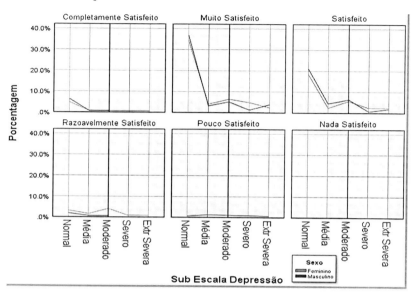

Fonte: elaborado pelo autor com base nos dados de SPSS - IBM (2020)

Foi realizado o cruzamento e o empilhamento de dados relacionados às Escalas de Depressão, Ansiedade e Estresse categoricamente, juntamente com a Escala da Satisfação Conjugal nas áreas do Outro, de Si Próprio e do Casal categoricamente, relacionando o sexo com a subescala de Depressão e a subescala de foco nas Áreas do Casal. Foi observado, conforme o Gráfico 75, que entre o sexo masculino e feminino, há pouca tendência de diferenças significativas nas classificações normal, média, moderada, severa e extremamente severa na subescala de depressão. Ambos os sexos estão mais tendentes a completamente satisfeitos, muito satisfeitos, satisfeitos com foco no casal, porém com maior quantidade de casos relacionados a razoavelmente satisfeitos e pouco satisfeito comparados às áreas de Si Próprio e do Outro, atenuando a necessidade de melhorias de qualidade na área do casal. Ambos os sexos estão dentro da normalidade e a média na subescala de depressão, ambos os sexos possuem casos de severidade e extremamente severidade relacionados à depressão. O sexo feminino com maiores tendências à moderada, à severa e à extrema depressão e razoavelmente satisfeitas e satisfeitas, relacionadas às Áreas do Casal. Verificou-se também a existência em ambos os sexos razoavelmente satisfeitos e pouco satisfeitos com o foco no casal. Observa-se também o sexo feminino com tendências moderada, severa e extremamente severa à depressão, porém mais satisfeitas nas áreas do casal. O cruzamento e o empilhamento de dados estão representados no **Gráfico estatístico 85**.

Gráfico 85 – Empilhamento Dados Cruzados x sexo x subescala de depressão x subescala

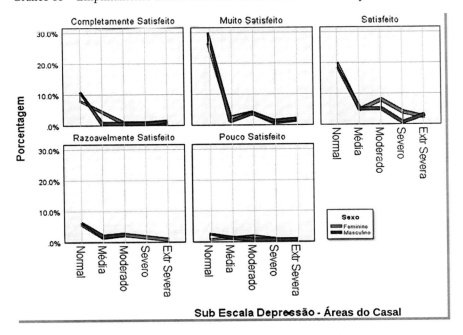

Fonte: elaborado pelo autor com base nos dados de SPSS - IBM (2020)

Foram utilizadas as escalas da Satisfação Conjugal nas Áreas do Outro, de Si Próprio e do Casal e a Escala de Depressão, Ansiedade e Estresse. Os dados foram cruzados e empilhados de acordo com o sexo dos participantes e as **subescalas de ansiedade e de foco no outro**. Ambos os sexos tendem a estar muito satisfeitos ou satisfeitos com o foco no outro, dentro da normalidade e com média na subescala de depressão. No entanto, também foram encontrados casos de severidade e extremidade severidade relacionados à depressão em ambos os sexos, sendo mais frequentes no sexo masculino. Além disso, observou-se que o sexo feminino apresenta uma maior tendência a estar satisfeito ou muito satisfeito com o foco no outro, mesmo com níveis elevados de depressão, enquanto o sexo masculino apresenta uma maior tendência a estar pouco satisfeito com o foco no outro, também com níveis elevados de depressão. O **Gráfico estatístico 86** ilustra essas informações.

Gráfico 86 – Empilhamento Dados Cruzados x sexo x subescala de Ansiedade x subescala áreas do Outro

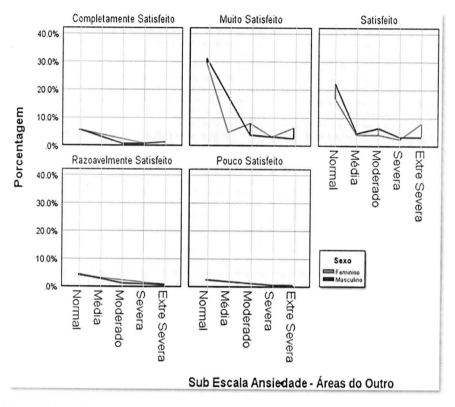

Fonte: elaborado pelo autor com base nos dados de SPSS - IBM (2020)

Foram utilizadas as escalas da Satisfação Conjugal nas Áreas do Outro, de Si Próprio e do Casal e a Escala de Depressão, Ansiedade e Estresse. Os dados foram cruzados e empilhados de acordo com o sexo dos participantes e as **subescalas de ansiedade e de Si Próprio.** Os resultados mostraram que ambos os sexos tendem a estar muito satisfeitos ou satisfeitos com o foco em si próprio, dentro da normalidade e com média na subescala de depressão. No entanto, também foram encontrados casos de severidade e extremidade severidade relacionados à depressão em ambos os sexos, sendo mais frequentes no sexo feminino. Além disso, observou-se que o sexo feminino apresenta uma maior tendência a estar razoavelmente satisfeito com o foco em si próprio, mesmo com níveis elevados de depressão, enquanto o sexo masculino apresenta uma maior tendência a estar pouco satisfeito com o foco em si próprio, também com níveis elevados de depressão. **O Gráfico estatístico 87** ilustra esses achados.

Gráfico 87 – Empilhamento Dados Cruzados x sexo x subescala de Ansiedade x áreas de Si Próprio

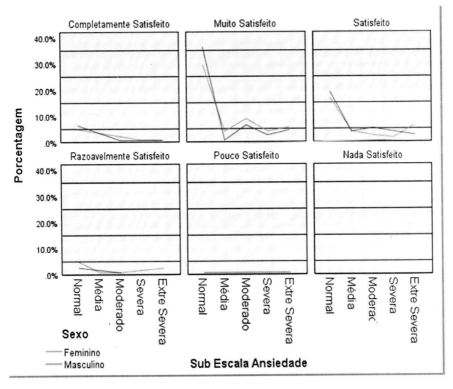

Fonte: elaborado pelo autor com base nos dados de SPSS - IBM (2020)

Relacionando o sexo com a subescala de Ansiedade e a subescala de foco nas Áreas do Casal. O **Gráfico 88** mostra que há diferenças significativas entre homens e mulheres na subescala de depressão, sendo que as mulheres tendem a ter mais níveis de depressão moderada, severa e extremamente severa do que os homens. No entanto, ambos os sexos estão satisfeitos ou muito satisfeitos com as áreas do casal, sendo que os homens são mais propensos a serem completamente satisfeitos do que as mulheres. **Veja o Gráfico 88**.

Gráfico 88 – Empilhamento Dados Cruzados - Relacionado sexo x subescala de Ansiedade x Áreas do Casal

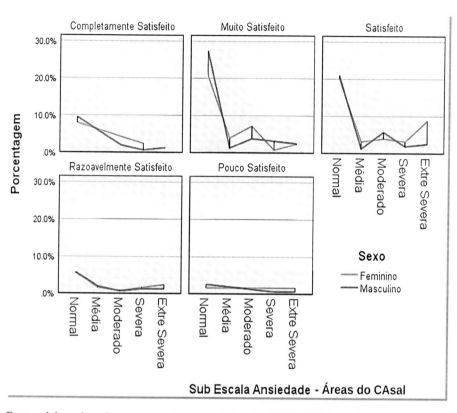

Fonte: elaborado pelo autor com base nos dados de SPSS - IBM (2020)

Foram utilizadas as escalas da Satisfação Conjugal nas Áreas do Outro, de Si Próprio e do Casal e a Escala de Depressão, Ansiedade e Estresse. Os dados foram cruzados e empilhados de acordo com o sexo dos participantes e as **subescalas de estresse e de foco no outro**.

Ambos os sexos tendem a muito satisfeitos e satisfeitos **nas Áreas do outro**, dentro da normalidade e a média na subescala de depressão, ambos os sexos possuem casos moderados, severidades e extremamente severidades relacionados à depressão. O sexo masculino, mais tendente a muito satisfeito e completamente satisfeito nas áreas do outro e dentro da normalidade na subescala de depressão. Verificou-se também a existência em ambos os sexos razoavelmente satisfeitos com o foco no outro e dentro da normalidade na escala de depressão. Relacionado ao estresse, o sexo masculino tem uma maior tendência em todas as áreas do outro com exceção do quesito Muito Satisfeito em relação ao sexo feminino e tendente ao estresse severo e extremamente severo relacionados a pouco satisfeito em áreas do outro. Observa-se também uma tendência maior do sexo masculino relacionado à severa e a extremante severa depressão, porém completamente satisfeitos nas áreas do outro. Veja o **Gráfico 89**.

Gráfico 89 – Empilhamento Dados Cruzados x sexo x subescala de Estresse x áreas do Outro

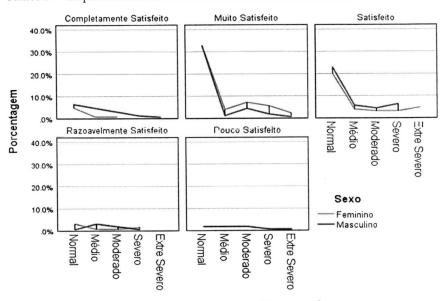

Fonte: elaborado pelo autor com base nos dados de SPSS - IBM (2020)

Foram utilizadas as escalas da Satisfação Conjugal nas Áreas do Outro, de Si Próprio e do Casal e a Escala de Depressão, Ansiedade e Estresse. Os dados foram cruzados e empilhados de acordo com o sexo dos participantes e as **subescalas de estresse e de Si Próprio**. Os resultados baseados no Gráfico 89 exibem diferenças significativas entre os sexos nas classificações de estresse, sendo que os homens tendem a ter mais casos de estresse moderado, severo e extremamente severo do que as mulheres. Ambos os sexos estão mais satisfeitos com as áreas de si próprio, principalmente com o quesito muito satisfeito, e isso está relacionado com a normalidade do estresse. Os homens têm mais casos de estresse relacionados com a insatisfação com as áreas de si próprio, especialmente com os quesitos pouco satisfeito. As mulheres têm mais casos de estresse relacionados com a satisfação razoável ou alta com as áreas de si próprio, o que pode indicar uma maior exigência ou cobrança consigo mesmas. Veja o **Gráfico 90.**

Gráfico 90 – Empilhamento Dados Cruzados x sexo x subescala de Estresse x áreas de Si Próprio

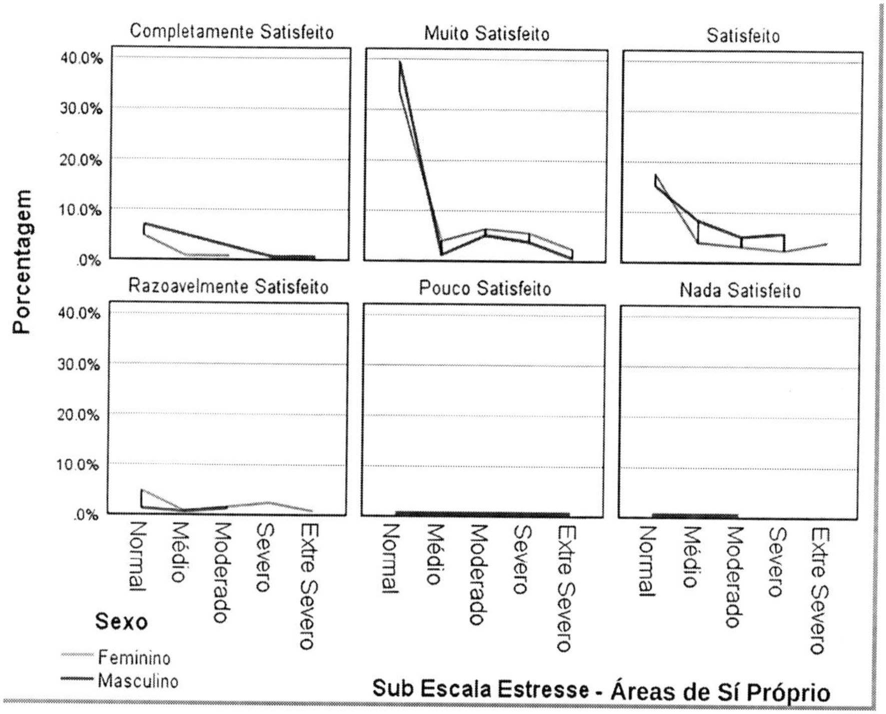

Fonte: elaborado pelo autor com base nos dados de SPSS - IBM (2020)

Foi observado, conforme o **Gráfico 91**, que, no geral, **os homens tendem a ter mais estresse e mais insatisfação com as áreas do casal do que as mulheres**, em todas as classificações, exceto na extremamente severa. Ambos os sexos estão mais satisfeitos e dentro da normalidade do estresse com as áreas do casal, principalmente com os quesitos muito satisfeito e satisfeito. **As mulheres têm mais casos de estresse moderado, severo e extremamente severo relacionados com a satisfação razoável ou alta com as áreas do casal,** *o que sugere a necessidade de mais estudos nessas áreas. Os homens têm mais casos de estresse severo e extremamente* *severo relacionados com a insatisfação completa ou parcial com as áreas do casal, o que indica um possível problema de comunicação ou conflito conjugal.* **Veja o Gráfico 91.**

Gráfico 91 – Empilhamento Dados Cruzados x sexo x subescala de Estresse x áreas do Casal

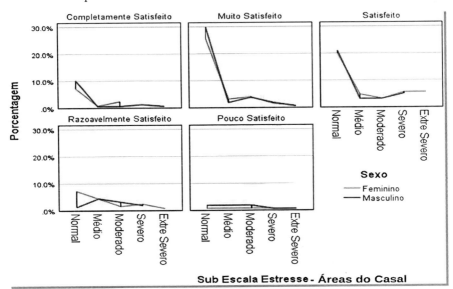

Fonte: elaborado pelo autor com base nos dados de SPSS - IBM (2020)

21
CONSIDERAÇÕES FINAIS

O casamento é uma das formas mais comuns de relacionamento afetivo na sociedade. No entanto, nem sempre os casais conseguem manter um alto nível de satisfação conjugal, que pode ser influenciado por diversos fatores internos e externos. Entre esses fatores, destacam-se alguns transtornos, como a depressão, a ansiedade e o estresse, que podem afetar negativamente a qualidade de vida dos cônjuges e a dinâmica do relacionamento. Nesse sentido, esta pesquisa teve como propósito analisar como a depressão, a ansiedade e o estresse se relacionam com a satisfação nas áreas da vida conjugal, considerando três dimensões: o foco no casal, o foco no outro e o foco em si próprio. Esta análise pode contribuir para uma melhor compreensão dos fatores que interferem na felicidade conjugal e para o desenvolvimento de novos estudos e intervenções em aconselhamento conjugal.

Diante disso, a pesquisa teve como objetivo geral descobrir e identificar o real estado de depressão, ansiedade e estresse e a sua correlação com a satisfação nas áreas da vida conjugal entre os pesquisados. Constatou-se que o objetivo geral bem como os objetivos específicos foram alcançados e atendidos plenamente e completamente em todas as suas hipóteses, pois efetivamente a metodologia de pesquisa utilizada revelou que os inquiridos estavam distribuídos de modo assimétrico e positivamente dentro dos padrões das médias das subescalas Depressão, Ansiedade e Estresse e as Subescalas de Satisfação Conjugal com o Outro, Consigo Próprio e com o Casal.

Os dados colhidos foram estatisticamente e significativamente diferentes conforme atestados pelos gráficos e quadros nas análises descritivas nesta obra.

A capacidade relacional com a Depressão, Ansiedade e Estresse, demonstra que, no geral, os inquiridos vão desde a normalidade até a extrema severidade, constatou-se também que, no geral, os inquiridos não possuem uma grande tendência à depressão ou ao estresse, porém uma maior tendência à ansiedade, segundo as Classificações da Gravidade das subescalas de Depressão, Ansiedade e Estresse, relacionadas ao grau de severidade DASS-21 de Lovibond (1995).

Partimos da hipótese de que, na área relacionada à depressão, o sexo masculino seria mais tendente relacionado à normalidade, na área relacionada à ansiedade, o sexo masculino seria mais tendente relacionado à normalidade, na área relacionada ao estresse, a tendência do sexo masculino seria mais tendente relacionado à normalidade e todas essas hipóteses foram comprovadas por meio das pesquisas e estatísticas descritivas nos estudos desta obra.

Na hipótese relacionada à faixa etária de casados e à escala de depressão, comprovou-se que o sexo masculino demonstra um melhor nível de normalidade dentro dos atributos da classificação normal do que o sexo feminino em todas as faixas etárias de casados, destacando-se na faixa etária de 21 a 30 anos de casados. Na escala de ansiedade, comprovou-se que o sexo masculino demonstra um melhor nível de normalidade dentro dos atributos da classificação normal do que o sexo feminino em todas as faixas etárias de casados, menos na faixa etária de 31 anos acima de casados. Destacando-se a faixa etária de 11 a 20 anos de casados. O sexo feminino demonstra uma a nível de normalidade dentro dos atributos da classificação normal do que o sexo masculino na faixa etária de 31 anos acima de casados. Na escala de estresse, comprovou-se que o sexo masculino demonstra um melhor nível de normalidade dentro dos atributos da classificação normal do que o sexo feminino nas faixas etárias de casados, até 10 anos e 21 a 30 anos de casados. O sexo feminino demonstra uma maior tendência de nível de normalidade dentro dos atributos da classificação normal do que o sexo masculino na faixa etária de até 11 a 20 anos e 31 anos acima de casados, sendo que na faixa etária de 11 a 20 anos de casados a diferença é quase inexistente.

Nas áreas da Satisfação Conjugal, as pesquisas revelaram que a população pesquisada estava distribuída assimétrica e positivamente dentro dos padrões das médias das subescalas conjugais com o Outro, Consigo Próprio e precisa melhorar nas **Áreas do Casal** e foram estatisticamente e significativamente diferentes.

A capacidade relacional geral com o Outro, Consigo Próprio e nas Áreas do Casal, demonstra que, no geral, existem inquiridos que vão desde pouco satisfeitos até completamente satisfeitos. Constatou-se também que, no geral, os inquiridos estão relacionadamente normais com uma menor tendência relacional com Áreas do Casal. Na área de Si Próprio, a tendência geral do sexo feminino é predominantemente mais forte e mais acentuada na faixa etária dos 11 a 20 anos de casados, e a tendência geral do sexo masculino é predominantemente mais forte e mais acentuada nas faixas etárias de 21 a 30 anos de casados e 31 anos acima de casados. Ambos os sexos obtiveram amostras de tendências igualitárias na faixa etária de até 10 anos de casados.

A pesquisa supôs que a satisfação conjugal depende de três áreas: Consigo Próprio, Outro e Casal. A área mais importante foi a Consigo Próprio, seguida pelas outras duas. A pesquisa também mostrou que a satisfação conjugal foi menor na área do Casal.

Relacionados ao sexo e ao tempo de casados nas **áreas do outro**, quanto maior o tempo de casados, mais satisfeitos e completamente satisfeitos se encontram na Área do Outro, com o sexo feminino apresentando tendência a maiores índices de completamente satisfeito. Observou-se que a tendência global do sexo feminino nas áreas do Outro por categorias de faixas etárias, é predominantemente mais forte e mais acentuada em todas as faixas etárias, exceto com o sexo masculino na faixa etária de 21 aos 30 anos de casados.

Ficou constatado também que os casais entrevistados possuem maiores tendências voltadas para as Áreas da Satisfação da Vida Conjugal nas Áreas de Si Mesmo e do Outro e menores tendências nas Áreas do Casal. Isso ficou comprovado através da avaliação das 10 zonas mais satisfeitas e as 10 zonas menos satisfeitas, observou-se que todas as 10 zonas menos satisfeitas são pertencentes às Áreas do Casal.

A pesquisa testou se o sexo influencia na depressão e na satisfação consigo próprio. Os resultados mostraram que homens e mulheres têm níveis diferentes de depressão e de satisfação. Em geral, os dois sexos estão satisfeitos consigo próprios, mas possuem casos de depressão severa ou extremamente severa. As mulheres tendem a ter mais depressão moderada, severa ou extremamente severa e a serem razoavelmente satisfeitas. Os homens tendem a ter mais depressão severa ou extremamente severa e a serem pouco satisfeitos.

A pesquisa também testou se o sexo interfere na depressão e na satisfação com o casal. Os resultados mostraram que homens e mulheres têm níveis parecidos de depressão e de satisfação nas áreas do casal. Em geral, os dois sexos estão satisfeitos nas áreas do casal, mas com casos de depressão severa ou extremamente severa. Os homens tendem a ter mais depressão severa ou extremamente severa e a serem razoavelmente satisfeitos nas áreas do casal. As mulheres tendem a ter mais depressão moderada, severa ou extremamente severa e a serem mais satisfeitas nas áreas do casal.

A pesquisa testou se o sexo afeta a ansiedade e a satisfação com o outro. Os resultados mostraram que homens e mulheres têm níveis diferentes de ansiedade e de satisfação nas Áreas do Outro. Em geral, os dois sexos estão satisfeitos nas Áreas do Outro, mas têm casos de ansiedade severa ou extremamente severa. As mulheres tendem a ter mais ansiedade moderada, severa ou extremamente severa e a serem mais satisfeitas nas Áreas do Outro. Os homens tendem a ter mais ansiedade severa ou extremamente severa e a serem menos satisfeitos nas Áreas do Outro.

A pesquisa testou se o sexo influencia na ansiedade e na satisfação consigo próprio. Os resultados mostraram que homens e mulheres têm níveis diferentes de ansiedade e de satisfação consigo próprio. Em geral, os dois sexos estão satisfeitos consigo próprios, mas as mulheres tendem a ter mais ansiedade severa ou extremamente severa e a serem razoavelmente satisfeitas. Os homens tendem a ter mais casos isolados de ansiedade severa ou extremamente severa e a serem pouco satisfeitos.

A pesquisa testou se o sexo afeta a ansiedade e a satisfação nas áreas do casal. Os resultados mostraram que homens e mulheres têm níveis diferentes de ansiedade e de satisfação nas áreas do casal. Em geral, os dois sexos estão satisfeitos nas áreas do casal, mas as mulheres tendem a ter mais ansiedade moderada, severa ou extremamente severa e os homens tendem a ter mais casos isolados de ansiedade severa ou extremamente severa. Os homens são mais satisfeitos nas áreas do casal do que as mulheres.

Foi testado se o sexo afeta o estresse e a satisfação nas áreas do outro. Os resultados mostraram que homens e mulheres têm níveis diferentes de estresse e de satisfação com o outro. Em geral, os dois sexos estão satisfeitos nas áreas do outro, mas têm casos de estresse severo ou extremamente severo. Os homens são mais satisfeitos nas áreas do outro do que as mulheres, mas também têm mais estresse severo ou extremamente severo quando estão pouco satisfeitos com o outro.

Foi pesquisado e testado se o sexo afeta o estresse e a satisfação consigo próprio. Os resultados mostraram que homens e mulheres têm níveis muito diferentes de estresse e de satisfação consigo próprios. Em geral, os dois sexos estão satisfeitos consigo próprios, mas os homens têm mais casos isolados de estresse severo ou extremamente severo e as mulheres têm mais estresse moderado, severo ou extremamente severo.

A relação entre o sexo, o estresse e a satisfação nas áreas do casal e de si própria. Foi testado uma hipótese sobre essas variáveis. A hipótese era que existiam diferenças significativas entre homens e mulheres nas categorias de estresse (normal, médio, moderado, severo e extremamente severo) e de satisfação (completamente satisfeito, muito satisfeito, satisfeito, razoavelmente satisfeito e pouco satisfeito). A hipótese foi confirmada, pois os homens apresentaram mais estresse e mais satisfação do que as mulheres em quase todas as categorias. As únicas exceções foram a categoria de estresse extremamente severo, em que não houve diferença entre os sexos, e a categoria de satisfação razoavelmente satisfeito, em que as mulheres apresentaram mais estresse e mais satisfação do que os homens.

Esta pesquisa investigou como o sexo influencia o estresse e a satisfação nas áreas do casal e de si próprios. A hipótese era que homens e mulheres teriam níveis diferentes de estresse e satisfação nessas áreas. Os homens tiveram mais estresse e mais satisfação do que as mulheres na maioria das categorias. As exceções foram no nível de estresse extremamente severo; sem diferença entre os sexos. Mulheres razoavelmente satisfeitas relataram mais estresse e satisfação que homens.

Durante a realização deste trabalho, verificou-se que os casais entrevistados responderam dentro da normalidade e resiliência significativas aos quesitos questionados em todas as escalas desta pesquisa, descobriu-se que as hipóteses foram plenamente e completamente confirmadas, alcançando-se assim os alvos e metas propostos por esta obra.

A confirmação das hipóteses revelou as tendências gerais e atuais entre os casais pesquisados, as quais foram estatisticamente e cientificamente credenciadas à necessidade de se dedicarem mais na área da satisfação nas áreas da vida conjugal, relacionada às áreas do casal, tais como: as funções familiares, tempo livre, autonomia, relações extrafamiliares, comunicação e conflito relacionados às questões em como resolver os conflitos do casal, como se relacionar melhor com os amigos em casal, como tomar decisões em conjunto, compreender melhor a distribuição das responsabilidades entre o casal, a frequência com que o casal tem tido relações sexuais, compreender melhor sobre a distribuição das tarefas domésticas do lar, o modo como passam o tempo livre juntos, reavaliar sobre a frequência dos conflitos, o modo como se tem gerido a situação financeira e a quantidade de tempo livre.

A confirmação das hipóteses revelou as tendências gerais e atuais entre os casais pesquisados, nas quais foram estatisticamente e cientificamente credenciadas no geral em ambos os sexos a necessidade de se dedicarem mais na atenção quanto à depressão, à ansiedade e ao estresse, principalmente o sexo feminino, com mais tendências do que o sexo masculino; em média, a população de ambos os sexos possui cerca de 1/4% a 1/5% dentro da faixa tendentes à depressão, à ansiedade e ao estresse, conforme os quadros e gráficos desta obra.

Esta pesquisa contribuiu para o conhecimento sobre a influência da Depressão, da Ansiedade e do Estresse na Satisfação nas Áreas da Vida conjugal, bem como para a eficácia de intervenções baseadas em estudos bíblicos e encaminhamentos a terceiros. No entanto, há ainda lacunas a serem preenchidas e desafios a serem superados. Por isso, recomenda-se que pesquisas futuras prossigam e aprofundem essa linha de investigação, considerando os seguintes aspectos:

- Ampliar o tamanho e a representatividade da amostra, incluindo participantes de diferentes comunidades, agremiações, faixas etárias, níveis socioeconômicos e educacionais, entre outros critérios relevantes para o contexto estudado.

- Aumentar a diversidade cultural e linguística dos participantes, abrangendo pessoas de diferentes países, regiões, etnias, religiões, que possam influenciar as percepções e as experiências dos indivíduos e dos casais.

- Aperfeiçoar os métodos de aconselhamento pastoral, incorporando técnicas e ferramentas validadas cientificamente, adaptando-as às necessidades e às características dos participantes, e avaliando os seus efeitos a curto, médio e longo prazo.

- Explorar as causas e os fatores associados à Depressão, à Ansiedade, ao Estresse e à Satisfação nas Áreas da Vida Conjugal, buscando compreender os mecanismos psicológicos, sociais, espirituais e biológicos envolvidos nesses fenômenos.

As pesquisas relacionadas à Depressão, à Ansiedade e ao Estresse e satisfação conjugal, foram bem recebidas pelos entrevistados, pois forneceram aos pesquisados um ambiente de confiabilidade, que, além de informar, passou a ser visto como um futuro auxílio e promotor de aprendizagem relacionado aos distúrbios que a atualidade presencia, permitindo aos pastores e suas esposas entenderem melhor alguns conceitos psicossociais que antes não lhe foram apresentados. As pesquisas abriram os olhos dos pesquisados para esse sério e contemporâneo assunto.

A didática da pesquisa também auxiliou muito os pesquisados a fornecerem informações sobre áreas da vida conjugal, para uma melhor segurança e conforto nas respostas apresentadas por eles. Um fator marcante entre os entrevistados foi a solicitação dos resultados da pesquisa para uma autoavaliação segmentada.

Sendo assim, faz-se necessário o desenvolvimento de novos projetos, que visem à contextualização e à aprimoração continuada dos estudos bíblicos e psicológicos, relacionados à Satisfação Conjugal, bem como da depressão, ansiedade e estresse e seus desafios pós-modernos.

Nesse sentido, a utilização dos recursos de medição da satisfação conjugal, bem como da depressão, ansiedade e estresse, permitirá aos pastores e esposas e ao público em geral, melhoria em seus relacionamentos focados em Si Próprios, no Outro e no próprio Casal, assim como se prevenirem mais, quanto à depressão, à ansiedade e ao estresse diário, auxiliando-os a melhorar o nível de aconselhamento para suas respectivas comunidades eclesiásticas com aconselhamentos mais significativos.

A Deus, nosso Senhor e criador, toda Honra, Glória e Louvor, para todo o sempre. Amém.

REFERÊNCIAS BIBLIOGRÁFICAS

10 ATIVIDADES familiares para o tempo livre. **Aleteia**, 15 jul. 2017. Disponível em: https://pt.aleteia.org/2017/07/15/10-atividades-familiares-para-o-tempo--livre/. Acesso em: 30 mar. 2023.

100 Versículos da Bíblia sobre resolvendo conflitos. **Open Bible.info**, 2001. Disponível em: https://www.openbible.info/topics/resolving_conflict. Acesso em: 31 mar. 2023.

A BELEZA da intimidade sexual. **Ultimato**, 30 mar. 2023. Disponível em: https://ultimato.com.br/sites/estudos-biblicos/assunto/aconselhamento/a-beleza-da-intimidade-sexual/. Acesso em: 30 mar. 2023. Estudo publicado originalmente na revista *Nossa Fé*, da Editora Cultura Cristã. Usado com permissão.

ACACIA – PSICOLOGIA E PSIQUIATRIA. **Transtorno Depressivo Maior**. 2023. Disponível em: https://acaciapsi.com.br/transtorno-depressivo-maior/. Acesso em: 1 abr. 2023.

ADAMS, Jay E. **Conselheiro Capaz**. 3. ed. São Paulo: Editora Fiel, 1982. v. 1.

A DESVALORIZAÇÃO pessoal e as suas consequências. **A mente é maravilhosa**, 2023. Disponível em: https://amenteemaravilhosa.com.br/desvalorizacao-pessoal/. Acesso em: 31 mar. 2023.

AGOSTINHO, Santo. **Confissões**. São Paulo: Canção Nova, 2007. 2 p.

ALAN E. KAZDIN, PhD. Depression. **American Psychiatric Association**. Disponível em: https://www.apa.org/topics/depression/index#. Acesso em: 29 jun. 2021. Adapted from the Encyclopedia of Psychology. ISBN: 978-1-55798-187-5. Copyright: 2000. Pages: 4128.

APA – American Psychologial Association. **Depression**. Disponível em: https://www.apa.org/topics/depression/index#. Acesso em: 29 jun. 2021. Adapted from the Encyclopedia of Psychology. ISBN: 978-1-55798-187-5. Copyright: 2000. Pages: 4128.

ALEXANDRE, Manoel J. **Aconselhamento Bíblico para uma vida de plenitude e harmonia**. [*S. l.*]: Vida Nova, 2016. 256 p. ISBN 978-85-275-0726-4.

ALFA de Cronbach usando SPSS Statistics. Tutoriais estatísticos e guias de software. **Laerd Statistics**, 2015. Disponível em: https://statistics.laerd.com/. Acesso em: 13 abr. 2020.

ALMEIDA, Loyde G. D. **A Psicologia e a Bíblia no Aconselhamento de Larry Crabb**. São Paulo: Uni Mackenzie, 2009. 15 p. Dissertação de Mestrado apresentada a Ciências da Religião dada Universidade Presbiteriana Mackenzie como requisito parcial para obtenção do grau de mestrado em Ciências da Religião.

AMERICAN PSYCHIATRIC ASSOCIATION. **Diagnostic and Statistical Manual of Mental Disorders**. 5. ed. Arlington, VA: American Psychiatric Publishing, 2013.

APÓSTOLO, João L. A.; MENDES, Aida C.; AZEREDO, Zaida A. Adaptação para a língua portuguesa da Depression, Anxiety and Stress Scale (DASS). **Revista Latino-Americana de Enfermagem**, Ribeirão Preto, v. 14, n. 6, dez. 2006. ISSN 1518-8345. Disponível em: http://www.scielo.br/scielo.php?script=sci_arttext&pid=S0104-11692006000600006&lng=en&tlng=en. Acesso em: 22 fev. 2020

APÓSTOLO, João L. A.; MENDES, Aida C.; AZEREDO, Zaida A. Adaptação para a língua portuguesa da Depression, Anxiety and Stress Scale (DASS). **Revista Latino-Americana de Enfermagem**, v. 15, p. 66-76, 2007. ISSN 1518-8345. Disponível em: http://www.scielo.br/scielo.php?pid=S0104=11692006000600006-&script-sci_arttext&tlng=pt. Acesso em: 23 dez 2019.

ARAÚJO, Álvaro C.; NETO, Francisco L. A nova classificação Americana para os Transtornos Mentais - o DSM-5. **Revista Brasileira de Terapia Comportamental e Cognitiva**, São Paulo, v. 16, abr. 2014. ISSN1517-5545. Disponível em: http://pepsic.bvsalud.org/scielo.php?script=sci_arttext&pid=S1517-55452014000100007. Acesso em:20 abr. 2020

BARNES, Albert. Estudo de Mateus 8:17 – Comentado e Explicado. **Versículos Comentados**, 13 mar. 2020. Disponível em: https://versiculoscomentados.com.br/index.php/estudo-de-mateus-8-17-comentado-e-explicado/. Acesso em: 28 jun. 2021.

BENTLEY, Chuck. Casamento e dinheiro: o que Deus espera? **Focus on the family**, 29 jul. 2015. Disponível em: https://www.focusonthefamily.com/marriage/marriage-and-money-what-does-god-expect/. Acesso em: 31 mar. 2023.

BESSA, Josemar. O que é verdadeiro aconselhamento bíblico sobre casamento? **Pingback**, 2022. Disponível em: https://pingback.com/josemar-bessa/o-que-e--verdadeiro-aconselhamento-biblico-sobre-casamento. Acesso em: 28 mar. 2023.

BÍBLIA ARA. Almeida Revista e Atualizada. Barueri: Sociedade Bíblica do Brasil, 1993.

BÍBLIA MACARTHUR. **Bíblia de Estudo MacArthur**. Tradução de Arno Bessel, Clarice T. Inácio da Silva e Daniele Martins Damiani. Barueri: Sociedade Bíblica do Brasil, 2010. ISBN 9788531112508.

BÍBLIA ONLINE. **Versículos do Dia**. 2019. Disponível em: https://www.bibliaonline.com.br/nvi. Acesso em: 13 ago. 2019.

BÍBLIA ONLINE. Bíblia Online, 2020. Disponível em: https://www.bibliaonline.com.br/ara/index. Acesso em: 21 jul. 2020.

BÍBLIA SAGRADA. Bíblia Almeida Revista e Corrigida. Brasília: Sociedade Bíblica do Brasil, 2013.

BIJORA, Helito. Google Forms: o que é e como usar o app de formulários online. **Techtudo**, 2018. Disponível em: https://www.techtudo.com.br/dicas-e-tutoriais/2018/07/google-forms-o-que-e-e-como-usar-o-app-de-formularios-online.ghtml. Acesso em: 24 fev. 2020.

BRASIL, SOCIEDADE BÍBLICA. **Bíblia Sagrada**. Tradução de João Ferreira de Almeida. Edição revista e atualizada (1959, 1993). 2. ed. Barueri: SBB, 1993.

BRASIL. MINISTÉRIO DA SAÚDE. **DEPRESSÃO**. Depressão. Ministério da Saúde, Brasilia, 2020. Disponível em: https://www.gov.br/saude/pt-br/assuntos/saude-de-a-a-z/d/depressao. Acesso em: 22 abr. 2020.

BROWN, Greg. Fidelidade Financeira no Casamento. **Bible.org**, 7 jul. 2015. Disponível em: https://bible.org/seriespage/7-foundation-seven-financial-faithfulness-marriage. Acesso em: 31 mar. 2023.

CARLTON, Richard. **Nutritional Therapy, Traditional Psychiatry, and You**. [S. l.]: Bottom Line Personal, 1987.

CATTELL, R. O. teste de cascalho para o número de fatores. **Pesquisa Comportamental Multivariada**, n. 1, p. 245-276, 1966. Análise de múltiplos fatores de componentes principais.

CARVALHO, Mateus R. O que é Estoicismo: Resumo do significado da filosofia, frases e livros. **Estoicismo Prático**, 4 set. 2019. Disponível em: https://estoicismopratico.com/blog/o-que-e-estoicismo. Acesso em: 27 maio 2021.

CLINEBELL, John H. **Aconselhamento Pastoral**; Modelos centrados em libertação e crescimento. 4. ed. São Leopoldo: Sinodal, 1987.

COLLINS, D. Andler; C. TALLON, Baudry. **La cognition**: du neurone à la société. Paris: Gallimard, 2018. p. 239-269.

COLLINS, Gary R. **Aconselhamento cristão edição século 21**. Tradução de Lucília Marques. 1. ed. São Paulo: Vida Nova, 2004. 694 p. ISBN 978-85-275-0319-8.

COLLINS, Gary R. **Ajudando uns aos outros pelo Aconselhamento**. 2. ed. São Paulo: Sociedade Religiosa Edições Vida Nova, 2005. v. 1. 216 p. ISBN 9788527503303. (Aconselhamento, Formação de líderes, Ministério Pastoral).

COMO ORGANIZAR as finanças no casamento? **Unicred digital**, 30 mar. 2020. Disponível em: https://blog.unicreddigital.com.br/financas-no-casamento/. Acesso em: 31 mar. 2023.

CORTINA, J. M. What is coefficient alpha? An examination of theory and applications. **Journal of Applied Psychology**, v. 78, p. 98-104, 1993. ISSN 0021-90IO/93. Copyright 1993 by the American Psychological Association, Inc.

CORYELL, William. Transtornos depressivos. **Manual MSD**. Versão para Profissionais de Saúde, 2021. Disponível em: https://www.msdmanuals.com/pt-br/profissional/transtornos-psiqui%C3%A1tricos/transtornos-do-humor/transtornos-depressivos. Acesso em: 1 abr. 2023.

CRABB, Larry. **Conexão**: O plano de Deus visando à cura emocional. São Paulo: Mundo Cristão, 1999. 285 p.

CREATH, D. **Como vencer as crises**. Tradução de M. Kevin Yolanda. 1. ed. Miami: Vida Nova, 1980. 137-138 p. ISBN 0-8297-6789-1.

CRONBACH, L. J. Coefficient alpha and the internal structure of tests. **Psychometrika**, v. 3, p. 297-334, 16 set. 1951.

DAMÁSIO, Bruno. Medidas de dispersão: amplitude, a variância e o desvio padrão. **Psicometria Online**, 16 mar. 2023. Disponível em: https://psicometriaonline.com.br/blog/medidas-de-dispersao-amplitude-a-variancia-e-o-desvio-padrao/. Acesso em: 5 abr. 2023.

DINHEIRO no Casamento. **Beyond Today**, 3 fev. 2011. Disponível em: https://www.ucg.org/bible-study-tools/booklets/mananging-your-finances/money-in--marriage. Acesso em: 31 mar. 2023.

DICIONÁRIO ONLINE DE PORTUGUÊS. Cristocêntrico, 2009/2023. Disponível em: https://www.dicio.com.br/. Acesso em: 17 mar. 2023.

DOMINIAN, Jack. **Casamento, fé e amor**. Tradução de José de Sá Porto. São PAulo: Loyola, 1981. 67 p. (Casamento, Fé, Família).

EASTON, M. G. **Easton's Bible dictionary**. New York: Harper & Brothers, 1893.

ESTERNBERG, R. B. M. **The Psychology of Love**. New York: Yale University, 1988.

FIEL, Almeira C. **Bíblia Online**, 2021. Disponível em: https://www.bibliaonline .com.br/acf/mt/26/36+?q=getsemani. Acesso em: 28 jun. 2021.

FILHO, Isaltino G. C. A Prática do Aconselhamento Pastoral. **Isaltino Gomes Coelho Filho**, 19 nov. 2011. Disponível em: https://www.isaltino.com.br/2011/11/a- -pratica-do-aconselhamento-pastoral/. Acesso em: 22 mar. 2023.

FISHER, R. A. **Frequency Distribution of the Values of the Correlation Coefficient in Samples from an Indefinitely Large Population**. 4. ed. [S. l.]: Biometrika, 1915. v. 10.

HARMAN, Allan. **Salmos, trans. Valter Graciano Martins,** 1a edição., Comentários do Antigo Testamento. São Paulo: Editora Cultura, 2011. P. 432-433.

HARVEY, Dave. **Quando Pecadores dizem "Sim"**. São José dos Campos, SP: Fiel, 2007. 174 p.

HOSPITAL ISRAELITA. Depressão. Sintomas da Depressão, 2021. Disponível em: https://www.einstein.br/doencas-sintomas/depressao . Acesso em: 29 jun. 2021.

IBM CORP. IBM SPSS Statistics para Windows, Versão 26.0. Armonk, NY: IBM Corp, 2020.

JOHN, G. M.; SILVER, Nan. **Sete princípios para o casamento dar certo**. São Paulo: Objetiva, 2000. P. 16.

KAISER, H.F. An index of factorial simplicity. Psychometrika, 39, 31–36.

KELLER, Timothy. **O Significado do Casamento**. Tradução de Penguin Group. EUA Dutton: Sociedade Religiosa Edições Vida Nova, 2012. ISBN 978-85-275-0747-9.

KLINE, Rex B. **Principles and Practice of Structural Equation Modeling**. Methodology in the Social Sciences. 3. ed. New York: The Guilford Press, 2011. ISBN 978-1-60623-876-9. (Social sciences and Statistical methods).

LOPES, Jamiel D. O. **Psicologia Pastoral**: A Ciência do Comportamento Humano como Aliada Ministerial. Bangu, p. 669, 2018. ISSN 9788526315716. Disponível

em: https://pt.scribd.com/read/405835334/Psicologia-Pastoral-A-Ciencia-do-
-Comportamento-Humano-como-Aliada-Ministerial#. Acesso em: 22 mar. 2020.

LOVIBOND, S. H.; LOVIBOND, P. F. **Visão geral do DASS e seus usos.** psy.
unsw.edu.au, Sydney, 1995. Disponível em: http://www2.psy.unsw.edu.au /groups/
dass/over.htm. Acesso em: 23 dez. 2019.

LOVIBOND, S. H.; LOVIBOND, P. F. **Manual for the Depression Anxiety &
Stress Scales.** DASS-21 – Escala de Depressão, Ansiedade e Stresse. 2. ed. Sydney:
Psychology Foundation, 1995.

MANSER, Martin H. **Guia Cristão de Leitura da Bíblia.** Tradução de Lena
Aranha. 1. ed. Bangu, Rio de Janeiro: Casa Publicadora das Assembleias de Deus,
2013. 811 p.

MATSUNAGA, Lucas Heiki. O que é Psicometria. **IBPAD**, 2018. Disponível
em: https://ibpad.com.br/comunicacao/o-que-e-psicometria/. Acesso em: 28
mar. 2023.

MCWHIRTER, Jocelyn. **Marriage, The Lexham Bible Dictionary**. Bellingham,
WA: Lexham Press, 2016.

MENEZES, Pedro. Estoicismo: o que é, significado e o que é ser estóico. **Enci-
clopédia Significados**, 2011. Disponível em: https://www.significados.com.br/
estoicismo/. Acesso em: 9 jan. 2024.

MINUCHIN, S. Fishiman, H. C. **Holon na Teoria dos Sistemas Familiares.**
Springer Link, 1981. Disponível em: https://link.springer.com/referenceworken-
try/10.1007/978-3-319-15877-8_281-1. Acesso em: 28 mar. 2022.

MULHERES bem-sucedidas têm maior taxa de divórcio: Pesquisa realizada pelo
Word Economic Forum mostra um aumento na taxa de divórcios entre as mulheres que possuem cargos bem-sucedidos. **Época Negócios**, 2019. Disponível em:
https://epocanegocios.globo.com/Carreira/noticia/2019/08/mulheres-bem-su-
cedidas-tem-maior-taxa-de-divorcio.html. Acesso em: 8 abr. 2020.

NARCISO, I. **Conjugalidades satisfeitas, mas não perfeitas**: à procura do
padrão que liga. Tese (Doutorado em Enfermagem) – Faculdade de Psicologia e
Ciências de Educação da Universidade de Lisboa, Lisboa, 2001. Satisfação Conjugal.

NARCISO, Isabel; COSTA, Maria E. Amores a Satisfeitos, mas não Perfeitos.
Caderno de Consulta Psicológica, Porto, v. 12, p. 115-130, 1996. Edição do

Serviço de Consulta Psicológica e Orientação Vocacional. Faculdade de Psicologia e de Educação da Universidade do Porto. Portugal.

NICHOLS, D. L. W. **Aconselhamento Pastoral**. [*S. l.*]: Abecar, 2014.

NITAHARA, Akemi. Acesso a nível superior no Brasil é abaixo dos padrões internacionais. **Agência Brasil**, 2019. Disponível em: https://agenciabrasil.ebc.com.br/economia/noticia/2019-11/acesso-nivel-superior-no-brasil-e-muito--abaixo-dos-padroes-internacionais. Acesso em: 13 abr. 2020.

NORGREN, Maria D. B. P. *et al*. Satisfação conjugal em casamentos de longa duração: uma construção possível. **Estud. Psicol.**, Natal, v. 9, n. 3, dez. 2004. ISSN 1678-4669. Disponível em: http://dx.doi.org/10.1590/S1413-294X2004000300020. Acesso em: 20 dez. 2019.

NÚMERO de casamentos cai 1,6% e divórcios aumentam 3,2% entre 2017 e 2018. **Uol**, São Paulo, 2019. Disponível em: https://noticias.uol.com.br/cotidiano/ultimas-noticias/2019/12/04/numero-de-casamentos-cai-16-e-divorcios-aumentam-32-entre-2017-e-2018.htm?cmpid=copiaecola. Acesso em: 23 fev. 2020.

NUTEAD. Estatística Computacional – Aula 5 - **Assimetria e Curtose. Média, Mediana e Moda**. 2023. Disponível em: https://ead.uepg.br/apl/sigma/assets/editais/PS0027E0035 .pdf. Acesso em: 12 jun. 2023.

OLIVEIRA, Madson. O que é o aconselhamento bíblico? Definições e distinções. **Eclesy Digital Mission**, 19 maio 2021. Disponível em: https://eclesy.com/o-que-e-o-aconselhamento-biblico-definicoes-e-distincoes/. Acesso em: 22 mar. 2023.

OLIVEIRA, Madson Costa. **O que é Aconselhamento Bíblico. Aiceb**, 17 abr. 2021. Disponível em: https://www.aiceb.com/artigos/aconselhamento-biblico/#:~:text= Aconselhamento%20digno%20do%20nome%20de%20%E2%80%9Ccrist%C3%A3o%E2%80%9D%20deve%20ser,por%20n%C3%B3s%20em%20Sua%20vida%2C%20morte%20e%20ressurrei%C3%A7%C3%A3o. Acesso em: 22 fev. 2023.

O QUE a Bíblia diz sobre o sexo? **Bíblia.com.br**, 2023. Disponível em: https://biblia.com. br/perguntas-biblicas/o-que-a-biblia-diz-sobre-o-sexo/. Acesso em: 30 mar. 2023.

O QUE a Bíblia diz sobre o sexo no casamento/sexo conjugal? **Got Questions**, 2023. Disponível em: https://www.gotquestions.org/Portugues/sexo-no-casamento-sexo-conjugal.html. Acesso em: 30 mar. 2023.

OPAS – Organização Pan-americana de Saúde. Depressão. 2020. Disponível em: https://www.paho.org/pt/topicos/depressao. Acesso em: 28 mar. 2023.

ORGANIZAÇÃO PAN-AMERICANA DA SAÚDE (OPAS). **Depressão**. Disponível em: https://www.paho.org/pt/topicos/depressao. Acesso em: 29 jun. 2020.

PECHOTO, Henrique D. Banco de Dados de Pesquisa de Doutorado FTABECAR. **docs.google**, Campinas 2020. Disponível em: https://docs.google.com/forms/d/1-Oq3cdrRB8pDWCSWHjEGmq2s_DWT4bQ_M5t4llTRrVk/edit. Acesso em: 18 abril 2020.

PICCOLOTO, Maurício. Entenda o que é psicometria e como utilizá-la nas terapias. **Cognitivo Blog**, 2019. Disponível em: https://blog.cognitivo.com/psicometria/. Acesso em: 12 ago. 2023.

PIMENTA, Tatiana. Sintomas de depressão: 13 sinais que você precisa conhecer. **Vittude**, 22 jul. 2021. Disponível em: https://www.vittude.com/blog/13-sintomas-de-depressao/. Acesso em: 29 jun. 2021.

POHL, Adolf. **Comentário Esperança, Carta aos Romanos**. Curitiba: Evangélica Esperança, 1999. 232-233 p.

PORTAL EDUCAÇÃO. Funções e estruturas familiares. 2023. Disponível em: https://blog.portaleducacao.com.br/funcoes-e-estruturas-familiares/. Acesso em: 30 mar. 2023.

PORTAL SÃO FRANCISCO. Disforia. 2023. Disponível em: https://www.portalsaofrancisco.com.br/saude/disforia. Acesso em: 31 mar. 2023.

PRISCILA e Áquila. **CNBB**, 5 dez. 2008. Disponível em: https://www.cnbb.org.br/priscila-e-aquila/. Acesso em: 28 mar. 2023.

RAMIREZ, Gonzalo. 7 transtornos mentais mais comuns: como identificar e tratar. **Tua Saúde**, fev. 2021. Disponível em: https://www.tuasaude.com/transtornos-mentais/. Acesso em: 2 jul. 2021.

REVISÃO MÉDICA. Anedonia: o que é, principais sintomas, causas e tratamento. **Tua Saúde**, fev. 2021. Disponível em: https://www.tuasaude.com/anedonia/. Acesso em: 31 mar. 2023.

ROCHA, Gessyca. Estudo da ONU aponta que tamanho das famílias no Brasil está abaixo da média mundial. **G1**, 17 out. 2018. Disponível em: https://g1.globo.com/ciencia-e-saude/noticia/2018/10/17/estudo-da-onu-aponta-que-tamanho-das-familias-no-brasil-esta-abaixo-da-media-mundial.ghtml. Acesso em: 13 abr. 2020.

RUTE e Boaz, um casal fora da lei. **IELB**, 17 dez. 2020. Disponível em: https://www.ielb.org.br/organizacao/visualizar/7410/rute=-e-boaz-um-casal-fora-da-lei&r1=&r-1&r=1. Acesso em: 28 mar. 2023.

SANTANA, Rodrigo Gomes; LOPEZ, Renata Ferrare Fernandes. **Aspectos conceituais do perdão no campo da Psicologia**. Ciência mostra que a falta de perdão adoece o corpo. Brasília: Psicologia e Ciência, 2012. v. 32. Disponível em: https://www.jrmcoaching.com.br/blog/ciencia-mostra-que-a-falta-de-perdao-adoece-o-corpo/. Acesso em: 5 jul. 2021.

SAÚDE BEM-ESTAR. **Stress**. 2020. Disponível em: https://www.saudebemestar.pt/pt/blog-saude/stress/. Acesso em: 22 mar. 2020.

SCHEEFFER, Ruth. **Aconselhamento psicológico**. São Paulo: Atlas, 1993. 190 p. Disponível em: https://pt.scribd.com/document/670538022/SCHEEFFER-R--Aconselhamento-Psicologico-teoria-e-Pratica-girado . Acesso em: 28 jun. 2021.

SCHIPANI, Daniel S. **O caminho da sabedoria no Aconsellhamento Pastoral**. São Leopoldo, SC: Sinodal, 2003.

SEITER, N., S. A. D. Q. K. **Holon em Teoria dos Sistemas Familiares**. [*S. l.*]: [*S. n.*], 2018. ISBN 978-3-319-15877-8.

SILVA, Lilian. Autodepreciação é um comportamento autodestrutivo. **Lilian Silva Psicóloga**, maio 2022. Disponível em: https://liliamsilvapsicologa.com.br/sofrimento-psicologico/autodepreciacao-e-um-comportamento-autodestrutivo/. Acesso em: 31 mar. 2023.

SINONIMOS. Sinônimo de desesperança. 2023. Disponível em: https://www.sinonimos.com.br/desesperanca/. Acesso em: 31 mar. 023.

SOBRINHO, Ismael. **Depressão**: o que todo cristão precisa saber. São Paulo: Editora Vida Nova, 2019. v. 1. ISBN 978-85-383-0396-1.

SPURGEON, Charles. **A maior luta do mundo**. São José dos Campos: Fiel, 2006.

STREINER, David L. **Starting at the Beginning**: An Introduction to Coefficient Alpha and Internal Consistency. 80. ed. [*S. l.*]: Journal of personality assessment, 2003. 99-103 p. ISBN S15327752JPA8001_18.

STRONG, J. **Léxico Hebraico, Aramaico e Grego de Strong**. Barueri: Sociedade Bíblica do Brasil, 2002. Léxico de sentido bíblico. Software Bíblico Logos 8.12.

TERRA, V. V. A influência da pós-modernidade nos Casamentos Cristãos. **Teologia e Espiritualidade**, Curitiba, v. 4, n. 7, jun. 2017. ISBN 91-106.

THURSTONE, L. L. **Análise de múltiplos fatores**. Chicago, IL: Imprensa da Universidade de Chicago, 1947.

TRIPP, Paul D. **Instrumentos nas Mãos do Redentor**. Filadélfia: P&R Publishing, 2002. 376 p. ISBN 978-0-8755-2607-2.

TUFTE, Edward. **The Visual Display of Quantitative Information**. 2. ed. [*S. l.*]: [*s. n.*], 1997.

ULTIMATO. Adão e Eva — casamento, uma ideia divina. [*S. l.*]: Cultura Cristã, 2023. Disponível em: https://ultimato.com.br/sites/estudos-biblicos/assunto/aconselhamento/ adao-e-eva-casamento-uma-ideia-divina/. Acesso em: 28 mar. 2023. Estudo publicado originalmente pela Editora Cultura Cristã, na série Nossa Fé – Casais da Bíblia. Usado com permissão.

WAITE, Linda J. *et al.* Does Divorce Make People Happy? Findings from a Study of Unhappy Marriages. **American Values**, New York, 2002. ISSN 1-931764-03-4. Disponível em: http://americanvalues.org/catalog/pdfs/does_divorce_make_people_happy.pdf. Acesso em: 14 mar. 2020.

WARREN, Jonathan P. **Matrimônio in Sumário da Teologia Lexham**. Bellingham: Lexham Press, 2018. v. 1.

WHITEMAN, Thomas; PETERSEN, Randy. **Seu Casamento e a Internet**. 1. ed. Rio de Janeiro: CPAD, 2013.

WIKIPÉDIA. Oração de São Francisco de Assis. 2020. Disponível em: https://pt.wikipedia.org/wiki/Ora%C3%A7%C3%A3o_de_S%C3%A3o_Francisco_de_Assis#cite_ref-1. Acesso em: 6 jul. 2021.

WYGAL, Winnifred. **We Plan Our Own Worship Services**. [*S. l.*]: [*s. n.*], 1940.